化妆品服装直播销售

主播打造 + 爆款优化 + 带货技巧

全 权 ◎编著

LIVESTREAMING SALES

中国铁道出版社有限公司

CHINA RAILWAY PUBLISHING HOUSE CO., LTD.

内 容 简 介

如何进行化妆品、服装的直播？如何打造主播形象？如何利用直播玩转电商销售？如何更好地提升直播商品的转化率？如何快速成为直播销售高手？如何通过化妆品、服装直播销售获得收益？这些问题，你都能从本书中找到答案。即便是化妆品、服装直播小白，也能快速进行直播带货。

本书选取各大直播平台进行讲解，通过入驻平台、主播IP、搭建团队、直播技能、开始直播、平台运营、粉丝运营、直播间运营、活动权重、达人案例10个角度，对化妆品、服装直播销售的相关内容进行全面分析和解读，从而帮助大家用最短的时间进入直播销售行业，更快地胜任化妆品、服装直播的带货工作。

本书不仅适合美妆类、服装类的主播和相关机构人员阅读，也适合化妆品和服装店的店长、销售人员等阅读，特别是希望通过直播销售工作实现财富增长、提高收入的人士。

图书在版编目（CIP）数据

化妆品服装直播销售：主播打造+爆款优化+带货技巧/全权编著. —北京：中国铁道出版社有限公司，2021.1
ISBN 978-7-113-27306-4

Ⅰ.①化… Ⅱ.①全… Ⅲ.①化妆品-网络营销②服装-网络营销 Ⅳ.①F767.9②F768.3

中国版本图书馆CIP数据核字（2020）第188068号

书　　名：化妆品服装直播销售：主播打造+爆款优化+带货技巧
HUAZHUANGPIN FUZHUANG ZHIBO XIAOSHOU : ZHUBO DAZAO + BAOKUAN YOUHUA + DAIHUO JIQIAO
作　　者：全　权

责任编辑：张亚慧　　编辑部电话：(010)51873035　　邮箱：lampard@vip.163.com
编辑助理：张秀文
封面设计：宿　萌
责任校对：孙　玫
责任印制：赵星辰

出版发行：中国铁道出版社有限公司（100054，北京市西城区右安门西街8号）
印　　刷：三河市宏盛印务有限公司
版　　次：2021年1月第1版　2021年1月第1次印刷
开　　本：700 mm×1 000 mm 1/16　印张：18.75　字数：305千
书　　号：ISBN 978-7-113-27306-4
定　　价：59.00元

序 言 。———————————————————————

直播销售，未来趋势

知名主播直播带货的收益已远超过明星综艺、影视作品所带来的收入。说白了，直播就是当下行走的印钞机！薇娅一场直播，总佣金 3 151 万元；李佳琦直播 1 次净赚 1 915 万元；罗永浩直播卖货 3 小时，销售额达 1.7 亿元……

每小时净收入 500 万元起，上市公司老总都比不上。不得不说，站对风口赚钱真的太容易了。可说起直播，很多人都觉得它是网红和明星的专利，离大众很远。但 2020 年的真实情况是，很多人宅在家里做场直播，就把平时辛苦上班 1 年甚至几年都赚不到的钱给赚回来了。比如：

烨烨，百货销售员，在家直播 3 小时的销售额，相当于在门店上 2 年的班；小华，地产公司置业顾问直播售楼，网友直接线上交定金，锁定一套总价 218 万元的叠拼别墅；琪琪的服装店在直播首秀中，短短两个半小时，创造了破百万的交易额，平均客单价高达 2 500 元……这些普通"素人"，硬是在别人哀叹生意难做时，靠直播"闯"出了一条致富的新道路。

我叫全权，朋友都叫我全网红。之所以他们叫我全网红，是因为我大学刚毕业就跑到北京当经纪人了，在影视圈帮助素人包装自己上各类电视节目，虽然经纪人听起来很好，似乎很高大上，但是影视圈太难了，真的比登天还难。

每天起早贪黑，除了对接艺人工作，大量的时间都浪费在和各个节目组负责人的关系维护上，作为幕后工作者，体验到太多常人见不到的辛酸……

直到 2016 年，这一年是直播元年，以映客为代表的手机直播平台兴起，很多普通人通过一部手机就可以展现自己，个人 IP 的时代即将来临，看到这个机会，我果断地跳出传统影视行业，成立了自己的公司——北京嘻哈帮科技有限公司。

公司主营业务是以知识达人为切入点，通过微信群和映客直播分享情感和职场干货，在短时间内，机构通过直播获取到近 10 万用户，还拿到了第一笔天使轮融资。

得到投资人的注资，我就想通过砸广告来获取更多的用户，从而快速拿到下一轮融资。但是，没想到因为步子迈得太快，还没等到下一轮融资，公司账上资金不足了，那段时间我连员工工资都发不出来，每天急得睡不着觉，到处找身边的朋友借钱来维持公司运转。

就在我即将宣布公司破产解散时，我的投资人告诉我：直播这个行业一直存在机会，用同一种方法和别人竞争很难活下来，你要借助刚兴起的平台才能抓住机会。于是我迅速转型，将重心转移到短视频网红孵化和直播上。

那段时间，我不分昼夜地研究了 3 000 多个热门案例及各类直播玩法，摸索出一套不发作品、0 基础、0 粉丝也能快速获利的运营策略 + 卖货技巧。

引导话题互动：结合多提问、发指令、求帮助、聊热点等轻松应对场面，和粉丝打成一片。

产品四要素法：掌控单品介绍时间，充分展示商品细节，强调商品的特点和卖点，回复屏幕的重点问题。

截屏随机抽奖：设计吸引人的礼物，通过截屏随机抽奖，回头没有截到送礼物的就从公屏互动用户中抽取。

锦鲤逼单成交：设置 1 ~ 3 个免单锦鲤，在规定时间段刺激用户多消费……

没想到，复制这个方法直播了短短 5 小时，我就卖出了 100 多万件服装，净赚 67.8 万元。

经过一段时间的运营，我的公司成功转型，还成为抖音官方入驻 MCN 机构。

而现在我也成为网红圈直播达人，到目前为止，已培养 38+ 月入 20 万 + 的直播卖货达人；成功孵化 10 个 50 万 + 抖音大号，最快一个月涨粉 25 万 +……同时，我自己也注册了一个抖音号：全网红说短视频（94176027），专门教小白如何零基础涨粉和直播带货。

实践证明，即使普通人不会拍作品，不敢真人出镜，但只要懂直播的技巧和玩法，也能源源不断地卖货赚钱。如果你也想赶上直播赚钱的风口，我建议你马上行动。

见过太多朋友，比我聪明却没有成功，因为迈不出第一步，害怕做不好，被人嘲笑。很多人可能会想：我其实并不缺乏勇气，但不知道该怎么做，或者担心自己不是明星，口才不好，长相普通，也可以做直播吗？

答案是当然可以！直播是有技巧的，关键在于真实、有效、多方面地展示你自己，让粉丝觉得有价值。而这些包装和谈话技巧的方法，因为符合人性需求，抓住了用户的心理需求，所以屡试不爽。

在这本书里，我会从"开播、策划、谈话技巧、涨粉、包装、数据、流量、产品供应"等多个方面，提供模板，详细介绍各种直播带货玩法，手把手带你直播入门，学完马上就能用得上。我希望看到这本书的朋友，能够抓住直播带货的风口。正如雷军那句"站在风口上，猪都能飞起来"，趋势来了，挡也挡不住！

最后，非常感谢购买这本书的朋友，希望这本书可以帮助到你，现在就让我们通过这本书来开启化妆品、服装直播销售之旅吧！由于知识水平有限，书中难免有错误和疏漏之处，恳请广大读者批评、指正。沟通和交流请联系微信：15111013805。

全　权

2020 年 9 月

| 目 录 |

第 1 章　入驻平台：直播销售让产品广泛触达数亿人　/　1

1.1　淘宝直播：千万商家店铺粉丝运营、互动营销利器 / 2

　　1.1.1　解读淘宝直播的流量入口 / 3

　　1.1.2　淘宝直播的入驻方法 / 4

　　1.1.3　探讨淘宝直播的展现规则 / 8

1.2　蘑菇街直播：用户参与度高、销售转化有效的形式 / 10

　　1.2.1　蘑菇街直播的频道流量入口 / 11

　　1.2.2　蘑菇街直播的主播入驻方法 / 11

　　1.2.3　蘑菇街直播的运营技巧策略 / 13

1.3　快手直播：握住未来电商发展前景中的下沉市场 / 16

　　1.3.1　解析快手直播的入驻技巧 / 17

　　1.3.2　玩转快手直播的运营技巧 / 19

1.4　抖音直播：充分挖掘短视频平台的流量价值 / 23

　　1.4.1　抖音直播的入驻技巧 / 25

　　1.4.2　抖音直播的运营技巧 / 29

1.5　拼多多直播：由商家在自己的私域流量池进行运营 / 31

　　1.5.1　拼多多直播的频道流量入口 / 32

　　1.5.2　拼多多直播的入驻方法 / 32

　　1.5.3　拼多多直播的运营技巧策略 / 34

第 2 章　主播 IP：多种方案，打造直播销售卖货达人　/　37

2.1　从直播到直播销售，"人、货、场"的逻辑是关键 / 38

　　2.1.1　人：寻找优质的内容创作达人 / 39

2.1.2　货：根据粉丝需求选择优质的货源 / 41

2.1.3　场：给粉丝带来顺畅的观看感受 / 46

2.2　个人 / 商家主播：直播买卖关键是基于人的信任 / 50

2.2.1　达人如何开通直播权限 / 50

2.2.2　达人开启直播账号认证 / 52

2.2.3　主播如何申请商家账号 / 54

2.2.4　了解达人主播的成长体系 / 60

2.2.5　达人如何获得直播浮现权 / 61

2.3　MCN 直播机构：培育 / 建设优质的达人主播 / 63

2.3.1　MCN 机构的入驻流程 / 64

2.3.2　MCN 机构的指数分考核 / 66

2.3.3　MCN 机构的退出机制 / 67

2.3.4　MCN 机构的运营技巧 / 68

2.3.5　MCN 机构的商业模式 / 69

2.4　代播服务商：提供更专业的直播运营服务 / 70

2.4.1　如何申请商家代播服务商 / 71

2.4.2　淘宝直播商家服务商规则 / 72

2.5　直播基地：服饰行业的入驻与运营 / 73

2.5.1　服饰账号分层运营机制 / 74

2.5.2　服饰基地入驻规则方法 / 75

2.5.3　服饰机构 & 基地活动运营类型 / 77

第 3 章　搭建团队：打造一个竞争力强大的直播团队　/　79

3.1　直播运营：搭建完善的直播人员架构 / 80

3.1.1　策划部门：编导、场控 / 81

3.1.2　运营部门：商品、活动 / 85

3.1.3　主播部门：主播、副播 / 88

3.2　团队模式：各种直播团队的搭配方案 / 92

3.2.1　机构团队的搭配方案参考 / 93

3.2.2　主播团队的搭配规划方向 / 94

3.2.3　直播团队的实际搭配类型 / 94

3.3　观看体验：打造高质量的直播间场地 / 96

3.3.1　直播间的设备清单，提升直播的效果 / 96

3.3.2　直播间的装修方案，提高视觉美观度 / 99

3.3.3　直播间的人物安置，优化直播的画面 / 100

第4章　直播技能：好的运营能够孵化出高质量的主播 / 107

4.1　直播脚本：打造一场成功的 LIVE 秀 / 108

4.1.1　提纲：规划方案 / 108

4.1.2　主题：核心目的 / 109

4.1.3　分工：职能分配 / 110

4.1.4　产品：卖点展示 / 110

4.1.5　说话技巧：销售把控 / 111

4.1.6　节奏：把控时间 / 112

4.1.7　互动：粉丝兴趣 / 114

4.1.8　活动：优惠信息 / 115

4.1.9　差异：更新细节 / 116

4.2　直播软实力：让你的直播间不会冷场 / 118

4.2.1　亲和力，让人更容易靠近你 / 118

4.2.2　幽默感，把快乐传染给别人 / 119

4.2.3　创新力，给用户带来小惊喜 / 119

4.2.4　脸皮厚，心理素质必须过硬 / 120

4.2.5　情商高，给人很舒服的感觉 / 121

4.2.6　互动性，恰当采用"自言自语" / 122

4.3　直播硬技能：提高用户观看直播的体验 / 123

4.3.1　直播预告：获得更精准的用户流量 / 123

4.3.2　商品品控：产品质量和品质要保证 / 128

4.3.3　直播片段：为宝贝增加解析和引流 / 128

4.3.4　数据收集：持续催化加强用户关系 / 137

4.3.5　图文信息：设置直播间图片和文字 / 139

4.3.6　多机位切换：打造优质的直播场景 / 147

4.3.7　连麦 PK：比拼人气以及种草能力 / 148

4.3.8　故障解决：常见直播问题解决措施 / 149

4.3.9　提取链接：将直播间链接投放站外 / 151

第 5 章　开始直播：快人一步，让你跑赢在直播起跑线上　/　153

5.1　直播准备：快速开启直播销售业务 / 154

5.1.1　直播业务：了解直播的内容和入口 / 154

5.1.2　平台规则：严格遵守圈子里的规矩 / 157

5.1.3　封面图设置：符合直播平台的规范 / 159

5.1.4　店铺直播卡片：清晰地展示直播内容 / 161

5.1.5　首页素材：有机会获得手淘首页曝光 / 162

5.1.6　开播定位：让附近的人发现你的直播 / 170

5.1.7　智能工具：快速回复个人和商品信息 / 175

5.1.8　添加宝贝：直播间添加推广售卖商品 / 179

5.2　开始直播：助力提升主播账号权重 / 184

5.2.1　简单方便：使用手机端发布直播 / 185

5.2.2　功能全面：通过 PC 端发布直播 / 189

5.2.3　平台引流：PC 端的直播推流、玩法 / 193

5.2.4　吸粉关注：手机端制作直播短视频 / 200

第 6 章　平台运营：提高主播曝光率，吸引平台用户 ／ 205

　6.1　互动工具：丰富的直播互动形式 ／ 206

　　6.1.1　权益投放：直播间优惠券／红包／金币 ／ 206

　　6.1.2　直播专享价：把优惠留给直播间的粉丝 ／ 210

　　6.1.3　抽奖：与买家互动抽奖，增加用户黏性 ／ 212

　　6.1.4　投票：拉票宣传，充分体现用户参与感 ／ 213

　　6.1.5　天猫权益：红包雨、砸金蛋、点赞有礼 ／ 214

　　6.1.6　淘宝直播连连看：提升整体用户的留存 ／ 215

　　6.1.7　淘宝直播招财猫：获得瓜分奖金的机会 ／ 215

　6.2　发布直播：更多直播的分享渠道 ／ 215

　　6.2.1　淘宝社交：将淘宝直播同步到微淘板块 ／ 216

　　6.2.2　商家主页：直播同步店铺首页和详情页 ／ 216

　　6.2.3　社交平台：将淘宝直播同步到微博 ／ 218

　　6.2.4　视频平台：将淘宝直播同步到优酷 ／ 220

　　6.2.5　圈子团体：利用群聊告知淘宝直播 ／ 220

　　6.2.6　用户群体：打通淘宝直播内容与"猜你喜欢" ／ 220

　6.3　变现方式：让直播带来更多价值 ／ 221

　　6.3.1　完成 V 任务：获取更多的任务酬劳 ／ 221

　　6.3.2　直播达人分佣模式：CPC、CPS 选货 ／ 224

　　6.3.3　淘宝联盟：分享商品信息赚取酬劳 ／ 224

　　6.3.4　智能数据助理：了解直播种草效果 ／ 225

第 7 章　粉丝运营：让粉丝拥护你，争抢你推荐的产品 ／ 227

　7.1　私域流量：冷启动拉新，获取粉丝 ／ 228

　　7.1.1　站外拉新：微博、微信、抖音 ／ 228

　　7.1.2　站内拉新：店铺私域、微淘 ／ 230

　7.2　公域流量：获得更多曝光，转化用户 ／ 230

　7.2.1　直播看点：点击率最高的模块 / 230

　7.2.2　直播权益：提高公域曝光转化率 / 231

　7.2.3　钻展引流：抢占更多优质手淘资源位 / 232

7.3　粉丝转化：将用户转化为粉丝 / 233

　7.3.1　利益驱动：提供专属粉丝的福利 / 233

　7.3.2　关系驱动：吸引周边的强关系用户 / 234

　7.3.3　事件驱动："特点 + 热点"完美融合 / 235

　7.3.4　地域驱动：寻找有相同地理背景的人 / 236

　7.3.5　兴趣驱动：契合粉丝的兴趣爱好 / 236

　7.3.6　荣誉驱动：满足求胜心，增加荣誉感 / 237

7.4　粉丝沉淀：粉丝的可持续变现 / 237

　7.4.1　超级推荐：引入更多新粉丝 / 238

　7.4.2　关注有礼：让用户沉淀为粉丝 / 238

　7.4.3　粉丝分层：根据等级发送福利 / 239

　7.4.4　亲密度玩法：提高互动的利器 / 239

　7.4.5　店铺玩法：提高直播用户留存 / 240

　7.4.6　粉丝维护：提升粉丝的活跃性 / 241

7.5　粉丝召回：让粉丝养成固定回访模式 / 242

　7.5.1　直播消息提醒：向粉丝告知直播动态 / 242

　7.5.2　内容订阅号：调动粉丝活跃度 / 242

　7.5.3　微淘：粉丝召回的重要工具 / 243

　7.5.4　粉丝群：在群内做预热互动 / 244

第 8 章　直播间运营：收获百万粉丝，"带货"更轻松 / 245

8.1　营销方案：直接连通流量，爆炸式传播 / 246

　8.1.1　直播时间：不同类型的主播直播时间有差异 / 246

　8.1.2　直播内容：风趣幽默，吸引更多的粉丝关注 / 247

8.1.3　人格魅力：人设定位，让粉丝能快速记住你 / 247

8.1.4　氛围营造：限量抢购、秒杀，制造热播氛围 / 248

8.1.5　制作爆款：调整产品结构，设置可搭配款式 / 249

8.2　介绍产品：有节奏的播出，更易圈粉和成交 / 250

8.2.1　介绍时间：每款产品控制在 5 分钟内 / 251

8.2.2　自我介绍：首先给粉丝关注你的理由 / 252

8.2.3　点出产品：介绍产品是几号链接的宝贝 / 253

8.2.4　解析产品：介绍产品的详细功能和特色 / 253

8.2.5　试用产品：主播拿出产品试用、试穿 / 254

8.2.6　优惠互动：产品的优惠信息和粉丝互动 / 255

8.2.7　售后解答：给粉丝更多的产品保障承诺 / 256

8.3　注意事项：小心直播雷区，以免误伤自己 / 257

8.3.1　违规场景务必注意 / 257

8.3.2　平台禁止推广商品 / 258

8.3.3　产品推广用语提醒 / 258

8.3.4　直播选品注意事项 / 259

8.3.5　违规行为处罚制度 / 259

第 9 章　活动运营：快速打造爆款产品，提高店铺权重　/　261

9.1　流量暴涨——大促活动的直播玩法 / 262

9.1.1　淘宝直播"双 10"秋冬大赏活动玩法 / 262

9.1.2　淘宝直播"双 11"活动玩法 / 263

9.1.3　淘宝直播"双 12"活动玩法 / 264

9.1.4　淘宝直播圣诞活动玩法 / 265

9.1.5　淘宝直播"年货节"活动玩法 / 266

9.2　流量裂变——日常活动的直播玩法 / 266

9.2.1　淘宝直播"夜市"活动玩法 / 266

9.2.2 淘宝直播秋实行动活动玩法 / 267

9.2.3 淘宝直播王者挑战赛活动玩法 / 268

9.2.4 淘宝直播超级福利日活动玩法 / 269

9.3 流量扶持——活动工具的直播玩法 / 269

9.3.1 分享立减：转粉促成交 / 270

9.3.2 启明星计划：专属营销活动 / 271

9.3.3 守护主播计划：吸引更多新粉丝 / 271

第 10 章 达人案例：引流与盈利完美结合的直播高手 / 273

10.1 化妆品类直播销售达人案例 / 274

10.1.1 "口红一哥"李佳琦 5 分钟成交 15 000 支口红 / 274

10.1.2 淘宝第一女主播薇娅：最高销售额超 2.67 亿 / 275

10.1.3 "90"后创业女孩张沫凡直播 10 分钟破百万销售额 / 277

10.1.4 "Shirly_ 李欣瑜"每场直播平均观看量达到 10W+ / 278

10.1.5 明星"平民化"，《花千骨》"上仙"曾虹畅变主播 / 278

10.2 服装类直播销售达人案例 / 279

10.2.1 烈儿宝贝一场 4 个小时的直播卖出 3 000 多万元大衣 / 280

10.2.2 BJHG ORIGINA：C 类店铺直播引导成交额的第一名 / 281

10.2.3 公益路上的"带货女王"陈洁 KiKi 坐拥 239 万 + 粉丝 / 281

10.2.4 "斜杠辣妈"祖艾妈第一场直播一天卖出了 45 万元 / 282

10.2.5 淘女郎到主播，"小侨 Jofay"直播一年年薪近千万 / 283

第1章

入驻平台：直播销售让
产品广泛触达数亿人

在直播这种社交模式以及直播带货这种新的购物方式下，每一个普通人都可以通过直播或直播带货来吸引粉丝关注，获取经济效益。当然，前提是你需要了解直播平台的一些入驻、运营方法和技巧。本章将为读者介绍 5 款直播 App 的相关资讯，帮助你轻松进行化妆品、服装直播销售。

1.1 淘宝直播：千万商家店铺粉丝运营、互动营销利器

淘宝网是国内首选的购物网站，是亚洲最大的购物网站，由阿里巴巴公司投资创办，现在已经成为国内购物网站的代名词。

淘宝中的淘宝直播板块虽然还没有得到真正的完善，但是已经具有一定的规模，在这种情况下，选择淘宝网站，不管是进行化妆品直播销售还是服装直播销售，都是非常有利的直播营销渠道。

因为淘宝网站本身就拥有着大量的商家店铺以及广泛的群众基础，使得淘宝直播成为粉丝运营、互动营销的利器。图 1-1 所示为淘宝网首页以及各商家中正在被销售的商品。

图 1-1　淘宝网首页以及各商家中正在被销售的商品

1.1.1　解读淘宝直播的流量入口

流量对于服装直播的作用非常重要，在服装直播中，不仅要保障稳定的商品货源，还需要拥有流量。

淘宝平台本身就是一个自带流量的网站，它就像一个占据绝佳地理位置的店铺，拥有着非常庞大的人流量。化妆品直播也好，服装直播也好，都能获得大量的流量注入。

淘宝直播的流量入口主要有以下两个方面，如图 1-2 所示。

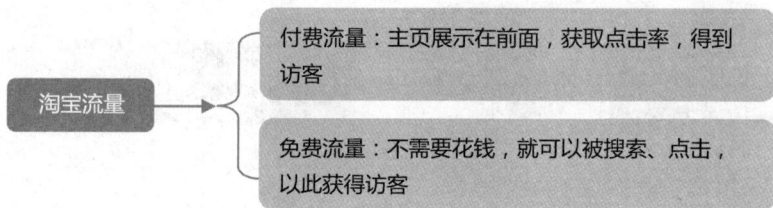

图 1-2　淘宝直播流量入口分析

付费流量的入口包括：直通车、钻展、淘客，这就相当于通过花费金钱在入口进行前期投资，类似于让品牌获得更多人的认知度，花重金在各大平台进行广告投放一样，都是一个前期的投资。

免费流量的入口较多：这些流量入口排在最前面的有手淘搜索、手淘首页，这两个是最为人所知的入口，流量自然也是最多的。用户只需要根据这两个板块定下的规则进行操作，就有机会获得流量。

其他的免费流量入口还包括：聚划算、有好货、天天特卖、每日好店、拍立淘、微淘等板块。图 1-3 所示为淘宝平台里的一些免费流量入口。

图 1-3　淘宝平台免费流量入口

只要后续可以提高产品销量，获得更大的经济收益，前期的投资就是必需的。但是切记不能一味地获得点击率、访客数，而是要注重转化率，不然前期的投入不能带来后续的销售，那就只是白白地在"烧"钱。

而且，如果没有带动转化率，长期下去，不管是对商家还是主播来说，不仅投入巨额资金成本，而且还会造成自身人力、物力的浪费。

1.1.2　淘宝直播的入驻方法

淘宝网站平台的自身资源、流量都非常适合进行化妆品、服装直播销售的工作，面对这种极其适合直播销售的平台，最先需要解决的问题就是如何在淘宝平台进行直播入驻。淘宝直播入驻有两种途径。

第一种入驻途径，首先在手机上下载淘宝 App，安装完成后，进行登录和注册；第二种途径，主要针对商家、达人、档口主播，首先在手机上下载淘宝主播 App，安装完成后，进行登录和注册。

下面介绍第一种入驻淘宝直播的操作方法。

步骤 01 打开淘宝 App，进入 App 主页，在界面左上方找到"扫码"按钮，如图 1-4 所示。

步骤 02 点击"扫码"按钮，进入扫码功能状态，选择"扫一扫"功能，如图 1-5 所示，然后从相册中选取官方指定的主播入驻的二维码进行扫描。

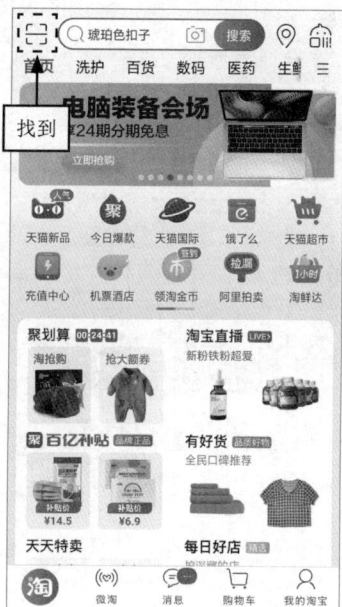

图 1-4　找到"扫码"按钮

图 1-5　选择"扫一扫"

步骤 03 扫描二维码后，会显示"淘宝直播入驻指南"界面，在界面上点击"个人主播"按钮，如图 1-6 所示。

步骤 04 进入"个人主播入驻指南"界面，滑动屏幕至界面下方，点击"一键开通直播权限"按钮，如图 1-7 所示。

步骤 05 进入"主播入驻"界面，在其中"实人认证"选项中，点击"去认证"按钮，完成认证，如图 1-8 所示。

步骤 06 实人认证验证成功后，选中"同意以下协议"单选按钮，再点击下方的"完成"按钮，即可入驻成功，如图 1-9 所示。

图1-6 点击"个人主播"按钮

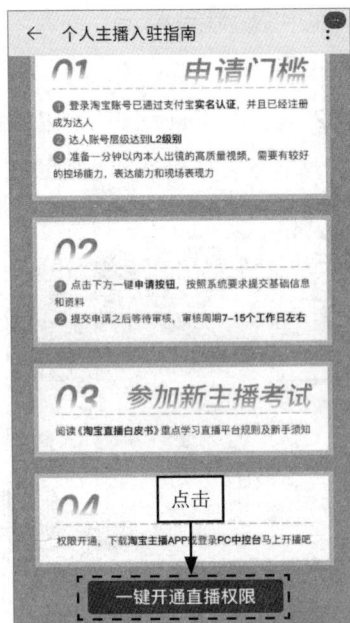

图1-7 点击"一键开通直播权限"按钮

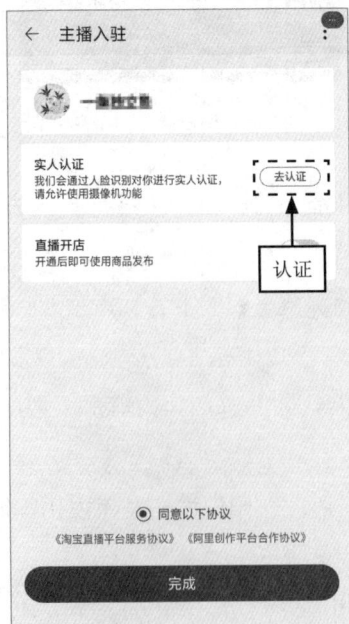

图1-8 点击"去认证"按钮

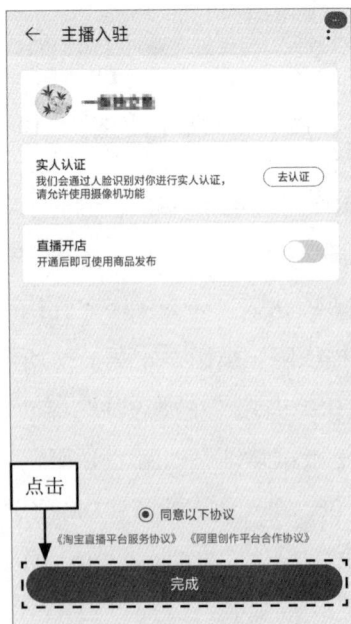

图1-9 选中协议，点击"完成"按钮

接下来介绍第二种入驻淘宝直播的操作方法。

步骤 01 打开淘宝主播 App，进入 App 账号后台，点击界面左上方显示的"主播入驻"按钮，如图 1-10 所示。

步骤 02 进入"创建直播"界面，在界面中根据个人实际情况填写相关信息，然后点击屏幕下方的"创建直播"按钮，如图 1-11 所示。

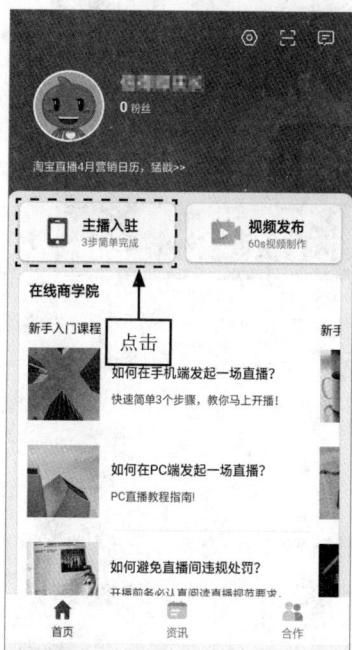

图 1-10　点击"主播入驻"按钮

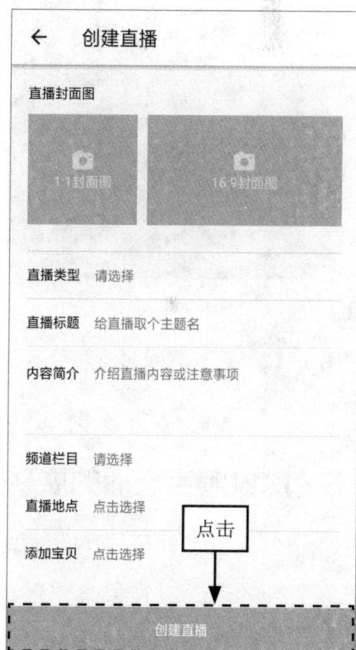

图 1-11　填写相关信息

步骤 03 点击屏幕下方的"创建直播"按钮后，即可进入"淘宝直播"界面，在"淘宝直播"界面右下角，点击"开始直播"按钮，如图 1-12 所示。

步骤 04 点击"开始直播"按钮后，便可以直接进入淘宝直播状态中，如图 1-13 所示。

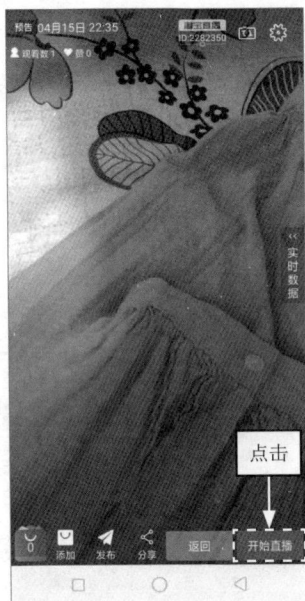

图 1-12　进入"淘宝直播"界面　　　　　图 1-13　进入直播状态中

1.1.3　探讨淘宝直播的展现规则

每一个平台都有不同的运营规则，必须了解这些平台的制度、规则，这样在进行一系列的活动以及提高直播操作水平中，才可以达到事半功倍的效果，能使主播更好地在淘宝直播平台上发展。下文将向读者介绍淘宝直播中的商业变现和机构扶持两个方面。

1.　商业变现

从事化妆品或者服装直播销售的工作后，商业变现是非常重要的，也是大部分人都非常关心的，因为只有把商业价值变现，才能获得显著的经济效益，下面介绍商业变现的三种途径，如图 1-14 所示。

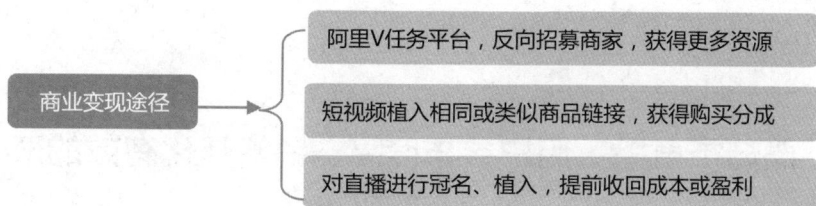

图 1-14　商业变现途径

2．机构扶持

关于淘宝平台的机构扶持，首先需要明白，无论是个人还是机构，在淘宝上进行直播时，如果可以得到淘宝平台的扶持都是一个好机会。

淘宝会对用户进行流量的奖励机制、商家首先推荐机制，还可以免费在淘宝大学进行培训等一系列扶持措施，这些扶持措施都能帮助直播博主获得极大的关注量，以及获得各种课程的培训，从而促进自身成长。图 1-15 所示为直播带货博主在淘宝大学举办的线下活动中的实战经验分享会。

图 1-15　淘宝大学知识分享会

如何获得淘宝平台的扶持是有一定评定标准的，它包括主播直播视频的播放量、内容质量、账号的活跃度，视频的更新频率等，大家可以通过了解这些指定的衡量标准，有针对性地改善自身账号的不足之处，以此使自己的账号能够尽早地被淘宝选为扶持对象。

1.2　蘑菇街直播：用户参与度高、销售转化有效的形式

蘑菇街作为一个分享时尚的 App，专注于女性消费者。旗下时尚电商板块中最火热的就是女性时尚电商栏目，通过蘑菇街已有的各种条件，结合各种资源，尽可能地给不同的女性用户提供她们所需要的各项服务，从而提高销售转化效率。

除此之外，作为一个电商网站，蘑菇街还添加了"动态发表"功能，可以选择"直播"或者"视频／照片"来随意发表动态，分享内容，类似于 QQ、SNS 这种社交 App，这使得蘑菇街的用户活跃度较高，对蘑菇街的参与度加深。图 1-16 所示为蘑菇街的动态分享功能页面。

图 1-16　蘑菇街的动态分享功能页面

1.2.1 蘑菇街直播的频道流量入口

从蘑菇街的一系列销售数据来看，女性用户的占比非常庞大，同时她们的购买力非常强劲，完美地诠释了"她经济"效应。尤其是女性极为关注的"美妆""服装"这两项内容。

通过对数据的分析，蘑菇街最重要的流量入口是直播板块，通过直播的形式，有效地吸引了大部分用户的注意力，在直播带货的方式下，平台商品的销售额大幅度增长。也正因为如此，蘑菇街正在大力发展直播板块。

1.2.2 蘑菇街直播的主播入驻方法

首先，在手机上下载蘑菇街 App，安装完成后，进行登录和注册。下面介绍入驻蘑菇街直播的操作方法。

步骤 01 打开蘑菇街 App，进入 App 主页，界面上方显示"直播"频道，点击"主播 & 机构招募令"广告信息，如图 1-17 所示。

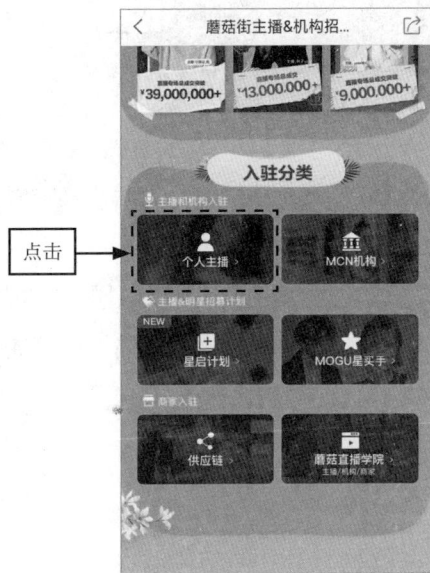

步骤 02 进入"蘑菇街主播 & 机构招募令"界面，滑动屏幕至界面下方，点击"个人主播"按钮，如图 1-18 所示。

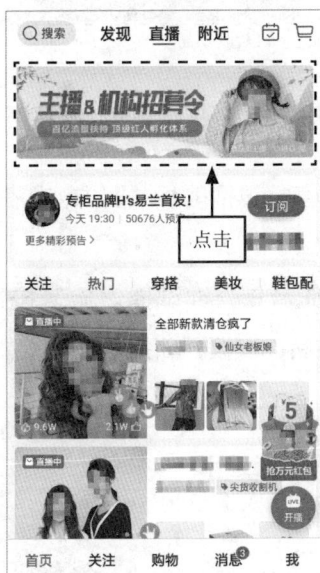

图 1-17 点击"主播 & 机构招募"广告信息　　图 1-18 点击"个人主播"按钮

步骤 03 进入"蘑菇街主播招募令"界面，滑动屏幕至界面下方，点击"个人主播请戳"按钮，如图 1-19 所示。

步骤 04 进入"蘑菇街 - 我的买手街"界面，在其中根据个人情况填写相关信息，点击"提交申请"按钮，如图 1-20 所示。

图 1-19　点击"个人主播请戳"

图 1-20　根据实际情况填写信息

步骤 05 进入"新试播解答"界面，其中显示了直播试播的相关要求，如图 1-21 所示。

步骤 06 滑动屏幕至界面下方，点击"点击开始 5 分钟试播之旅"按钮，如图 1-22 所示，即可开始进行试播。待试播完成后，根据界面提示进行相关操作，即可完成蘑菇街的入驻。

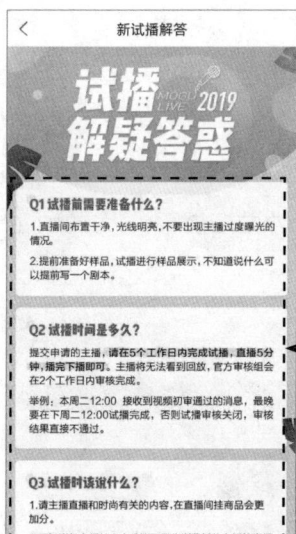

图 1-21　直播试播的要求　　图 1-22　点击"点击开始 5 分钟试播之旅"
按钮

1.2.3　蘑菇街直播的运营技巧策略

在蘑菇街成为一个化妆品或者服装销售主播后，平台会对新人主播进行各方面的培训，让他们可以更好地在主播这条路上发展，这些基础培训包括外在形象、语言的表达和语速的平衡、对所销售商品信息的了解等，这是因为直播不仅需要外形靓丽的主播，更需要主播能够把商品销售出去。下面将为大家介绍蘑菇街直播销售中的几个关键阶段，如图 1-23 所示。

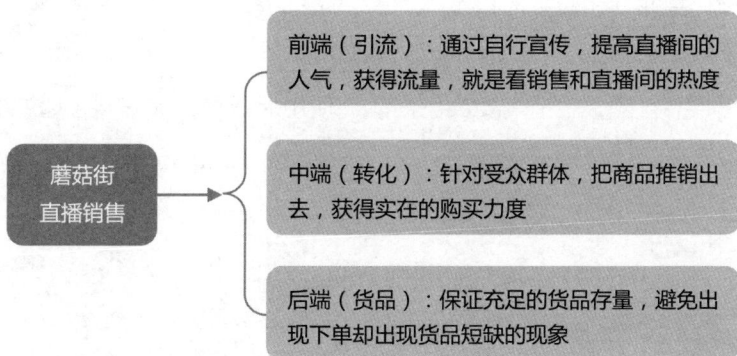

图 1-23　蘑菇街直播销售关键点

在直播的前期，引流是比较困难的，速度也会非常缓慢，但是在拿到主播权限后可以去参加主播孵化项目，也就是蘑菇街主播商学院，在里面会有一系列的主播培训和主播扶持计划。

蘑菇街会给新人主播一定的扶持和帮助，是非常友善的，基本上通过这种流量扶持活动，可以增加许多粉丝。图 1-24 所示为蘑菇街平台为主播们提供的蘑菇街扶持计划战略。

图 1-24　蘑菇街扶持计划战略

中端转化是非常考验主播自身能力的，必须根据增加粉丝的类型，有针对性地进行商品介绍和推荐，了解受众群体关注的点。

从事化妆品直播，主播需要突出产品的使用后效果；而服装直播就需要做到让粉丝觉得购买这件服装是正确的，这就需要主播真正地了解货品，懂得推销技巧。图 1-25 所示为直播封面上尽量地突出商品的特点，吸引用户点击。

图 1-25　直播封面突出商品优势

后端货品一直是一个非常重要的因素，货品的充足可以保障在直播中端转化的过程中，不会出现货品短缺导致中端的转化丧失意义。不管主播所销售的是化妆品还是服装，蘑菇街所成立的"供应链联盟"功能平台，都可以解决机构和主播没有货卖的问题。图 1-26 所示为蘑菇街的美妆选品大会活动现场；图 1-27 所示为蘑菇街服装直播的线上独家授权品牌。

图 1-26　蘑菇街美妆选品大会活动

图 1-27　蘑菇街服装直播商品品牌独家授权

1.3　快手直播：握住未来电商发展前景中的下沉市场

每个 App 都有其各自的历史，实际上，快手直播中蕴含的流量价值远远超乎大众的想象，对于想从事化妆品、服装直播销售的主播来说，选择快手，可以发挥短视频 App 丰富的流量注入优势，现在让我们先来了解一下快手平台的历史、定位，以及快手直播的特色和优势。

1. 快手平台的历史

2011 年时，快手还叫"GIF 快手"，只是一款制作和分享 GIF 动态图的工具。2013 年 7 月，"GIF 快手"从工具类应用转型为短视频类应用，改名"快手"，名称沿用至今。

快手算是最早扎根于短视频分享的 App，与快手平分半壁江山的抖音那时还没有创建，美拍与小咖秀还在一二线争夺市场，而快手创始人却不走寻常路，挖掘下沉市场，将"快手"这个产品贴近现实生活，并为三四线城市的草根和普通人群量身打造。

2018 年，快手推出"快手营销平台"，以社交为中心，整合快接单、快享计划、快手小店等内容和功能。电商为了摆脱扁平化桎梏和加速商业化进程，各大电商开始造节，阿里造"双 11"，京东造"618"，苏宁造"818"等。在这种情况下，快手推出首届电商节，至此快手完成商业化布局，正式开启商业变现之旅。

2. 快手平台定位

虽然同为短视频应用，但是快手和抖音的定位完全不同。抖音的火爆靠的是马太效应——强者恒强，弱者愈弱。

这句话表明，在抖音上，本身流量就大的网红和明星可以通过官方支持获得更多的流量和曝光，而对普通用户而言，获得推荐和上热门的机会就少得多。

快手的创始人之一宿华曾表示："我就想做一个普通人都能平等记录的好产品。"这恰好就是快手这个产品的核心逻辑。

抖音靠的是流量为王，快手是即使损失一部分流量，也要让用户获得平等推荐的机会。当然，正因为这个核心理念，快手才会受到这么多人喜欢。

3. 快手直播

快手平台的直播与抖音平台的直播不同，快手直播分发的流量会尽可能平均，采取"去中心化"的运作模式，这使得更多的普通用户得到较高的曝光机会，同时快手的流量部分掌握在主播的手中，这对主播来说具有相对优势。

1.3.1 解析快手直播的入驻技巧

要想成为快手主播，第一步是注册快手账号，下面介绍快手直播的开通方法，可按照以下步骤进行操作。首先在手机上下载快手 App，安装完成后，进行登录和注册。

步骤 01 进入快手短视频 App 之后，点击首页界面下方的"摄像头"符号，进入拍摄界面，如图 1-28 所示。

步骤 02 ❶ 滑动下方按钮，点击"直播"选项，进入直播界面；❷ 点击"申请权限"按钮；❸ 进入"申请直播权限"界面，依次开通申请权限即可，如图 1-29 所示，完成之后即可开通快手直播。

图 1-28　点击"摄像头"符号进入拍摄界面

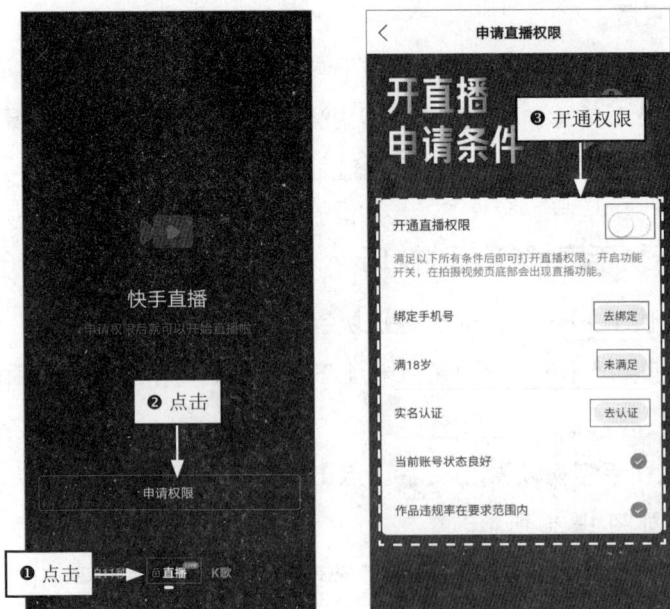

图 1-29　进入直播后开通直播权限

1.3.2　玩转快手直播的运营技巧

下面笔者介绍快手直播的运营技巧，主要是从平台和主播两个方面进行讲解。

1. 直播间百宝箱

大多数短视频平台的礼物都需要花钱购买，快手却有一些不同。快手用户可以根据在线查看直播的时间，点击直播间的百宝箱，在"每日百宝箱"对话框中领取对应的快币，如图 1-30 所示。

领取快币之后，快手用户还可以将快币兑换成猫粮，作为礼物送给主播，从而提高主播直播间的热度，如图 1-31 所示。

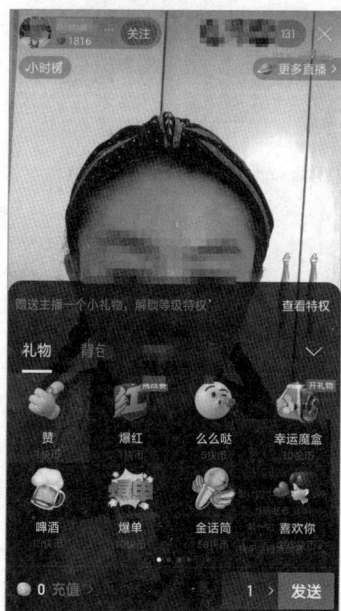

图 1-30　领取快币

图 1-31　快币兑换礼物送给主播

2. "同城"直播

快手短视频 App 会根据用户的位置，显示同城界面的名称。例如，笔者身处长沙，同城界面的名称便显示为"长沙"。"同城"界面会将该城市中快手号发布的直播进行推荐，如图 1-32 所示。

　　另外，"同城"界面中还提供了"附近的人""附近的群"和"聊天直播"板块的入口。例如，点击"附近的人"，便可进入其界面，如图1-33所示。

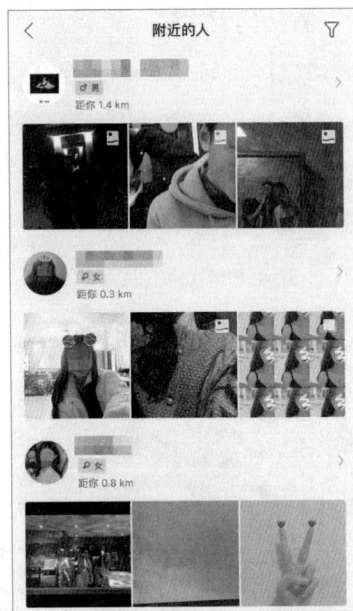

图1-32　　"同城"界面　　　　　　　图1-33　　"附近的人"界面

　　观看同城时需要先开启定位服务，设置完成之后，才会为你提供更为精准的同城视频，如果用户不喜欢个人信息被暴露得太多，可以拒绝并限制访问位置权限。

3. "无人物"直播

（1）游戏场景＋主播语音

　　大多数快手用户观看游戏类直播，重点关注的可能还是游戏画面。因此，这一类直播直接呈现游戏画面即可。另外，一个主播之所以能够吸引快手用户观看直播，除了本身过人的操作之外，语言表达也非常关键。

　　因此，游戏场景＋主播语音就成为许多主播的重要直播形式。如图1-34所示，这两个直播采取的便是这种直播形式。

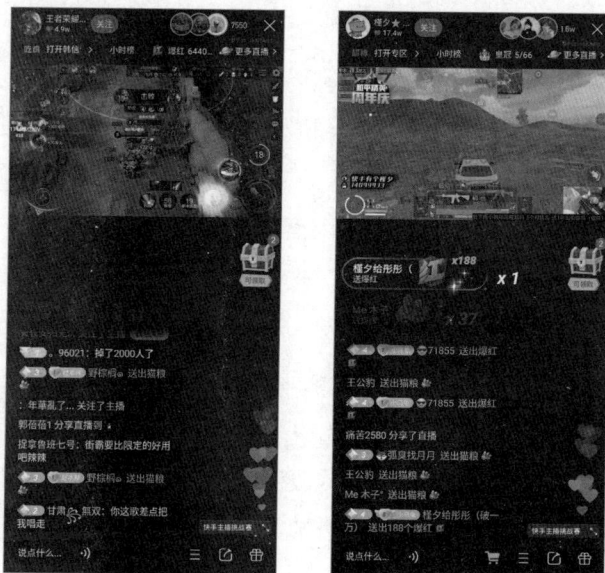

图 1-34　游戏场景＋主播语音的直播形式

（2）真实场景＋字幕说明

发布的短视频可以通过真实场景演示和字幕说明相结合的形式，将自己的观点全面地表达出来，这种直播方式可以有效避免人物的出现，同时又能够将内容完全展示出来，非常接地气，自然能够得到大家的关注和点赞。

（3）图片＋字幕（配音）

如果直播的内容是一些关于抖音、微信、微博营销的专业知识，或者是较专业的美妆知识、不同身材体形的服装搭配技巧，那么快手运营者可以选择采用图片＋字幕（配音）的形式进行内容展示。

（4）图片演示＋音频直播

通过"图片演示＋音频直播"的内容形式，主播可以与粉丝实时互动交流。用户可以在上下班路上、休息间隙、睡前、地铁上、公交上、上厕所时，一边玩App 一边获取自己想要的信息并进行分享，这样可以节约宝贵的时间，带来更好的体验。

4. 稀缺内容直播

快手运营者可以从快手中相对稀缺的内容出发，进行账号定位。例如，快手号"疯狂的小杨哥"就是定位为整蛊网瘾弟弟的一个账号。

像这种专门做整蛊网瘾少年内容的快手号本身就是比较少的，因此其内容就具有一定的稀缺性。再加上随着网络，特别是移动网络的发展，越来越多的青少年开始有了网瘾。所以，许多人看到这一类视频之后，就觉得特别贴近现实。

除了平台上本来就稀缺之外，快手运营者还可以通过自身的内容展示形式，让自己的账号内容，甚至是账号，具有一定的稀缺性。其中比较具有代表性的快手号是"－西梅"和"赵文静服装搭配"。

快手号"－西梅"的定位是一个分享妆容、美妆的账号，在这个账号中主播一般会发布自己化妆的过程，并进行化妆品的种草。如果只是进行化妆过程的直播分享，按理说，只要化妆技术不错的快手运营者都可以做到。而"－西梅"的独特之处就在于她是采取原相机进行素颜直播，而且结合直播内容进行一些特别处理。

具体来说，该快手号的视频中会通过一些字幕来表达主播在化妆过程中的"所说"和"所想"，如图1-35所示。这样一来，结合字幕和主播在视频中的表现，就会让人觉得主播非常率真可爱。

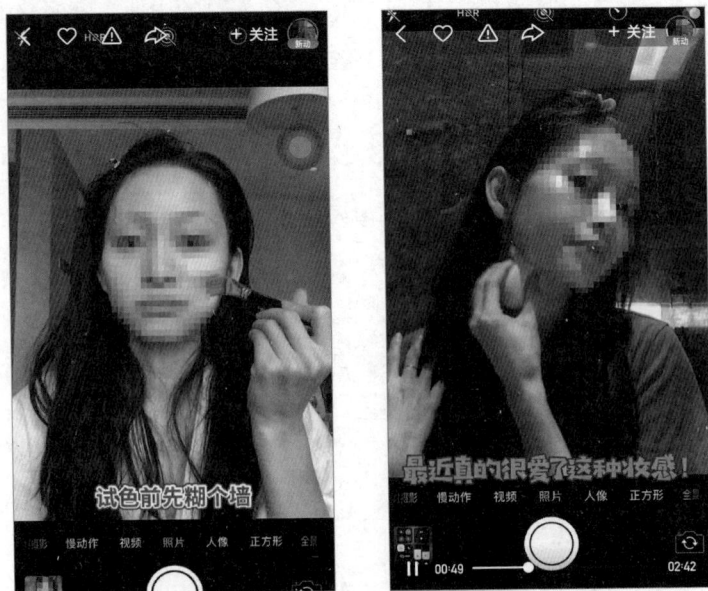

图1-35　"－西梅"发布的快手视频

快手上美妆类视频不少，但是像这种显得有些直率可爱的主播画风却是比较少的。因此，这个定位为通过字幕分享女生化妆时的心理感受的账号，很容易就获得许多人的持续关注。

"赵文静服装搭配"是一个主要定位于服装搭配加化妆品直播的快手号。但与其他服饰类快手号不同的是，这个快手号制作发布的服装视频内容。

"赵文静服装搭配"账号分享的服装内容，基本上都是主播实地奔赴各处的供应链，甚至是在服装的加工制作处进行拍摄的。如此一来，视频制作的成本、花费的精力相对会比较大。所以，快手中很少会有类似的服装直播视频。这样一来，"赵文静服装搭配"的视频自然就具有稀缺性，因此该账号会很容易吸引别人的关注。

1.4 抖音直播：充分挖掘短视频平台的流量价值

抖音作为现在最时尚的社交 App 之一，拥有着大量的用户、流量。抖音的用户数据非常庞大，并且处于不断的上涨之中，整个增长速度都很迅猛。

本节主要介绍抖音平台的特点和抖音直播推荐的算法机制，让用户更好地了解抖音平台，了解主播的入驻运营技巧。

1. 抖音平台的特点

抖音是今日头条孵化的一款短视频社交 App，虽然是今日头条旗下的产品，但在品牌调性（基于品牌或产品的外在表现而形成的市场印象，从品牌与产品人格化的模式来说，等同于人的性格。）上和今日头条大相径庭。

今日头条的品牌调性更接近快手，用户基本集中在三四线城市以及广大农村，内容比较接地气，而抖音瞄准的大多是一二线城市的年轻用户，85% 以上的用户是"95 后"和"00 后"的人群，因此内容更加潮酷和年轻。图 1-36 所示为抖音基础用户画像。

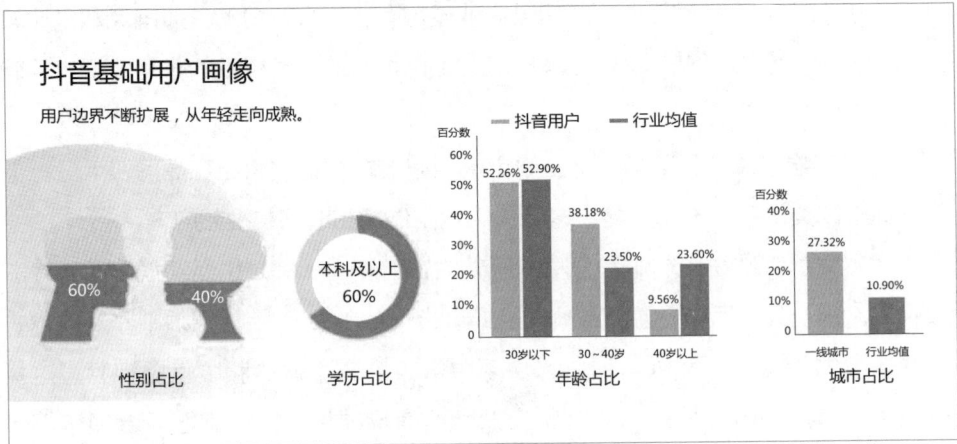

图 1-36　抖音基础用户画像

在功能方面，抖音与快手非常相似，两款社交短视频产品也经常被拿来进行比较，两者最大的区别还是品牌性格和用户画像，快手更加"真实"和"接地气"，而抖音更加"高级"和酷炫。

抖音运营者发布的每一条内容，抖音审核员都可以看到。另外，抖音平台会根据抖音视频的推荐基数（根据浏览人数、点赞和评论比例等数据设置一个基础值）、视频播放量、点赞量、评论量、转发量、账号的资料完整度和认证情况等进行权重的计算，然后按照得分排序，决定审核的顺序。视频审核之后，会根据审核结果决定视频的推荐量。

2. 抖音直播的推荐算法机制

如果抖音运营者想在一个平台上成功吸粉，首先需要了解这个平台的用户偏好，知道他们喜欢什么样的内容。

抖音运营者在抖音发布作品后，抖音平台对作品会有一个审核过程，其目的就是筛选优质内容进行推荐，同时杜绝垃圾内容。下面是抖音直播的推荐算法机制，如图 1-37 所示。

| 智能分发 | → | 用户即使没有任何粉丝，发布的内容也能够获得部分流量，首次分发以推荐和关注为主，并根据用户标签和内容标签进行智能分发 |

| 叠加推荐 | → | 结合大数据和人工运营的双重算法机制，优质的短视频会自动获得内容加权，只要转发量、评论量、点赞量、完播率等关键指标达到一定的量级，就会依次获得相应的叠加推荐机会，从而形成爆款短视频 |

| 热度加权 | → | 当内容获得大量粉丝的检验和关注，并经过一层又一层的热度加权后，即有可能进入上百万的大流量池。抖音算法机制中的各项热度的权重依次为：转发量>评论量>点赞量，并会自动根据时间"择新去旧" |

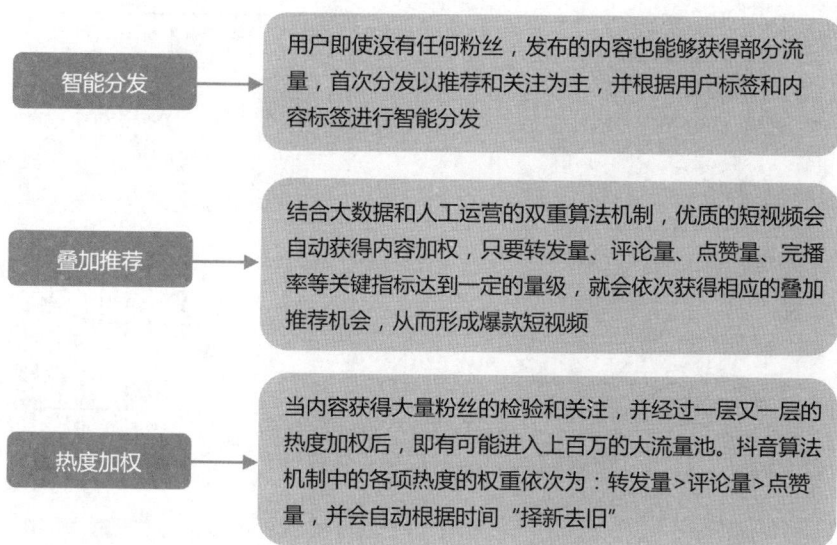

图 1-37　抖音的推荐算法机制

1.4.1　抖音直播的入驻技巧

对于想从事化妆品尤其是服装直播的用户来说，在抖音直播平台上进行直播，是促进商品销售的一种直接而又重要的方法、途径。那么究竟该如何开通抖音直播呢？下面将为各位读者介绍。

1. 抖音直播开通方法

首先，在手机上下载抖音 App，安装完成后，进行登录和注册。下面介绍入驻抖音直播的操作方法。

步骤 01　登录抖音短视频 App，进入视频拍摄界面，❶ 点击界面中的"开直播"按钮，进入直播设置界面；❷ 点击右侧的"带货"按钮，如图 1-38 所示。抖音运营者可以在直播设置界面上方设置直播封面和标题。当然，此前开过直播的抖音号，系统会默认显示之前的直播封面和标题。

步骤 02　进入图 1-39 所示的"选择直播商品"界面，在该界面中 ❶ 勾选需要添加的商品；❷ 点击"完成"按钮。需要注意的是，该界面中出现的商品来自于账号的商品橱窗，如果大家需要添加其他商品，应将商品添加至商品橱窗。

图 1-38　直播设置界面

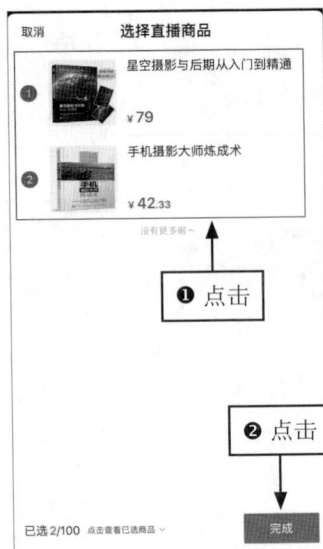

图 1-39　选择直播商品的界面

步骤 03 返回"直播设置"界面，此时"商品"所在的位置会显示添加的商品数量。确认商品添加无误后，点击下方的"开始视频直播"按钮，如图 1-40 所示。

步骤 04 进入直播倒计时，完成倒计时后便可进入直播界面，如图 1-41 所示。

图 1-40　点击"开始视频直播"按钮

图 1-41　进入直播界面

2. 抖音直播中常见问题解决

在直播的过程中，可能会遇到直播没有声音、卡屏等问题，这些问题怎么解决呢？我们可以通过以下操作找到解决方法。

步骤 01 从抖音主页中进入"设置"界面，选择界面中的"反馈与帮助"选项，如图 1-42 所示。

步骤 02 进入"反馈与帮助"界面，选择界面中的"直播（直播权限申请、直播其他问题、充值提现）"选项，如图 1-43 所示。

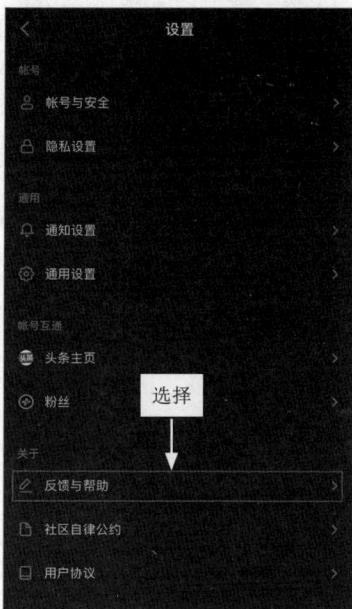

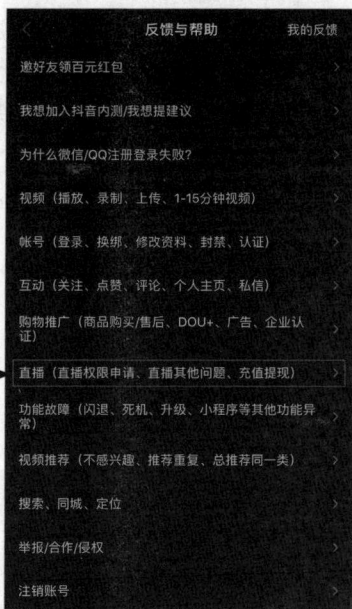

图 1-42　"设置"界面　　　　　图 1-43　"反馈与帮助"界面

步骤 03 进入直播问题反馈与帮助界面，选择界面中的"主播开直播"选项，如图 1-44 所示。

步骤 04 进入主播开直播的反馈与帮助界面，抖音运营者只需选择对应的问题选项，便可以找到问题的解决方法，如图 1-45 所示。

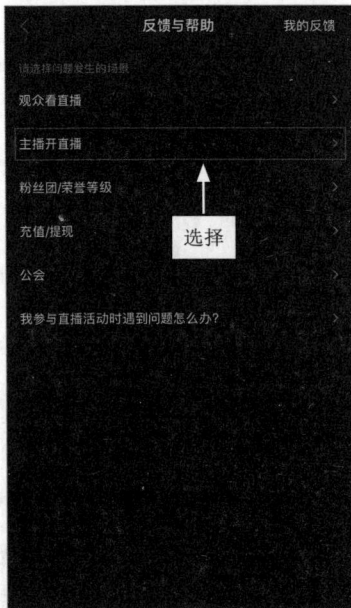

图 1-44　选择"主播开直播"选项

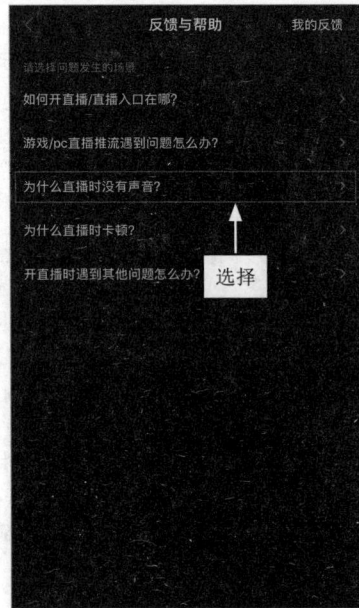

图 1-45　选择对应的问题选项

例如，选择"为什么直播时没有声音？"选项，即可进入问题解答界面，如图 1-46 所示。

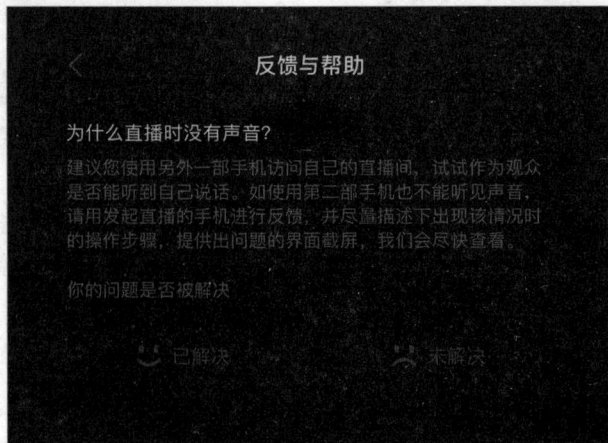

图 1-46　直播时没有声音的问题解答界面

1.4.2 抖音直播的运营技巧

以下是抖音直播的运营技巧，分为平台运营技巧和主播运营技巧。

1. "同城"界面

抖音推荐分为两种：一种是全平台的推荐；另一种是同城推荐。通常来说，同城推荐界面的左上方位置会推荐直播内容，抖音用户只需点击其所在的位置，便可直接进入直播间，如图 1-47 所示。

图 1-47　从同城推荐界面进入直播间

2. 直播广场界面

❶ 在"首页"界面的左上方有一个"LIVE"按钮，抖音用户只需点击该按钮便可进入某个直播间，当然，此时看到的只是系统随机推荐的一个直播间的内容；❷ 在直播间，可以点击右上方的"更多直播"按钮观看其他直播，如图 1-48 所示。

图 1-48　从"首页"界面进入直播间

　　点击"更多直播"按钮之后，可进入"直播广场"界面，如图 1-49 所示。直播广场会对部分直播进行展示，抖音用户只需点击对应直播所在的位置，便可进入其直播间查看直播内容，如图 1-50 所示。

图 1-49　直播广场界面

图 1-50　从直播广场进入直播间

3. 主播直播的运营技巧

（1）吸金的直播封面

抖音直播的封面图片设置得好能为主播吸引更多的粉丝观看。封面图片没有固定的尺寸，大小要适宜，只要是正方形等比就可以，但画面要做到清晰美观。图 1-51 所示为抖音服装直播封面。

图 1-51　抖音服装直播封面

（2）合适的直播内容

抖音直播的内容目前以音乐、游戏和户外为主，从抖音的直播内容来看，都是根据抖音社区文化衍生出来的，而且比较符合抖音的产品气质。但是随着现代人们生活水平的不断提高，其追求会有所改变，从为消费而消费，转变成为追求而消费。

大众开始呈现出"爱美""孤独"等词汇的生活状态。而化妆品、服装直播销售恰恰切中了大众"爱美"这个关键词汇。由此可知，抖音直播平台中关于化妆品直播和服装直播的受众范围会呈不断扩大的趋势。

1.5　拼多多直播：由商家在自己的私域流量池进行运营

现在拼多多一方面借助平台大 V 自身的流量，极大地拓宽了大 V 自身和平台的流量来源，其直播板块成为继链接分享这种社交电商模式之后，又一种吸引新用户的方式；另一方面，这种直播互动的方式也可以提高平台用户的黏度。

对于想在拼多多平台进行化妆品或服装销售的主播来说，拼多多的多多直播门槛低、变现快，受到许多用户的喜爱，并且拼多多在这几年大受欢迎，以实惠的价格受到众多用户的下载与使用。本节将介绍拼多多的多多直播技巧。

1.5.1 拼多多直播的频道流量入口

一直以来，很多人对于拼多多所创建的社交电商模式始终不太看好，其最大的原因就是，它采取链接分享的方式来形成自己的社交电商模式。这种方式导致拼多多在获取用户流量方面比不上其他的直播电商模式，因此被人戏称：这不是真正地以销售产品而获得盈利，而是赚取人头费。

直到拼多多上线了直播板块，此举可谓直击其痛点，利用直播方式，极大地提高了平台的用户流量注入和用户时间占据时长；另一方面，由于拼多多是从消费者视角出发的直播，使得消费者和产品的心理距离被最大化地缩短。

相关机构对直播电商的前景进行分析、调查后，认为三线及以下的城市、县镇和农村地区市场（通用表达为：下沉市场）将会成为直播电商未来发展的两大重点领域之一。而拼多多一向在下沉市场中做得非常好，拥有大量用户。

1.5.2 拼多多直播的入驻方法

拼多多的多多直播面向所有用户，不仅门槛低，而且操作简单，以下是手机拼多多 App 直播的操作方式。

步骤 01 首先登录拼多多 App 账号，❶ 点击"个人中心"标签，如图 1–52 所示；❷ 进入后点击你的头像；❸ 下滑页面后点击"多多直播"选项，如图 1–53 所示。

步骤 02 进入多多直播后，❶ 点击"开始直播"按钮，接着开启相关权限；❷ 点击"一键开启"按钮，如图 1–54 所示。执行操作之后即可进入直播。

图 1-52　点击"个人中心"标签

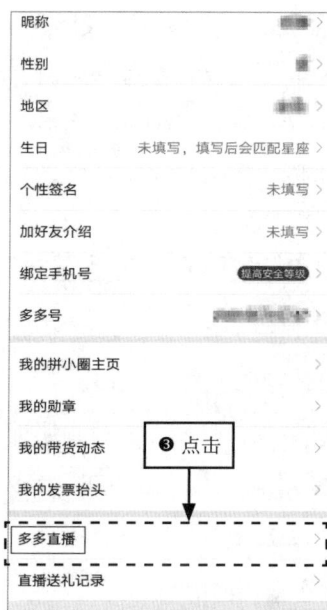

图 1-53　点击"多多直播"选项

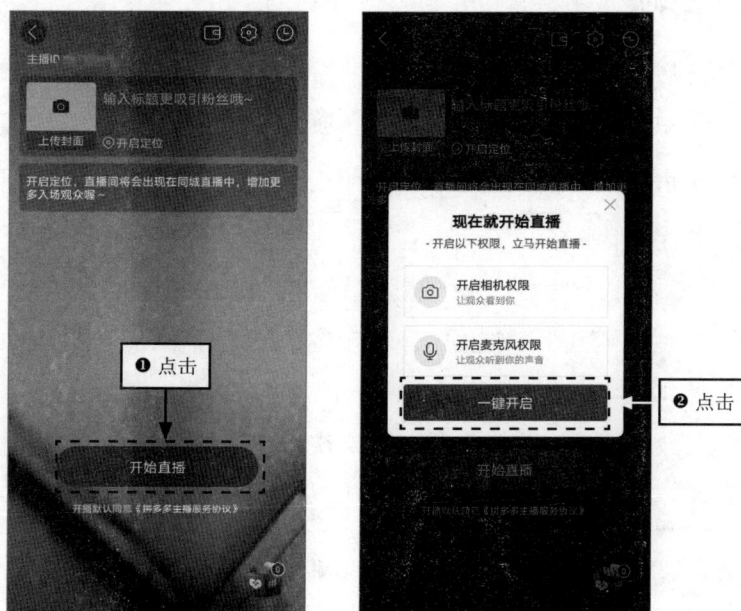

图 1-54　点击"开始直播"按钮并进行相关授权

商家版拼多多与普通版操作类似，区别是需要下载拼多多商家版，下载完成后登录商家账号，在账号后台界面中选择"工具"选项，找到"营销"选项并点击，在"营销"栏中选择"多多直播"选项，进入后点击"创建直播"按钮，在相册内挑选你想要的封面并填写主题即可。

1.5.3　拼多多直播的运营技巧策略

无论是拼多多 App 首页界面，还是搜索栏的搜索结果以及场景广告中，都可以点击"多多直播"入口。

除此之外，商品详情页、店铺首页、关注店铺也是多多直播的流量入口，因此"多多直播"入口出现在平台内用户停留的每个环节。多多直播相对于其他直播，在运营上具有以下技巧。

1. 直播门槛低

拼多多的"多多直播"面向所有拼多多用户，对于未下过单的用户也可以通过"多多直播"进行直播带货，门槛低，规则简单，使用操作方便，拼多多 App 的直播设置非常平民化。

2. 产品价格优势

拼多多的产品价格定价很低，推行薄利多销的销售模式，以低廉的价格优势获得许多用户的购买。

3. 关注主播福利

拼多多直播平台中的"多多直播"运营主要通过平台内的流量，以及粉丝的微信分享，并且在拼多多直播中，随意点击一个直播间，停留几秒就会显示一个红包，这个功能特别吸引用户的点击，但是只有关注主播才能打开红包，这样的操作可以巧妙地利用红包的玩法对直播进行推广。当用户关注主播后，就会显示一个好友助力，图 1-55 所示通过好友助力，可以再次领取红包。

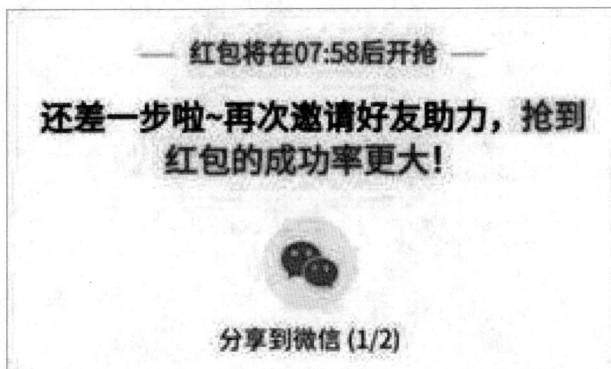

图 1-55　好友助力领取红包

4. 同城直播

拼多多设置有同城直播，如图 1-56 所示。在同城直播内，你可以针对于你周边的地区推广你的店铺，让更多附近的人知道你的店铺，提高店铺的周边影响力，吸引同城用户购买。

图 1-56　拼多多同城直播

5. 用户购买便捷

在"多多直播"界面下方，用户可以随时以拼单的形式购买商品，在直播时还有"想看讲解"功能，如图 1-57 所示。对于用户感兴趣的物品可以随时提供讲解，便捷地购买方式和随时提供的讲解功能让用户消费更快捷、更容易。

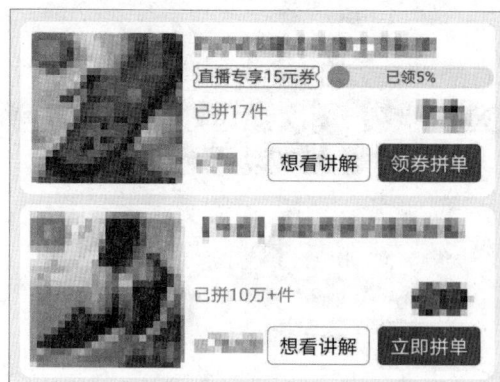

图 1-57　想看讲解与立即拼单

第 2 章

主播 IP：多种方案，打造
直播销售卖货达人

一般在线直播中，大家看到的都是主播面对屏幕进行商品推荐和销售，无法了解画面背后，为这一次直播销售活动所参与的人与事。大多数人对于直播销售背后的运营操作所知甚少。本章以了解直播销售背后所涉及、参与的各项人与事为主，通过展示这些基础资讯，帮助读者更好地加入、理解直播销售行业。

2.1 从直播到直播销售，"人、货、场"的逻辑是关键

不管主播是单纯地进行直播放送，还是带有绝对目的性地进行直播销售，想完成这份工作，必须借助多方势力、多种帮助才可以实现。

对于想从事化妆品、服装直播销售的主播来说，要想实现引流吸粉、带货成功、实现产品销售额的增长，单单凭借自身一个人的力量，是绝对不可能完成的。就像现代社会，只要从事与人沟通、为人提供服务的工作或活动等，必须具备天时、地利、人和以及合作（团队）精神。

直播销售工作者必须清楚明白，只有把握住"人、货、场"这三个关键的核心点，才可能使一场直播销售活动能够平稳、顺利地进行，三者缺一不可。

本节为读者介绍这三者之间的相关资讯，帮助大家可以更好地提升直播销售成交额。图 2-1 所示为直播电商消费模式对传统消费中"人、货、场"的重构。

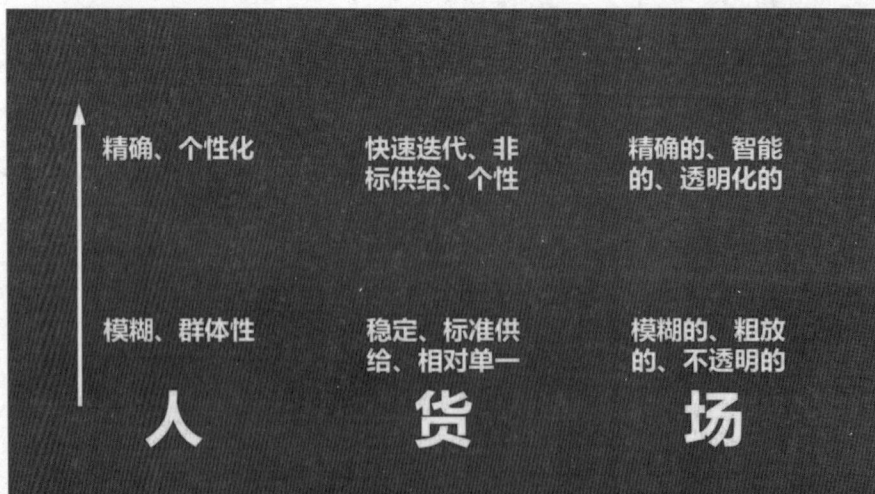

图 2-1 电商直播对"人、货、场"的重构

2.1.1 人：寻找优质的内容创作达人

在电商直播行业里，"人"的角色可以分为：主播、商家两种身份。

对于主播来说，需要具备所销售产品的基础知识，以保证自己在直播过程中，可以从容地面对顾客、粉丝提出的问题。同时，也能使自己的直播形象、直播氛围更加专业化，继而无形中提升顾客、粉丝对自己的信任度。

此外，主播在直播前，最好充分了解自己在直播间所推荐、销售的商品的卖点，这样才可以在直播中最大化地展现出商品的卖点，吸引顾客、粉丝的目光，进而激发顾客对商品的购买欲望。图 2-2 所示为主播在进行化妆品销售时，强调突出商品的特色。

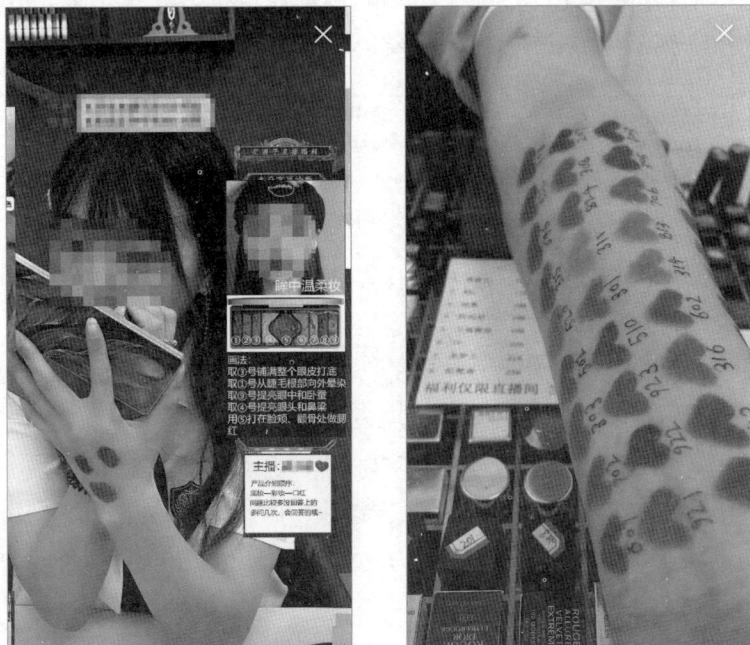

图 2-2 主播强调突出商品的特色

最后，主播在进行直播销售之前，也需要充分了解直播的脚本，做到对直播脚本所设定的流程、步骤充分地熟悉、了解，以此保证在直播过程中，整个流程有条不紊、无任何遗漏环节。

　　设定脚本可以使主播把握直播节奏、掌握直播主动权、减少直播突发状况、规范直播流程以及让直播的效益最大化。由此可见，要想成为一名合格的电商主播，了解直播脚本对于自己的直播工作是非常有必要的。图 2-3 所示为销售化妆品的直播脚本信息。

店铺直播 rundown	
具体信息	
时　间	2019 年 12 月 8 日（星期五）20：00-00：00
地　点	茉莉传媒直播室-白马
主　题	植入星品 秀出必买清单
主　播	凯悦
预告文案	预告：直播间爆款星品，超值买赠不能错过！关注点击开播提醒，12 月 8 日 20:00 来直播间，教你打造冬季高颜值，还有爆款星品小黑管和花瓣粉底液，带你走进植村秀日式匠心的奇妙世界~
注意事项	1）直播间互动玩法：下单即送洁颜油随机款 4mL*3 2）下单备注：植春秀大卖，送植村秀无色限卸唇啫喱 1mL 单片*2 3）讲解节奏：单品讲解+粉丝问题回复+实时互动 4）产品讲解比例 70%日常 sku+30%皮卡秀系列

图 2-3　销售化妆品的直播脚本信息

　　对于商家来说，最主要的工作就是挑选出合适的主播来为自己的商品进行直播带货销售工作。面对各机构、平台层出不穷的主播，商家最重要的就是挑选出符合自己商品形象定位的主播，这样才有利于商品的销售，为此商家可以选择通过阿里 V 任务来寻找专业的代播主播或者直播机构。图 2-4 所示为阿里 V 任务平台网页。

图 2-4　阿里 V 任务平台网页

阿里 V 任务平台是阿里巴巴集团推出的内容服务平台，主要解决商家和淘宝内容创作者的商业问题。在进入阿里 V 任务平台后，商家在下单过程中选择直播这一栏，就可以通过阿里 V 任务平台和主播联系。

最后，主播们需要注意的一点是，不管商家通过哪种方式和自己联系，在确定合作后，都需要通过阿里 V 任务平台来下单，这样对双方来说都是一个相对安全的保障。如果选择私下接单，被平台查实后，主播的权限会被封掉。

2.1.2　货：根据粉丝需求选择优质的货源

对于所有的销售工作来说，"货"永远是整个销售工作中绝对的主角。主播必须依靠货品来构建与观众、粉丝的需求关联，没有货品，电商直播也就无从谈起。由此，对于"人、货、场"三方中最核心的"货"来说，在选择方面，主播必须谨慎、小心。

1．分析、研究需求情况

首先主播、商家需要对货品进行一定的需求分析和市场调查。例如，主播如果进行服装商品销售，那么需要学会对商品进行基本情况的分析，确保货源的质量，了解商品的受众群体，确定所销售的服装款式存在一定的市场需求和它的市场容量情况后，才可以进行下一步的行动。

主播可以直接利用淘宝联盟等程序或数据分析软件，对之前直播商品的销量收集数据、进行分析、归纳总结；而商家则可以通过分析工具，如生意参谋等进行数据调查。图 2-5 所示为生意参谋软件对直播销售产品的数据分析。

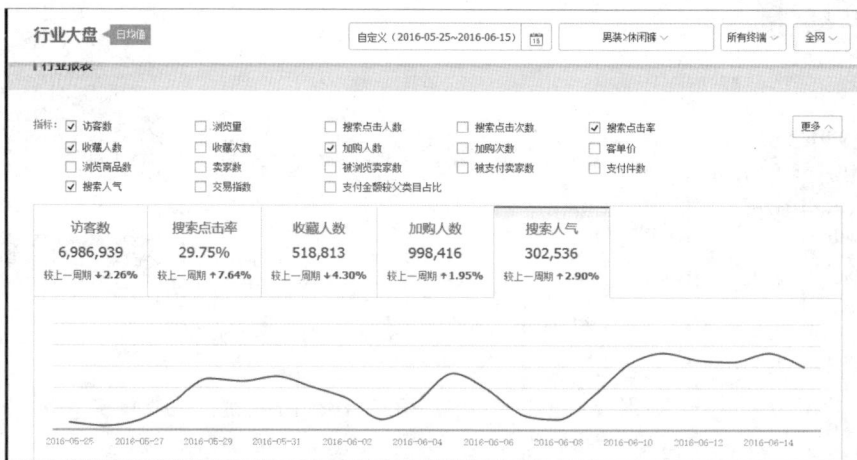

图 2-5　生意参谋对销售产品的数据分析

如果条件允许，主播也可以主动积极地去利用自己的粉丝群体，采取粉丝投票、粉丝调研等灵活多变的方式来了解粉丝对商品的真正需求。在得出分析数据后，主播、商家再有针对性地进行销售计划，重新设计或调整直播间的商品库存、销售结构。

除此之外，主播也可以根据自己直播间受众用户的商品偏好或者消费水平等进行一定的了解分析，才可以在最大限度上保证主播的经济效益收入。

2．挑选优质货源

在直播平台上，有无数的直播间可供用户去点击、观看。同理，不管是化妆品还是服装直播销售，粉丝有太多的可点击观看的选择，在主播和粉丝之间的初级关系里，粉丝是拥有绝对选择权和去留权的一方。

这时，除了需要主播的个人魅力去吸引、留住粉丝，也需要通过直播间的商品来打动、留住粉丝的心。因为对于有消费需求、消费能力的大部分粉丝来说，商品的质量好坏能决定其是否下一次还愿意来观看你的直播间。

面对这种"以货品质量留住粉丝"的方式，如何保证自己的货品在符合粉丝的购买需求时，再确保商品的质量过硬，有销售市场，就成为很多主播非常关心的问题。

因为这需要主播一方面在海量的商品款式中挑选出适合自己直播间受众群体的消费购买需求；另一方面又要保证商品的款式新潮、质量优良，可以满足他们的心理期望，而这并不容易。为了帮助主播在货源的选择上更加便捷、安心又省心，下面为读者介绍几类现在市面上常用的直播选货平台。

（1）直播通

"直播通"是阿里 V 任务旗下推出的一个选货平台，只要是入驻了阿里 V 任务平台的主播，就有权限使用这个选货工具。图 2-6 所示为"直播通"主页。

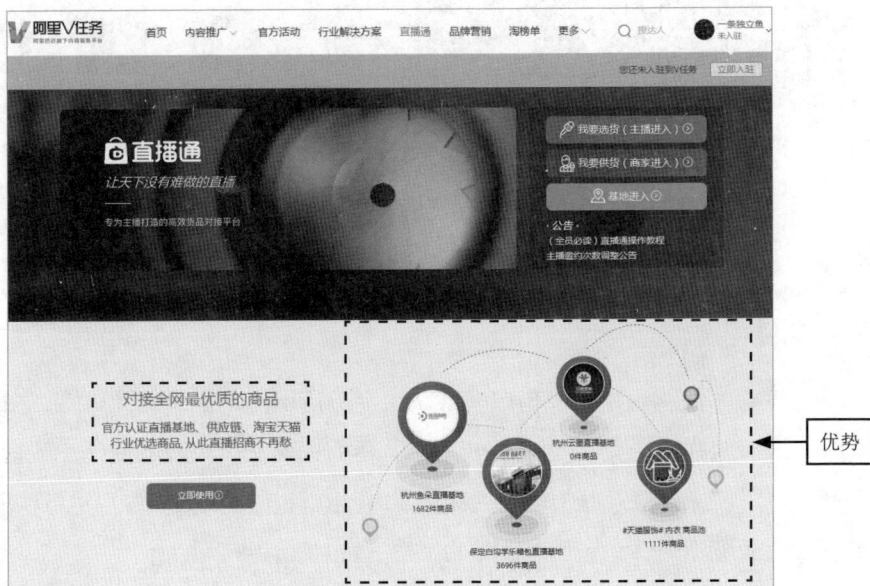

图 2-6　直播通主页

　　"直播通"可以称为一种直播工具，它可以给主播提供全网优质货源，其中包括由官方认证的直播基地、供应链等多种优选商品，甚至还支持到店直播、寄样直播等多种形式。

　　现在，"直播通"里的商品款式和数量都非常丰富，其商品种类涵盖了美妆、服饰等在内的五大行业类目，基本汇聚了包括淘宝心选等在内的多个购物板块出售的商品款式，可以满足大部分直播销售主播对优质货源的需求。

　　（2）商家任务广场

　　商家任务广场是指淘宝、天猫购物平台会优选一些行业商家进行定向合作对接。对于这种大机构平台所选择的产品，必然会经过严格的筛选，对于其他选货方相当于省去了再调查的工作流程，完全可以跟着这些大购物平台来挑选商品。图 2-7 所示为天猫任务广场。

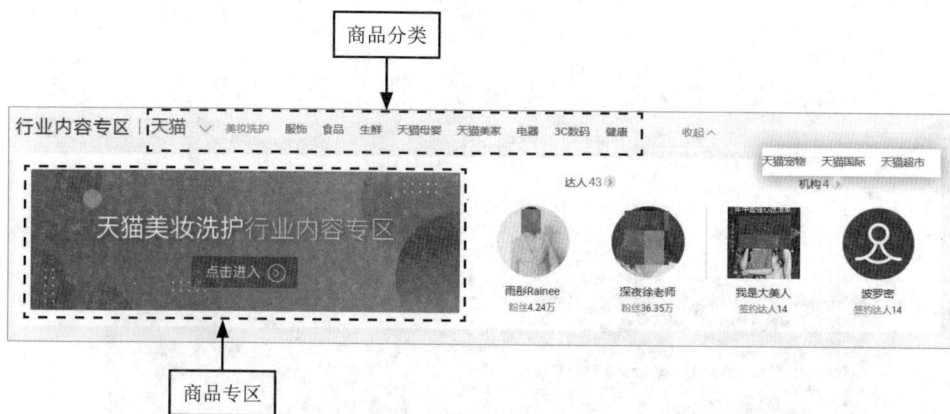

图 2-7　天猫任务广场

　　（3）淘宝联盟

　　淘宝卖家把店内商品发布在淘宝联盟上进行推广销售。由此可知，主播可以直接进入淘宝联盟主页，如图 2-8 所示。再根据自己所需要的商品（或者想合作的商家），在主页搜索框中输入关键词，就能在弹出的页面信息里进行快速选择，如图 2-9 所示。

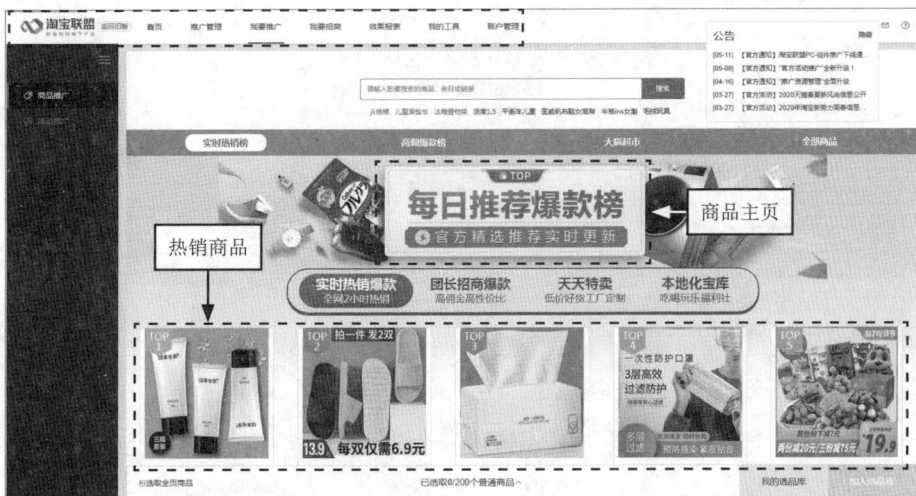

图 2-8　淘宝联盟主页

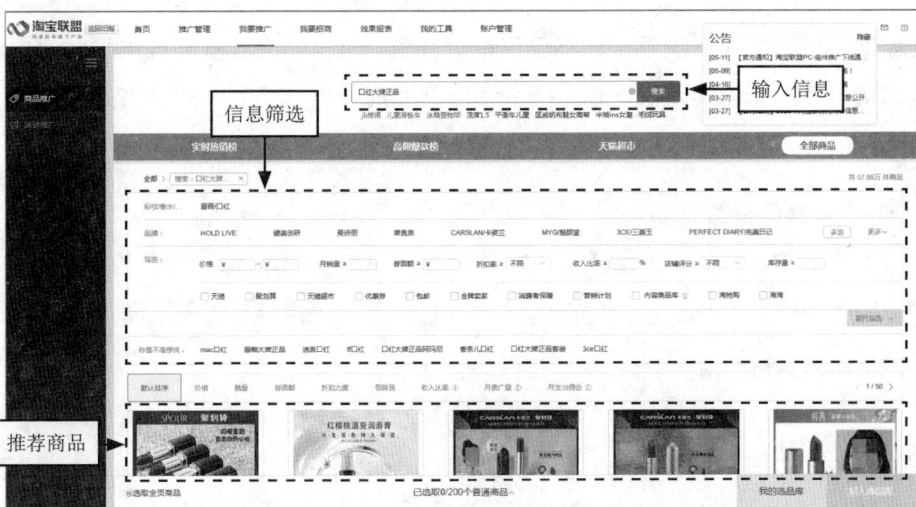

图 2-9　搜索所需商品

　　主播在确定好商品款式后，也可以直接点击该商品商家的店铺名，就会进入"单品店铺推广"界面，一般商家都会在这里留下具体的联系方式，主播直接进行沟通，洽谈合作即可。图 2-10 所示为商家店铺的详细资料。

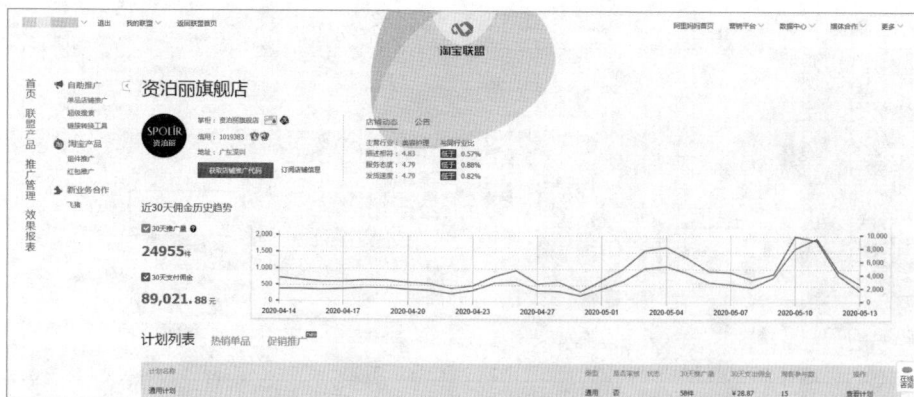

图 2-10　商家店铺的详细资料

2.1.3　场：给粉丝带来顺畅的观看感受

对于直播销售中"人、货、场"中的"场"，意思就是直播所呈现给观众、粉丝的一种直播观看效果。它不仅仅是指直播间所呈现给观众的视角画面效果，还包括直播间给顾客、粉丝营造的一种气氛心理效果。下面就为读者介绍如何给消费者提供一个好的消费场景，让消费者可以愉快地进行购物活动。

1. 直播间权益互动

在直播间进行一定的权益互动，最能激发直播间的氛围。主播可以适当地向粉丝提供一些利益，让粉丝能免费获得一些好处，毕竟每个人都非常愿意什么都不做就可以获得一定的好处。

例如，可以设置活动奖品、代金券、优惠券等多样化的互动权益玩法，通过限时秒杀、直播专享特惠等多种手段来营造直播间的抢购氛围。图 2-11 所示分别为化妆品、服装的权益互动方式方法。

一定的利益驱动能够有效提高粉丝的活跃度，提高直播间顾客、粉丝的直播观看体验。但是，主播要注意权益互动的频率，如果太过频繁，很容易无法把控局面。

图 2-11　直播间的权益互动方式和手段

2. 直播间背景装修

直播间的背景装修容易影响观看直播观众的视觉画面感受，它涉及直播场地的布局、直播间的灯光、直播时的网络速度，甚至主播呈现在视频里的外在形象。

这是因为对于大部分要选购商品的顾客来说，他只能凭借主播在镜头前对商品的介绍、展示来了解商品，继而选择是否购买，那么直播中所展示、呈现的画面都可能吸引顾客或者顾客不感兴趣。

因此，主播想要做好直播销售产品的销售数据，对于直播间的背景装修方面，一定要细心、仔细。下面给读者提供一个直播间背景规划的参考方案。

（1）基础硬件设施

直播场地最好在 35 平方米左右；直播背景墙选择简约、纯色，偏暖色调的设置，如图 2-12 所示。直播时，最好备有有线、无线两种网络模式，以免出现直播时无线网络故障，导致顾客观看体验不佳。

（2）直播环境

直播环境最好可以满足光感明亮、清晰；环境敞亮，不压抑；画面中所呈现的物品摆件要符合整洁、不杂乱的基本要求，如图2-13所示。这样可以让画面更加美观。

图2-12　直播间纯色背景

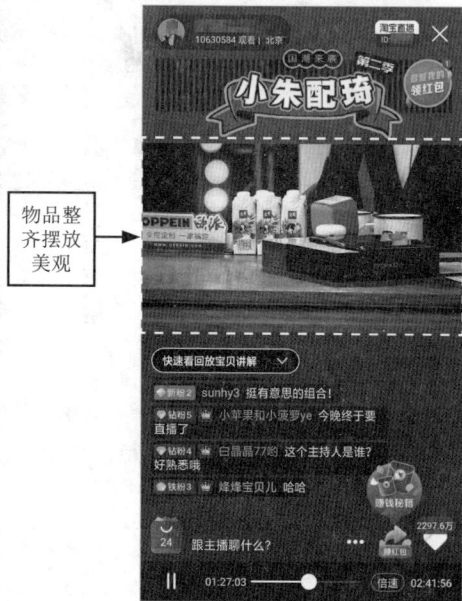

图2-13　整洁的物品摆放

（3）直播灯光

在进行直播销售时，为了获得不错的商品视觉效果，灯光可以起到极好的修饰作用，它能让商家、主播更好地进行商品销售工作，给店铺带去一定的粉丝流量。

就像影视行业常说的"打光"，通过它可以修饰、美化画面效果。灯光的分类有很多，通过对光源、光照角度、亮度、色温这些类别的不同组合，可以呈现出不同的效果和作用。

直播间必备的灯光设备分别有三类：直播间顶部射灯、直播间补光灯和直播美颜面光灯。设置顶部射灯，可以合理搭配主光、轮廓光、背景光、聚光灯和脸部光线，确保达到主播形象立体、效果饱满，同时直播画质更清晰。图2-14所示为直播间的顶部射灯。

图 2-14　顶部射灯的使用

直播间补光灯则是通过对灯的位置摆放来进行光线、效果的调整，使主播的形象更好，同时使直播的画面呈现的效果更加美观、得体。图 2-15 所示为直播过程中补光灯的使用。

图 2-15　直播补光灯的使用

直播美颜面光灯，对于主播尤其是从事化妆品直播销售的主播来说，这是一个直播时必备的灯光设置，它可以美化主播的脸部形象，让主播在进行脸部化妆品的使用和示范上更加美观。

同时，主播在室内直播，遇到光线不太好或者想改变光线色调时，都可以使用补光灯，改善镜头前所呈现的气色。图 2-16 所示为美颜面光灯在主播直播时的使用。

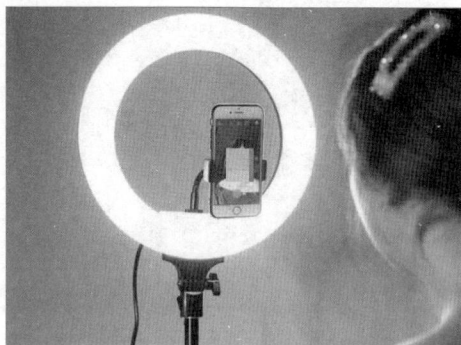

图 2-16　直播美颜面光灯的使用

2.2　个人／商家主播：直播买卖关键是基于人的信任

作为直播平台，消费者会凭借对平台的认知，对入驻其中的商家和商品产生信任。对一个平台来说，达人主播或商家主播通过直播的方式进行商品销售是促进平台消费者购物频率、提高经济效益的关键因素。

另外，消费者的购物消费体验对于直播平台的风评和后期发展有着举足轻重的影响。顾客一次糟糕的购物体验，很可能影响整个平台的声誉，尤其在这样一个信息传递速度极快的网络时代。

因此，为了创造更加良好的直播销售购物环境，平台会对主播、商家进行一定的规则约束和信任扶持，在基于信任的前提下，提供公平、统一的直播平台，尽可能地帮助主播们更好地进行直播销售工作，从而带给消费者更好的消费体验。本节以淘宝平台为例，向读者介绍达人开通直播权限、主播申请商家账户的操作方法。

2.2.1　达人如何开通直播权限

淘宝达人通过自己对商品、体验、测试评价等相关信息的分享，帮助消费者进行更好的消费选择，提供给消费者不一样的消费体验。可以说，淘宝达人担任着淘宝平台的官方导购，是一个提供资讯的角色。

淘宝达人要求：无开店记录；账号绑定支付宝；支付宝实名认证；只有一个达人账号。满足上述要求后，就可以进行后续开通工作。

想成为淘宝达人，开通直播权限，首先需要入驻淘宝直播平台。具体入驻流程，读者可根据本书第 1 章 1.1.2 的内容来了解淘宝直播的入驻方法，完成此项操作。申请通过后，在个人主页上发布直播相关的视频内容，即可成为淘宝达人。

主播单纯入驻淘宝平台很简单，但是想成功注册，成为淘宝达人，需要注意以下几项内容：

（1）如果是个人入驻，必须完成支付宝的实名认证，且一个身份证下只能入驻一个淘宝账号；

（2）申请审核时间正常为 7 个工作日，到法定节假日顺延，不管权限开通是否通过，平台都会及时通知申请者；

（3）主播在手机直播 App 内发布相关直播视频内容，可以是主播个人的自我介绍，也可以发布其他符合内容要求的视频，如图 2-17 所示。当发布相关合规内容后，可以在电脑端登录"阿里创作平台"网页，会看到注册账号显示为"达人"身份，如图 2-18 所示，表示已开通直播权限。

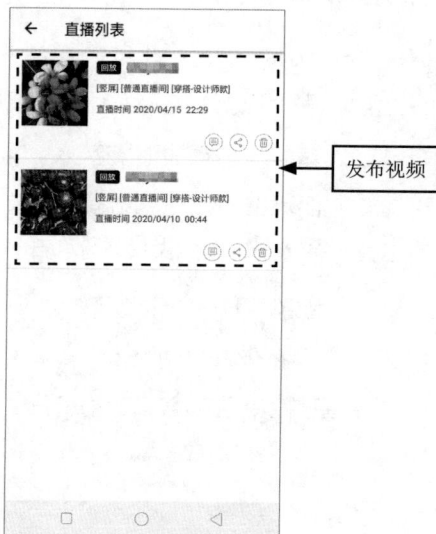

图 2-17　账号发布直播视频

图 2-18　达人身份认证成功

2.2.2　达人开启直播账号认证

基于维护、保证平台的秩序安全等相关因素，达人在平台进行直播工作时，尤其是直播销售时，需要通过平台的实人账号认证程序。

下面为读者讲解达人如何开启直播时的实人账号认证。首先，读者需要在电脑上下载"淘宝直播"软件。主播在电脑端登录"淘宝直播"软件，在登录时，会自动唤起平台的账号验证窗口。具体操作步骤如下：

步骤 01　打开电脑上已下载的"淘宝直播"软件，进入登录界面，点击登录窗口右侧的"扫码"登录方式，如图 2-19 所示。

步骤 02　点击"二维码图片"后，界面会显示出一张二维码图片，如图 2-20 所示。

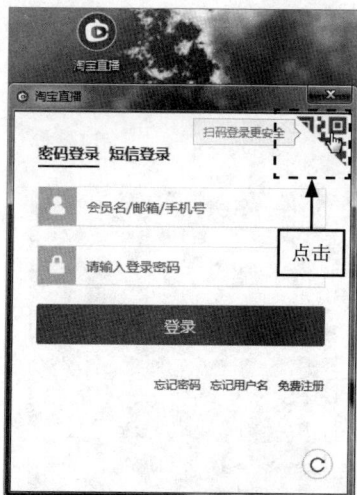

图 2-19　账号发布直播视频

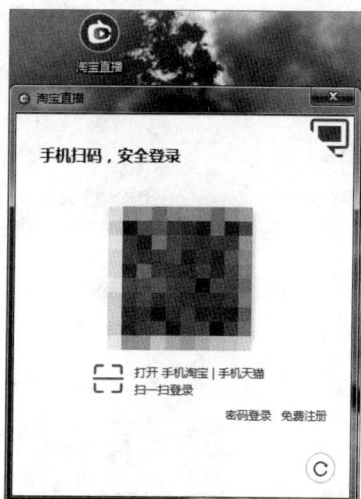

图 2-20　达人身份认证成功

步骤 03　打开淘宝 App，进入 App 主页，❶ 在界面左上方点击"扫码"按钮；
❷ 进入扫码功能状态后，选择"扫一扫"功能，如图 2-21 所示，扫描"淘宝直播"
界面二维码。

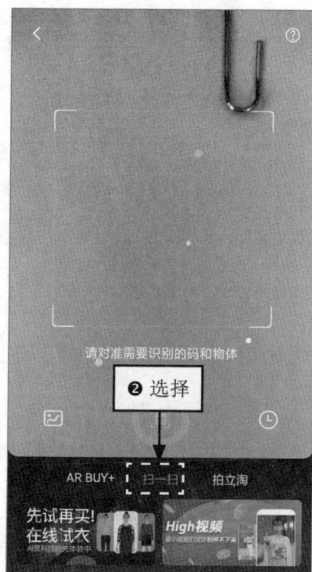

图 2-21　选择"扫一扫"选项

步骤 04 扫码成功后，界面会显示出"手机扫码，安全登录"界面；点击手机上显示的"账号登录"界面中的"确认登录"按钮，完成账号验证，如图 2-22 所示。

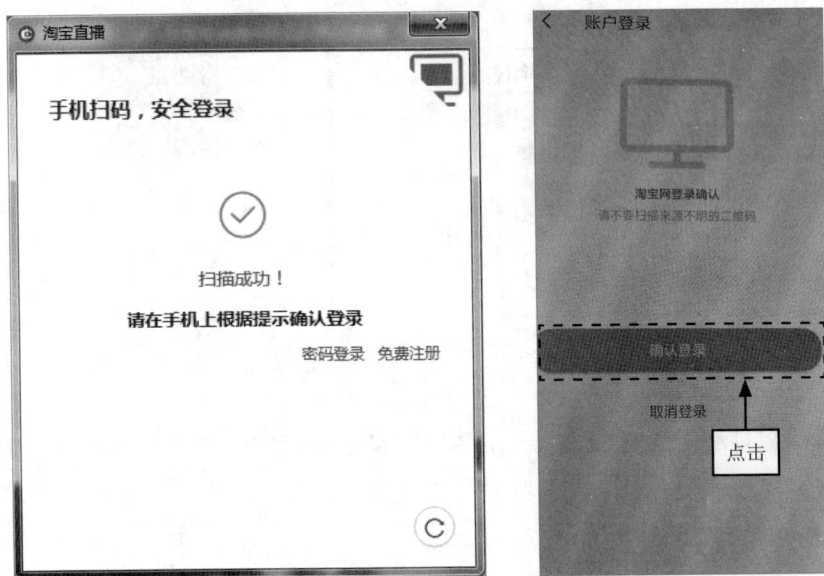

图 2-22　点击"确认登录"按钮

2.2.3　主播如何申请商家账号

对于本身拥有线下实体店铺的主播来说，由于自身拥有商铺，在进行网上直播销售时，为了更好地实现线上线下双销售操作，主播可以在直播平台上申请注册成为商家账号。

下面为读者介绍如何在购物网站上申请成为商家账号的方法，以在淘宝平台申请商家账号为例进行讲解。

步骤 01 在电脑端进入"阿里·创作平台"平台，在界面中单击"登录"按钮，如图 2-23 所示。

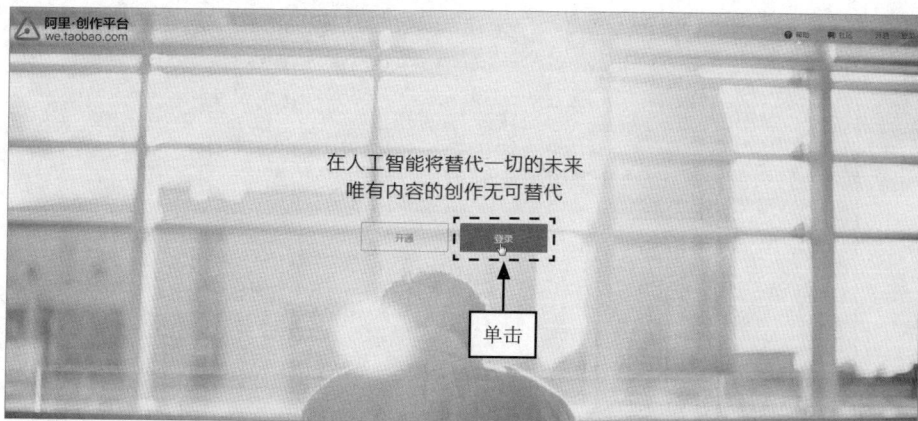

图 2-23　单击"登录"按钮

步骤 02　选择扫码登录方式，根据第 2 章 2.2.2，达人开启直播实人认证，完成"阿里·创作平台"登录。

步骤 03　❶ 找到右侧的蓝色象头；❷ 选择"自助服务"选项，如图 2-24 所示。

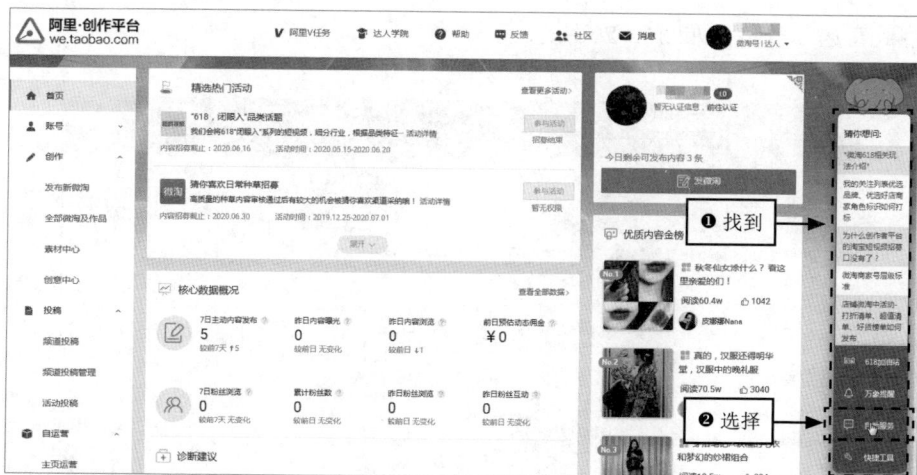

图 2-24　选择"自助服务"选项

步骤 04　进入"阿里万象"界面，❶ 在界面信息框下输入"怎么成为卖家"等类似关键词；❷ 单击"发送"按钮，如图 2-25 所示。

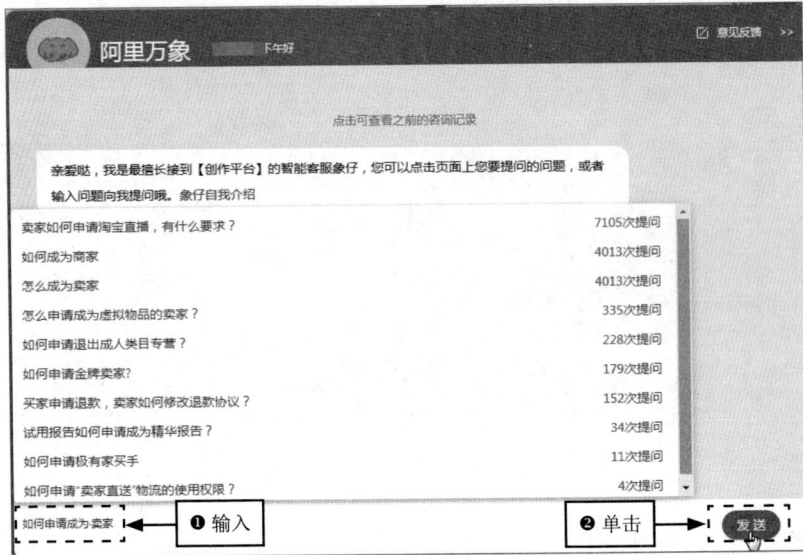

图 2-25 单击"发送"按钮

步骤 05 在阿里万象提供的回复里，在开店的场景中选择"个人店"选项，单击"点此直达"按钮，如图 2-26 所示。

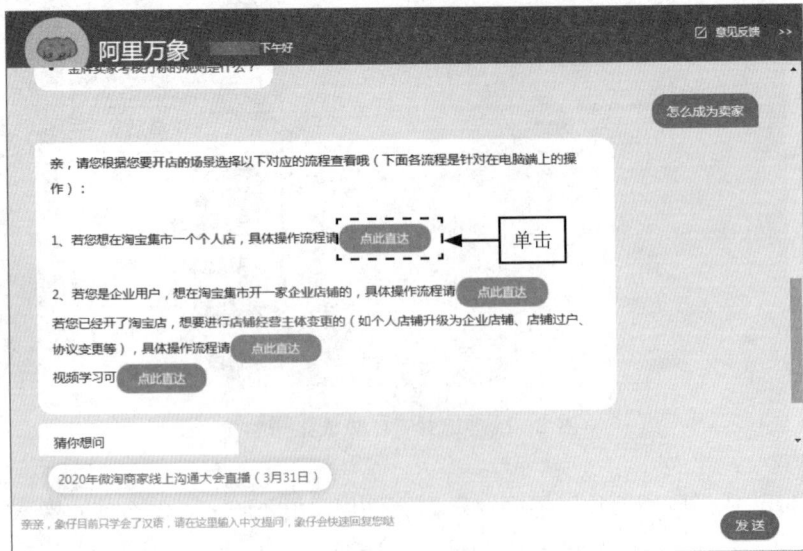

图 2-26 单击"点此直达"按钮

步骤 06 执行操作后，进入"淘宝网服务中心"界面，根据相关指示，单击"卖家中心"文字链接，如图 2-27 所示。

图 2-27　单击"卖家中心"文字链接

步骤 07 执行操作后，即可进入"我要开店"界面，单击个人店铺下的"创建个人店铺"按钮，如图 2-28 所示。

图 2-28　单击"创建个人店铺"按钮

步骤 08 执行操作后，弹出"我要开店"步骤中的"阅读开店须知"界面，鼠标下滑至界面底端，单击"我已了解，继续开店"按钮，如图 2-29 所示。

图 2-29　单击"我已了解，继续开店"按钮

步骤 09 执行操作后，弹出"我要开店"步骤中的"申请开店认证"界面，单击界面中的"下一步"按钮，如图 2-30 所示。

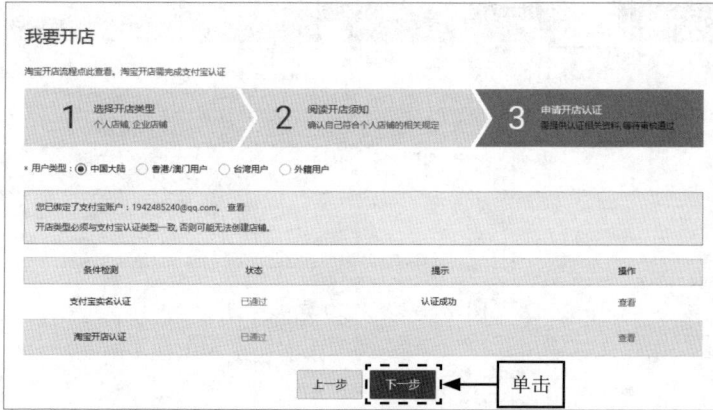

图 2-30　单击"下一步"按钮

步骤 10　单击"请认真阅读以下四大协议条款，确认无误再单击'同意'正式签署："界面中的"同意"按钮，如图 2-31 所示。

图 2-31　单击"同意"按钮

当所有流程操作完毕，申请通过后，申请者账号身份即转变成卖家身份。图 2-32 所示为商家账号后台界面。

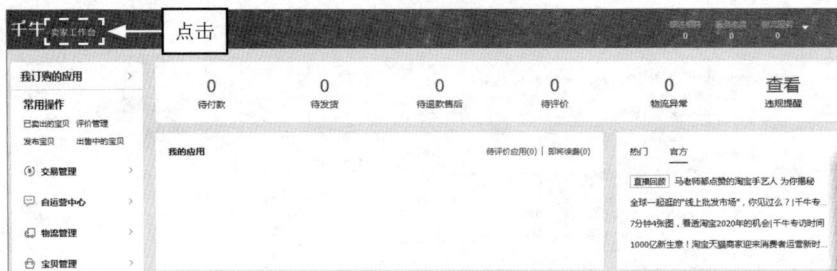

图 2-32　成为卖家身份

2.2.4　了解达人主播的成长体系

已经入驻成功的淘宝达人，如果想要获得更多的直播权限，得到平台更多的流量扶持，就需要了解相关的达人成长体系。根据官方规定的相关规章制度，有针对性地加快自己的成长体系。下面就为读者介绍达人主播成长体系的相关内容。

主播成长体系是一种可以用具体的数字来量化主播所处淘宝直播平台中的层级，以及该层级对应的权益体制。

现在，淘宝直播主播层级被分划为 5 个等级、16 个专业领域。1 级主播拥有的只有经验值，2 级及以上主播可以有专业分，3 级及以上主播就可以设置多个专业领域。等级的晋升方式：主播账号必须满足相应等级的硬性要求。图 2-33 所示为不同等级主播的相关数据。

主播等级	升级所需经验值	升级所需专业分	升级任务	等级特权
1级主播	3500	无专业分	缴纳保证金	无
2级主播	7500	7500		前台浮现权+2级推荐奖励
3级主播	15000	15000	暂无	前台浮现权+3级推荐奖励
4级主播	月排在4和5级主播中前1%方可晋升/保留5级			前台浮现权+4级推荐奖励
5级主播	当前体系下的顶级主播			前台浮现权+5级推荐奖励

图 2-33　主播等级数据

经验值是主播晋级的必备要求，它的影响因素主要是由开播时间、互动类数据这两个因素决定。

（1）开播时间：开播一分钟获得一分值，每天 200 分封顶。

（2）互动类数据：直播间的点赞、互动、关注、收藏等决定的隐藏分值，每天 100 分封顶。

专业分是主播晋级的关键，它的影响因素主要是由发布商品、引导用户进店这两个因素决定。

（1）发布商品：主播发布该专业下的商品宝贝，一个商品宝贝可以得到两分的专业分，每天 200 分封顶。

（2）引导用户进店：主播引导顾客或粉丝进入商家店铺的人数或者次数，每天 100 分封顶。

2.2.5 达人如何获得直播浮现权

很多达人在获得直播平台的开播权限后，会发现直播间里的在线观看人数非常少，当主播处于这种情况时，直播间很难获得充沛的流量，而没有流量注入的话，主播又如何去介绍、销售商品，从而实现直播带货变现呢？

面对在线观看人数过少的情况，不管是对主播开播的积极性，还是整个团队的资源投入都会产生一定的消耗。

那么，在主播、团队和其他直播间并无太大差距的背景下，如果直播间的在线人数依旧不高，甚至很低，最大的原因可能是这个直播间的浮现权没有开通，才会使流量无法获取。图 2-34 所示为观看人数较少的直播间。

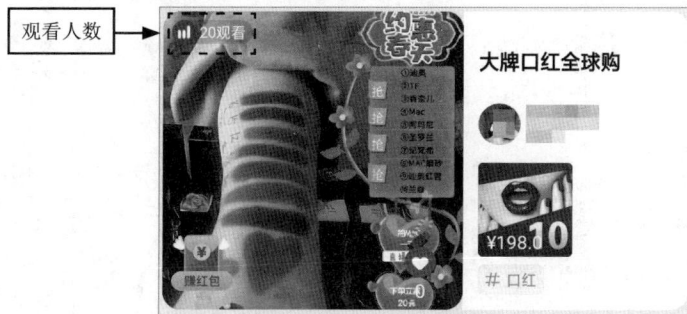

图 2-34 直播在线观看人数较少

如果想要改变这种状况，不能仅依靠主播努力开播，用增加直播场次、拉长直播时长来解决，如果主播想靠这一方法来增加自己直播间的在线观看人数，即使夜以继日、不眠不休地进行直播销售，恐怕也很难改变这种现状。

解决这种状况，最有效的办法就是获取直播浮现权，从而改变这种没有粉丝、流量的现状。因为只有获得了直播浮现权之后，主播才可以通过增加直播次数、拉长直播时长来真正地吸引具有购买力的粉丝群体。图 2-35 所示为拥有浮现权后，直播间和主播就有机会获得官方平台直播引流资源的位置。

淘宝微淘首页直播引流资源位置　　　淘宝手淘首页直播引流资源位置

图 2-35　直播引流资源位置

当粉丝购买商品的次数增多，直播间商品的交易次数提升，新人主播也就有机会一步一步成长蜕变成大主播。鉴于直播浮现权的重要性，下面就向读者介绍如何有效获取淘宝平台直播浮现权的方法。

对于淘宝直播平台的主播来说，获得直播浮现权的官方渠道就是通过直播浮现权的考核机制，也就是只有通过浮现权的考核机制合格后，才能有机会获取到直播浮现权，浮现权考核机制的相关要求如下：

（1）考核周期：采取每隔 15 天时间就考核一次的周期频率。

（2）考核对象：获得直播发布权限在 15 天及以上的达人、在最近 15 天内直播时长在半小时以上且次数超过 5 次以上的达人、没有所属直播机构的主播。

（3）门槛要求：直播间的每场直播平均观看率需要达到 50 个不同的网络地址以上；视频的人均观看时长超过半分钟，主播发布的直播视频，内容要符合平台的相关规则，严禁涉及黄赌毒等有害、低俗的信息。

每次考核机制结束后，只要符合要求，平台会对达标的前 100 名成员发放直播浮现权，达标成员名单会由淘宝客服公布出来。

通过上述信息可知，主播如果想获得浮现权，首先就要注意直播间的相关数据，使自己符合考核机制的条件，同时在直播内容上要严格遵守平台机构的规章制度。

取得直播浮现权的主播要充分利用这个优势，在日常的直播销售过程中，要善于利用多种销售方法、销售技巧来提高自己直播间的各项销售数据。

2.3　MCN 直播机构：培育 / 建设优质的达人主播

MCN（Multi-Channel Network）可以看作一种群体组织模式，属于一种多频道网络的产品形态，将 PGC 内容联合起来，在资本的支持下，保障内容的持续输出，实现稳定的商业变现。

在直播行业中，可以理解成直播账号在资本的强力支持下，保障账号内容的持续、稳定输出，并且维持在较高的质量下，最终使运营账号达到实现商业稳定、变现的目的。本节以淘宝直播平台为例，为读者讲解 MCN 机制的相关内容。

例如，淘宝 MCN 是指 MCN 专业机构获得淘宝平台的认证。淘宝平台希望通过合作的方式，由双方共同来培育建设优质的主播达人账号和内容，以此促进消费升级，提升账号的内容价值。

MCN 机构在得到淘宝 MCN 认证标识后，机构和旗下主播就有机会获得千万级的流量市场、丰富的变现模式、百万级商家合作资源等众多相关福利和政策，如图 2-36 所示。

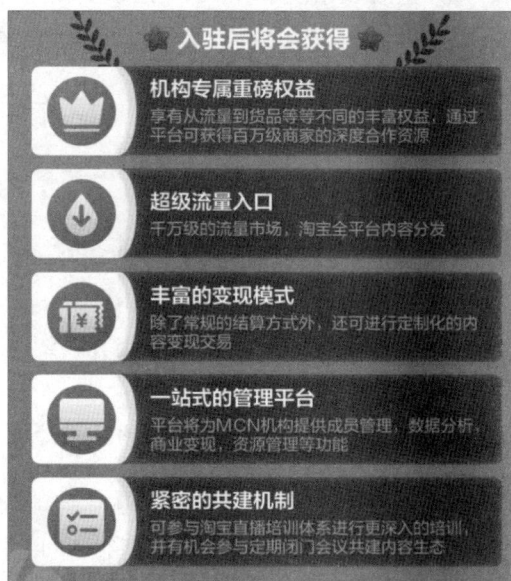

图 2-36　入驻淘宝 MCN 后的相关福利政策

2.3.1　MCN 机构的入驻流程

鉴于 MCN 机构入驻淘宝直播平台可以享受各项优惠福利的优势，导致很多 MCN 直播机构都希望可以在直播平台获得淘宝 MCN 认证，和平台一起来孵化培育主播，从而实现资源利用最大化，帮助机构、主播和平台三方获得理想的经济效益。下面就为读者简单介绍在淘宝直播平台上 MCN 机构的入驻流程以及相关要求。

1. 入驻流程

MCN 的入驻流程非常简单，具体操作步骤如下。

步骤 01 点击界面中登录窗口右侧的"二维码"登录方式，如图 2-37 所示。

步骤 02 执行操作后，根据第 2 章 2.2.2 节，达人开启直播实人认证，完成"阿里创作平台·机构"登录。

步骤 03 在"阿里创作平台·机构"界面，完成"选择角色"操作，如图 2-38 所示。

图 2-37　选择手机扫码方式完成登录

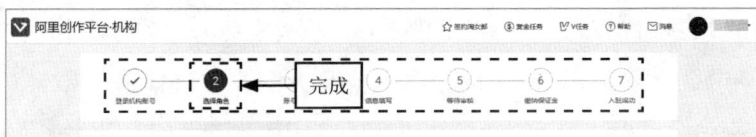

图 2-38　完成"选择角色"操作

步骤 04 ❶ 在"选择角色类型"界面中点击"MCN 机构"角色；❷ 点击"下一步"按钮，如图 2-39 所示。

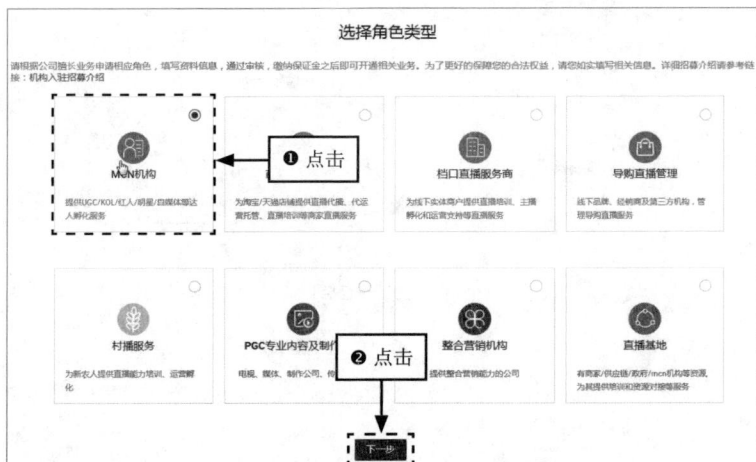

图 2-39　点击"下一步"按钮

之后根据页面中的注册提示，依次完成剩余的 5 个步骤流程，即可完成

MCN 的申请入驻操作。

2. 注意事项

当申请者使用手机淘宝账号登录"阿里创作中心机构"后，如果想成功完成之后申请步骤中的第三步"账号校验"，该注册账号必须满足平台的硬性条件，若账号不符合其中的任意一条标准，只能止步于此，无法进行下一步的注册操作流程。

2.3.2　MCN 机构的指数分考核

当 MCN 机构通过平台的审核，成功入驻淘宝直播平台后，并不代表平台就会一直保留此机构的"淘宝 MCN"标识。淘宝平台会采取"优胜劣汰"的法则，对这些入驻的 MCN 直播机构进行相关的考核，只有在每一次的考核中胜出的 MCN 机构，才可以继续保留"淘宝 MCN"标识。下面介绍 MCN 机构的指数分考核内容。

淘宝平台会对入驻的 MCN 机构进行相关指数分的考核，以此来了解、分析 MCN 机构的能力。这些指数分包括账号的综合指数分、商业指数分，以及包含直播、视频、图文三者在内的业务指数分。图 2-40 所示为平台对 MCN 机构指数分的考核要素。

指标类	统计维度
直播基础	当日有效直播总场次
	上月活跃主播数
	当日开播率
主播孵化	依据主播等级，计算孵化主播速度
主播招募	机构新增V2主播数（含新签个人主播）
流量能力	公私域流量转化效率
商业化	基于V任务计算合作商家数
规模	成交体量

图 2-40　MCN 机构指数分的考核要素

下面为读者介绍 MCN 相关指数分的具体考核项目，主播也可以根据考核内容，有针对性地对自己的账号进行各方面的调整、改善。

淘宝平台对入驻 MCN 机构考核的指标分别为：机构综合指数分的考核项目、

图文业务考核和短视频业务考核项目，图文和短视频考核项目一致。在这 3 项考核项目中，机构综合指数分、图文业务考核和短视频业务考核项目在活跃度、有效内容数、内容消费和头部达人占比方面，考核指标内容应一致。

它们考核项目的区别之处在于：机构综合指数分中有一条商业价值内容引导消费及阿里 V 任务表现考核指标；而图文业务考核和短视频考核项目中则有粉丝活跃度：旗下达人自然月粉丝访问和粉丝互动数据和新增粉丝：按旗下达人自然月整体新增有效粉丝情况这两项考核指标。图 2-41 所示为机构综合指数分考核项目。

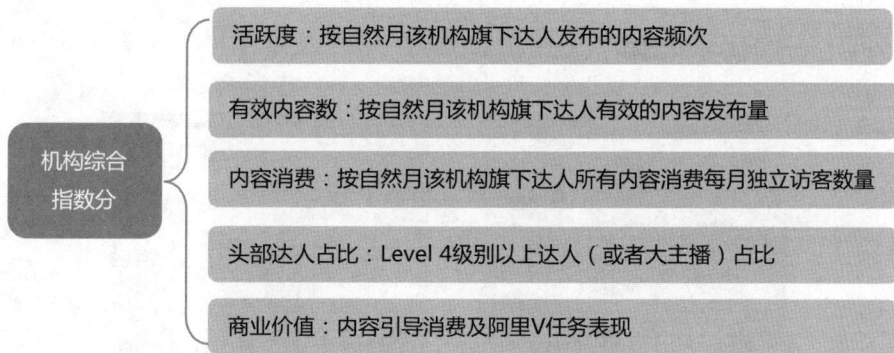

图 2-41　机构综合指数分

2.3.3　MCN 机构的退出机制

MCN 机构成功入驻直播平台后，并不代表 MCN 机构就是一直稳定存在于直播平台内的，从上文可知，MCN 机构入驻平台后，会面临一系列的考核指标，既然出现考核机制，就代表着它是一个淘汰制的项目。

在淘宝平台中，当 MCN 机构在考核中连续 3 个月考核未达标，如果平台给出清退警告后，仍然无整改计划或账号运营情况无明显改善时，机构就会面临被平台清退处置的结果。

由此，我们可以了解，当机构通过邮件收到"清退警告"后，就应该及时进行改善，提高旗下账号运营的情况，这也是提醒 MCN 机构必须时刻保持危机感，否则很容易被淘汰出局。

此外，MCN 旗下的主播也需要时刻保持警惕，不管依靠的机构多么厉害，都要居安思危，只有不断培养主播自身的核心竞争力，抓住自己的粉丝群体，才能在各种情况下依旧平稳安然。

2.3.4　MCN 机构的运营技巧

MCN 机构主要负责主播账号的运营，为了适应竞争激烈的直播市场，就必须促使 MCN 机构总结、归纳出一套适合自身资金情况且高效的运营技巧。

MCN 机构运营旗下主播账号时，会注意加强对主播账号的运营，例如在主播的推广运营等一系列工作上，机构会提供足够的人力、物力资源。图 2-42 所示为同一主播的直播视频，分别在淘宝、抖音两个平台上进行了投放。

图 2-42　主播直播视频在两个不同的平台上投放

MCN 机构会积极联合第三方平台进行合作。当 MCN 机构在运营旗下主播账号时，会向多个直播平台上进行视频投放，这样可以使主播账号得到最大的曝光率，从而形成一定的行业影响力和社会知名度。

同时，MCN 机构在运营中也倾向于利用各种效率工具来了解主播账号内容的数据表现，根据数据结果再配合主播账号的实际情况，进行适当的结构调整、资源投入分配等安排。

2.3.5　MCN 机构的商业模式

现在 MCN 机构的收入来源主要包括：广告、直播、电商三类。大部分的 MCN 仍是以广告作为主要收入来源，有些 MCN 机构的重要收入来源是依靠直播，目前单靠电商盈利的 MCN 机构比较少。

但是，随着越来越多的消费者选择在线观看直播并进行商品购买和消费的趋势来看，未来会有越来越多的 MCN 机构把电商板块的收益作为自己的主要经济来源。图 2-43 所示为主打直播和电商直播板块的 MCN 机构。

图 2-43　MCN 机构

现在，市场上 MCN 机构的商业模式大多不同，有的是从短视频制作起步，后来发展成专门的网红经济管理机构；有的最开始是短视频 MCN，后来转型成为综艺娱乐制作领域板块；有些就通过立足于群体受众来挖掘粉丝经济 + 内容电商的商业变现潜力，例如星驿动。图 2-44 所示为星驿动公司所涉及的平台和业务。

图 2-44　星驿动公司所涉及的相关平台和业务

星驿动 MCN 机构（全称：武汉驿动星娱网络科技有限公司），它的商业模式是从娱乐板块的直播开始起步，演变成从娱乐直播到产业全覆盖的多产业平台运营模式。

作为以线下经济为主的大规模网红经纪公司，星驿动通过在短视频、直播和电商等多领域展开商业资源融合，并不断开拓发展，已经处于同行业的领先位置，自身也有着广泛的影响力。

2.4　代播服务商：提供更专业的直播运营服务

代运营机构就是现在常说的外部机构进行活动承包工作，直播代运营可以帮助那些没有从事过电商板块的传统企业，或者自身没有经验、没有精力的品牌和商家开展网上销售、网上宣传等一系列的活动。

向品牌和商家提供专业的直播代运营服务，就要求代播服务商对电商方方面面的知识非常了解、熟悉，包括但不限于对商品营销、宣传等，还需要有全面且专业化的知识掌握和运营分析、规划能力。图 2-45 所示为代播服务商公司的推广服务项目。

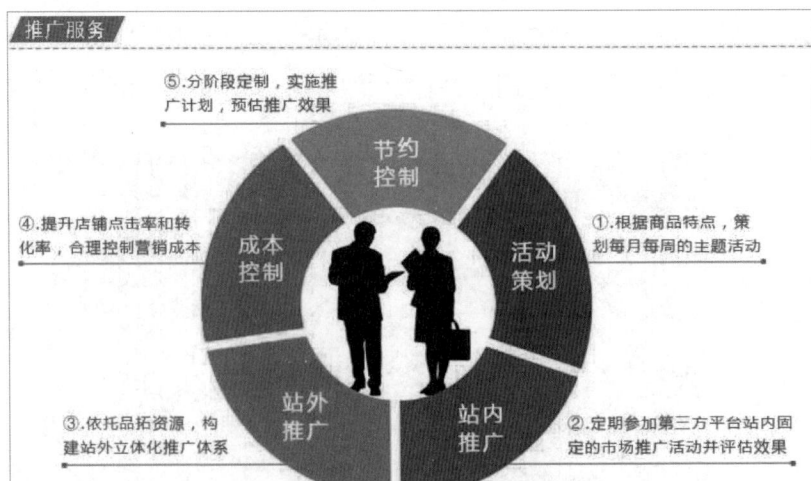

图 2-45　代运营的推广服务项目

2.4.1 如何申请商家代播服务商

随着直播市场的不断发展，吸引商家、主播、网红们纷纷投入直播销售的新产业里，不惜投入大量的资金、时间、人力等一系列成本，但是个人的能力和精力始终是有限的，单打独斗的模式肯定比不上团体、公司专业化运营管理的模式。

下面以淘宝平台为例，向读者介绍商家直播服务商入驻的流程和注意事项。

1．入驻流程

商家直播服务商的入驻和本章中 MCM 机构入驻的步骤类似，首先登录淘宝直播后台，然后进入"阿里创作平台·机构"界面，进行相关操作即可。

步骤 01 点击界面中登录窗口右侧的"二维码"登录方式，如图 2-46 所示。

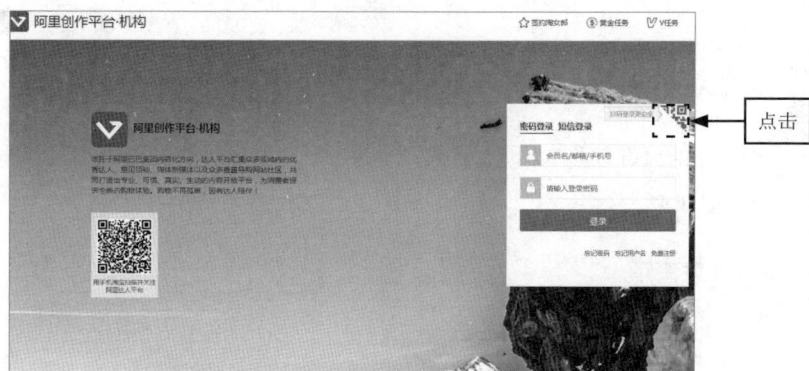

图 2-46　点击界面中登录窗口右侧的"二维码"

步骤 02 执行操作后，根据第 2 章 2.2.2 节，达人开启直播实人认证，完成"阿里创作平台·机构"登录。

步骤 03 在"阿里创作平台·机构"界面，完成"选择角色"操作，如图 2-47 所示。

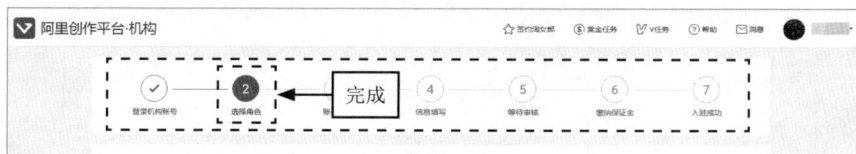

图 2-47　完成"选择角色"操作

步骤 04 ❶ 在"选择角色类型"界面中点击"MCN 机构"角色;❷ 点击"下一步"按钮,如图 2-48 所示。

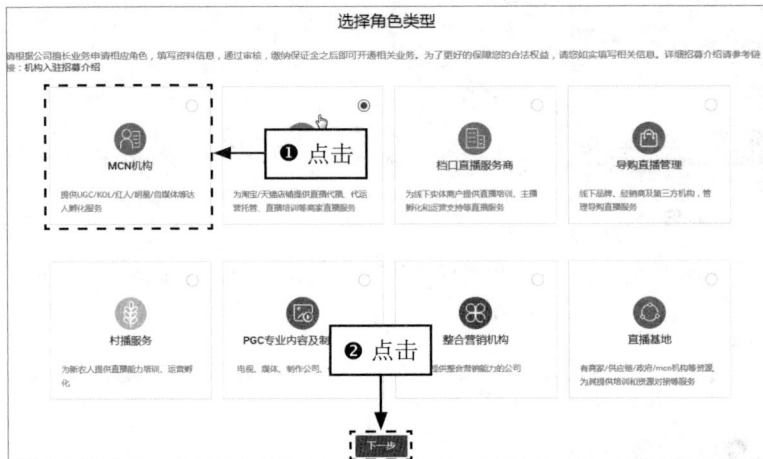

图 2-48　点击"下一步"按钮

之后根据页面注册提示,依次完成剩余 5 个步骤流程,即可完成商家直播服务商的申请入驻操作流程。

2. 注意事项

当申请者在申请淘宝平台的"商家直播服务商"入驻时,在完成机构申请 7 步流程里的第 4 步"信息填写"时,所填写的联系人手机号,需要开通钉钉账号,这样可以方便官方工作人员及时和申请者进行联系。

同时,在成功开通直播商家业务后,可以去阿里 V 任务直播板块申请开通代播服务商账号,以此方便和合作意向商家进行绑定。

2.4.2　淘宝直播商家服务商规则

当申请者通过商家服务商认证后,阿里 V 任务也会随之开通,如果商家服务商想为商家提供淘宝直播代运营服务,在进行协作前,必须通过阿里 V 任务平台与商家建立合作关系。

商家服务商在平台进行一系列的商业合作时,必须严格遵守《淘宝直播平台

管理规则》《阿里创作平台管理规则》《阿里 V 任务平台管理规则》等。图 2-49
所示为《阿里 V 任务平台管理规则》中涉及的服务协议的相关信息。

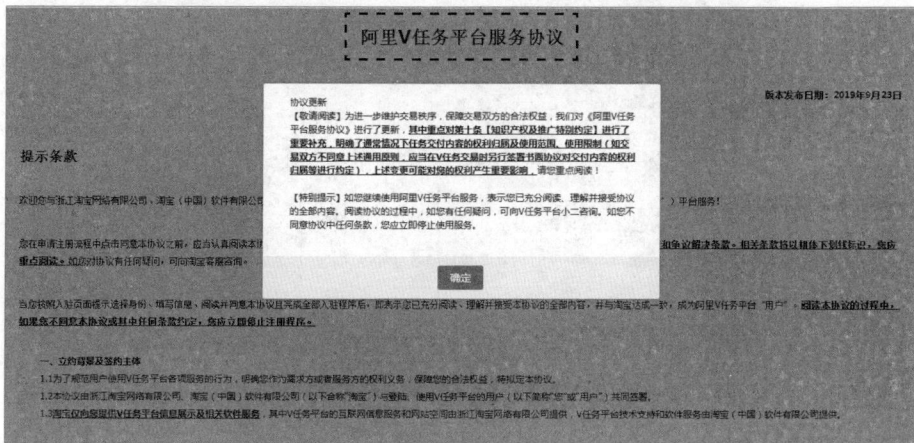

图 2-49　《阿里 V 任务平台管理规则》中的服务协议的相关信息

如果因为服务商的原因，使得商家账户出现违规的现象，将按上述各协议规
则进行处理。若违规情节严重，平台将直接取消对内容服务商的认证资格，同时
采取清退措施，责令撤出阿里 V 任务平台。同时，如服务商给商家造成损失的（包
括但不限于商家账户被处罚扣分、冻结权限或清退等），服务商需要独立承担全
部责任，平台将不承担任何责任。

2.5　直播基地：服饰行业的入驻与运营

直播基地汇集了多种品牌商品，凭借这一优势，成为淘宝直播供应链的全新
模式。这些基地汇集了众多的知名品牌和优质商户，不管是在商品款式还是在质
量上，都有一定的保障，完全可以提供充足的优质货源。图 2-50 所示为服装供
应链基地。

图 2-50　服装供应链基地

对于从事服装销售的主播来说，这些服饰基地大面积的存在，无疑是为广大服饰市场的需求而诞生、出现的。它们可以为服装销售主播和商家提供各式各样的服装款式，以及库存数量，甚至可以满足主播、商家实地选货、验货的需求。

2.5.1　服饰账号分层运营机制

直播平台将对从事服装直播销售的主播和商家采取分层制度，类似于达人主播的成长体系，根据不同的等级给予合格的服饰主播、商家不同的福利政策。

等级越高的服饰主播、商家可以得到的流量扶持是远远高于低等级的服饰主播、商家的。服饰账号分层机制，可以看作是奖励机制，只要直播间的数据整体状态优秀、效益好，就能得到平台的奖励，从而使直播间的数据更好，整体效益更高。

此外，它也是一种竞争机制，主播、商家账号的层级直接决定了它能够向平台申请资源以及相对应的报名标准、考核标准等。

因此，也是激励处于同一等级的机构主播、商家主播和个人主播三者之间在同一个考核标准下进行各方面的 PK。图 2-51 所示为头部主播层级相关要求和资源奖励说明。

主播分层	30日直播服饰成交金额	资源时长	资源位置	可申请资源加推门槛	评判标准	门槛条件说明
头部主播A班	≥1200万元	1小时	banner1-3 备注： 超头部，根据上新直播内容、利益点、商业化投入等有机会享受加推弹窗半小时 ← 奖励说明	如果 1．主播粉丝数10万+，上月服饰成交金额超1 200万元； 2．商业采买1万元以上； 3．直播间现金红包不低于8 888元+价值不小于1万元的福利礼包（可包含全年免单/实物抽奖/大额无门槛优惠券等组合） 4．上新内容包括上新商品数、上新利益点如新品5折或者送周边、上新货品亮点 如上综合考虑有机会享受加推弹窗半小时	1.日均服饰成交额成绩和开播天数、直播时长； 2.主打产品，包括品牌力（主播个人原创/服饰品牌等）、件单价、服饰风格（潮流/品质）、服饰上新品数量 3.直播间推广支持，包括福利支持（如直播间派送万元红包）、价格支持（拍立减15元）、流量支持（钻展/超级推荐花费用1万元） 4.如为商家，是否红人本人直播； 5.单场服饰成交额目标； 6.退款率和品质退款率不低于平均水平，粉丝和合作方无投诉记录 7.必须要有外部与内部预热要求	

图 2-51　头部主播层级要求和奖励说明

2.5.2　服饰基地入驻规则方法

对于拥有实地服装店或者合作运营实体服装店铺的主播来说，入驻直播平台的服饰基地，可以从中获得更大的经济效益，从商家各方面的管理、运营、推广来看有百利而无一害。

如果申请者在平台申请入驻成功，并且在试运营考核阶段完成平台的基础目标，就可以在试运营结束后直接成为平台官方认证的服饰基地。

除此之外，认证的服饰基地不仅有机会获得平台专属的基地运营的相关活动，还可以让自己基地的服饰商品参与平台直播服饰的各项活动中，例如被列为优先选择合作的货品池，获得平台数据端支持。

下面就为读者简单介绍服饰基地入驻的规则、方法以及注意事项。

1. 入驻流程

在淘宝直播通发起基地入驻申请，首先在电脑端进入"阿里 V 任务"界面，在界面中找到"直播通"按钮，然后进行相关操作即可。

步骤 01 单击"直播通"按钮，如图 2-52 所示，即可进入"直播通"界面。

图 2-52　单击"直播通"按钮

步骤 02 ❶ 单击界面中登录窗口右侧中的"基地进入"按钮；❷ 在弹出的"提示"界面中，单击"直播基地申请入口"按钮，如图 2-53 所示。

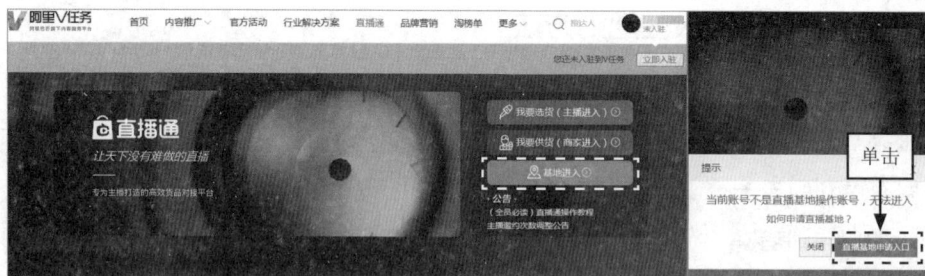

图 2-53　提交直播基地入驻申请

步骤 03 执行操作后，进入"宝贝直播通"页面，❶ 填写资料；❷ 单击"确认提交"按钮，如图 2-54 所示。操作全部完成后，即可完成入驻淘宝平台的直播基地申请。

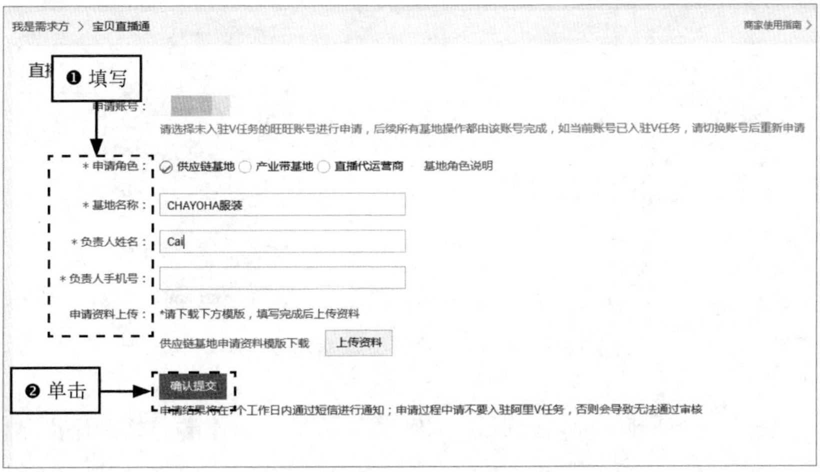

图 2-54　填写服饰基地申请资料

2．注意事项

申请者在图 2-54 中填写资料时，需要注意以下事项：

（1）申请者在填写"申请角色"一行时，一定要勾选"供应链基地"角色。（可单击"基地角色说明"功能键，查看相关角色的说明信息）。

（2）申请者在填写"负责人姓名"一行时，请以"姓名 + 基地简称"的格式进行资料填写。请申请者务必在姓名后面备注基地简称，以方便关联。

（3）在"申请资料上传"时，务必下载指定的模板进行资料填写，之后再进行上传。

（4）申请者在提交全部申请资料后，如果想更改相关信息，只要淘宝网服务客服（常用淘宝小二称呼）还没有对申请材料进行处理，随时可以对相关资料进行修改。

2.5.3　服饰机构 & 基地活动运营类型

服饰机构和基地的活动运营一般有官方活动运营和自运营两种类型。官方活动，顾名思义就是指平台发起的官方服饰活动，按照官方相关要求进行运营即可；自运营活动则是指服装机构和基地单方面发起的有关服饰类的直播活动。图 2-55 所示为官方举办的"夏日焕新服饰日"活动。

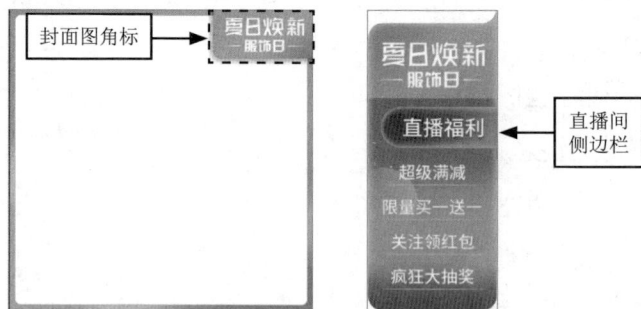

图 2-55　官方"夏日焕新服饰日"活动

　　自运营活动类型则是由服饰基地和机构采取共同合作的方式，盘点主播和货品，从而根据货品总体的风格、款式、潮流趋势、服饰搭配等方向来制定整个活动的玩法。从而逐步培养、建立用户消费习惯的行为模式。图 2-56 所示为服饰机构和基地一起开展的自运营活动。

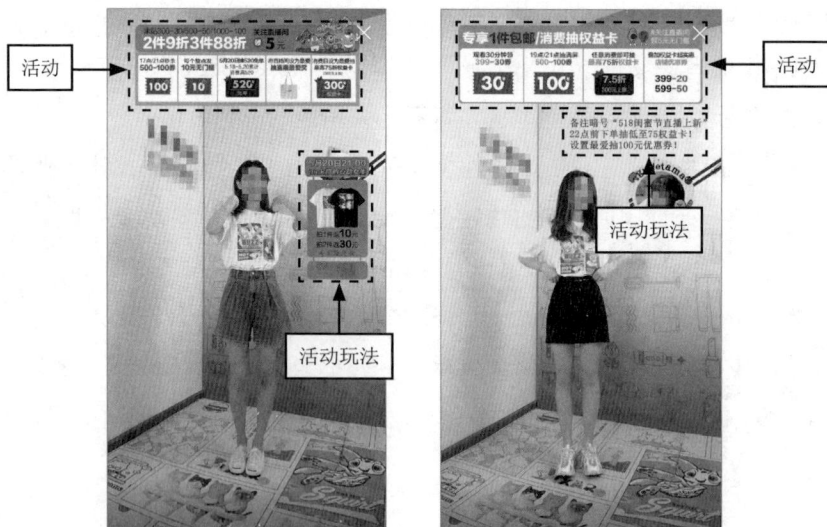

图 2-56　服饰机构和基地的自运营活动和活动玩法

　　此外，主播需要格外注意一些活动禁忌。对主播来说，参与此项活动的货品类型必须为服饰类，不可涉及其他商品类，且参与活动的直播场次中销售的商品必须为活动基地的货品，这方面由服饰基地亲自参与监督。如主播在活动期间销售非活动基地的商品，则活动举办方会直接取消该主播的参赛资格。

第 3 章

搭建团队：打造一个竞争力强大的直播团队

在直播销售行业中，除了镜头里出现的主播角色、助理角色，其实还有其他的工作人员，这些工作人员一起合作，才能保证一场直播销售活动可以顺利进行。一个成功主播的背后，离不开一个强大的直播团队。本章主要为读者介绍直播团队在直播过程中的作用，帮助读者了解直播团队的重要性。

3.1 直播运营：搭建完善的直播人员架构

对读者而言，一场完整的直播销售活动，需要多少个工作人员来完成？面对这个问题，有些人认为只要一个主播再加一个助理就差不多够了，或者再加上一个上报尺码大小、烘托直播气氛的副播。当然，也有一些读者会想到在直播间内，还需要一个场控角色。

其实，上述回答在某种情况下都是不完全正确的答案。当主播在直播过程中出现人手不够时，主播 + 助理两个人就能完成一次直播销售工作。但是，这种人手配置对于主播和助理来说，承担的责任和压力会非常大。

当团队人手充沛时，常常会出现五六个人一起协助主播进行直播工作。图 3-1 所示为直播工作人员配备（注意电脑前也有工作人员）。

图 3-1　直播工作人员配备

直播间具体的人数是无法固定安排的，虽然直播间有着固定的工作任务要完成，但是如何安排合适的工作人员来负责，真的很难固定下来。

本节就带领读者从直播间的工作任务环节的分配方面来了解直播间的人员类型和其从事、负责的直播间的工作任务，从而帮助读者更好地了解直播团队。

3.1.1　策划部门：编导、场控

策划板块的具体工作可以分为"直播前的准备工作"和"直播过程中的技术性工作"，这两项工作的负责人员分别称为"编导"和"场控"，下面为读者分别进行介绍。

1. 编导职位

对于现在的部分直播间而言，主播和团队并没有意识到"直播前的准备工作"环节的重要性，导致整场直播缺乏流程性、内容截段，甚至部分是直接到镜头前就直播，整个直播过程中内容也是随性发挥，想说什么就说什么，毫无条理或者缺乏规范性。

众所周知，好的开头就是成功的一半，但是采取好的准备才能形成好的开头，也就是说，好的准备是好的开头的关键性因素。没有规划好直播流程的团队，很难去和那些规划好直播流程的团队进行竞争。

社会上流传着一句话，"不打无准备之仗"，因为只有这样，才能使自己立于不败之地。对于主播来说，直播前的准备工作就是去打一场有准备之仗。

在直播过程中，主播和团队需要时刻应对直播过程中可能出现的问题，并且进行处理，尤其在主播的商品介绍工作中。为了填充整个直播内容，同时让主播的工作流程顺利自然地进行下去，机构和主播往往需要对直播内容的脚本进行策划。

直播脚本可以让主播和工作人员提前准备好，即直播过程中需要进行和处理的一系列事情，可以帮助主播有目的、有重点地去进行商品的推广工作。

设置直播脚本，可以让主播和工作人员提前进行直播演习，让每个人都明白自己的岗位和需要处理的事情，以保证正式直播时可以顺利地进行下去。图 3-2 所示为直播之前，主播和工作人员各自进行直播前的任务熟悉和练习工作。

图 3-2　直播前主播和工作人员熟悉直播脚本流程

　　设置直播脚本，可以让整场直播能够有序地进行，尤其对于服装主播来说，开播前，整理好自己的直播脚本，并且熟悉直播脚本是非常重要的。

　　主播只有做到对整场直播的流程熟记于心，才可以保持清晰的直播思路，更好地引导客户下单，提高自己的带货率，使整个团队都获得不错的经济收入。图 3-3 所示为某新品服装直播时主播的脚本策划。

新品单品直播实例（以服装为例）			
直播流程	直播内容	谈话技巧建议	
1. 明确买家	①直播目的是招募分销商 ②主要买家是批发商、淘宝掌柜	明确目的，明确买家，是自用还是招募代理	
2. 需求引导	①产品好卖走量 ②产品有利润	卖货调就产品优势，体现主播专业性；招募供应商，体现供货稳定，产品好，热销	找到痛点
3. 产品讲解	①款式介绍 ②规格、面料、成分的详细说明 ③核心优势点，材料好，透气性强	由表有及里，分步骤描述：包装、规格、色彩、触感、特性，以及使用时的感觉等	
4. 场景还原	①运动流汗，透气性强 ②夏天穿着舒服凉爽…… ③对健身有要求的人群 ④适合出街，好看街拍	联想产品在销售热卖时的场景，用生动的语言描述出来，与客户产生共鸣	产品展示
5. 卖点展示	①新款：明星同款新款 ②好卖：淘宝销量高 ③品质好，透气性强，实验对比	没有模特搭配，拿 iPad，把明星穿着图和淘宝热销的截图展示 热水实验，拿其他产品对比实验	
6. 深挖优势	①老店 ②三项指标评分高于同行业 ③源头厂货，供货稳定；检测标准高，品质好 ④分销商回购量大，好评多	熟知店铺规则，扬长避短，讲解店铺优势 选择 1～2 个最突出、最能打动人的产品优势进行深度讲述 复述客户对本产品的好评	提升高度
7. 直播优惠	如果招募供应商，直播间拿样政策优惠力度大	为了拿到这个目的，要付出什么	降低门槛
8. 限时限量	①限时抢购（某一整点做活动） ②限量优惠（只有有限的数量可以提供）	用坚定的语言让粉丝感受的产品的稀缺，促成交易的达成	

图 3-3　服装新品直播脚本策划

由上述内容可知，直播前期的准备工作就是设计出一份详细、全面、几乎没有遗漏的直播脚本，编导可以在脚本中策划和安排好直播流程、玩法等相关信息。在策划脚本时，主要包括直播时活动的时间安排、推销话语建议、商品上新、下一场直播的预告等。

2. 场控职位

场控的工作主要是负责直播时的技术性工作，内容包括以下几点：

（1）负责操作直播中控台：直播中控台类似于一个中央控制中心，是一个可以查看直播数据、发放优惠券等操作的平台。场控会通过操作直播中控台来发放优惠券信息、上新商品，并对商品进行改价等一系列技术性的操作。图 3-4 所示为场控负责的宝贝上新以及抢券发放工作。

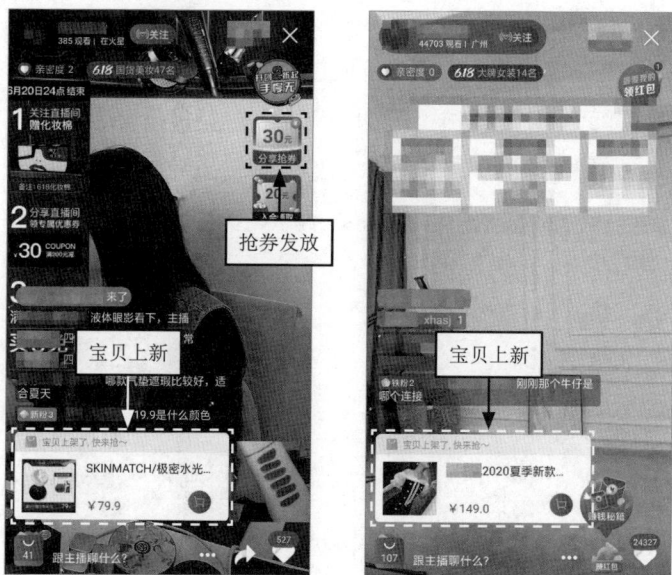

图 3-4　场控负责的宝贝上新和抢券发放工作

（2）掌控直播全程节奏：提醒并协助主播调整直播间的节奏、销售话语等，并对商品数据进行实时更改，此外还需要适当地去维护烘托直播间的气氛，面对观众、粉丝的各方情绪进行安抚或维系。图 3-5 所示为场控在直播过程中，实时进行商品数据的调整与更改工作。

图 3-5　场控负责商品信息更改

　　读者需要注意的是，在调节直播间的氛围方面，现在直播间常用的技巧是邀请商家亲自到直播间来和主播进行互动，其中就包括砍价环节。当主播邀请不到商家本人时，场控就可以即兴充当商家老板的身份来完成砍价的环节。此类方法最能刺激粉丝进行消费购买行为。图 3-6 所示为场控和主播一唱一和进行砍价环节的表演。

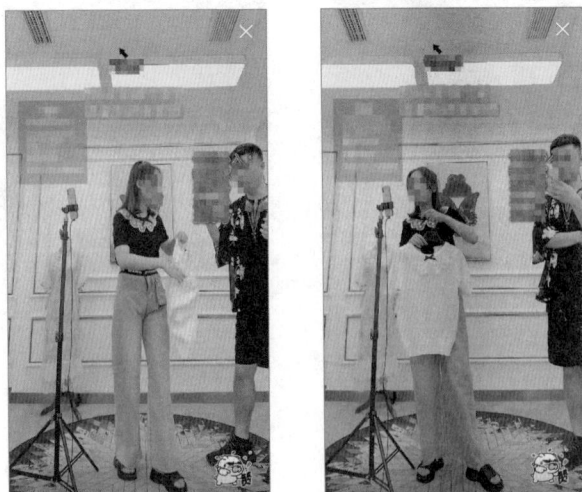

图 3-6　场控配合主播进行砍价环节表演

在直播的时长不断拉长、直播销售工作任务越发繁重的情况下，这项任务对于主播来说，需要在整个直播过程中，全程时刻保持清醒，但是作为一个普通人的销售主播来说，有时单凭自己的力量很难在长时间的直播过程中维持住全程的节奏，这就很容易产生直播间销售额不稳定的现象。

对于如今的直播销售行业而言，场控的角色可以给直播间起到锦上添花的效果，甚至成为影响一场直播成交额的重要因素。

3.1.2 运营部门：商品、活动

直播运营就是对直播活动的计划、组织和控制。运营可以提高产品的知名度、增加粉丝黏性、提高粉丝转化率。在直播销售行业，运营部门主要负责直播销售的商品和直播相关的活动。下面为读者介绍直播运营工作。

1. 商品运营

商品运营需要运营部门去收集、整理商品的资料信息，找到商品的卖点（包括商品价格卖点和功能卖点）；对主播进行有关商品的知识培训和辅导；负责直播间商品库存的补充、商品的提供等工作。图 3-7 所示为化妆品销售中的价格卖点、服饰商品中的功能卖点等。

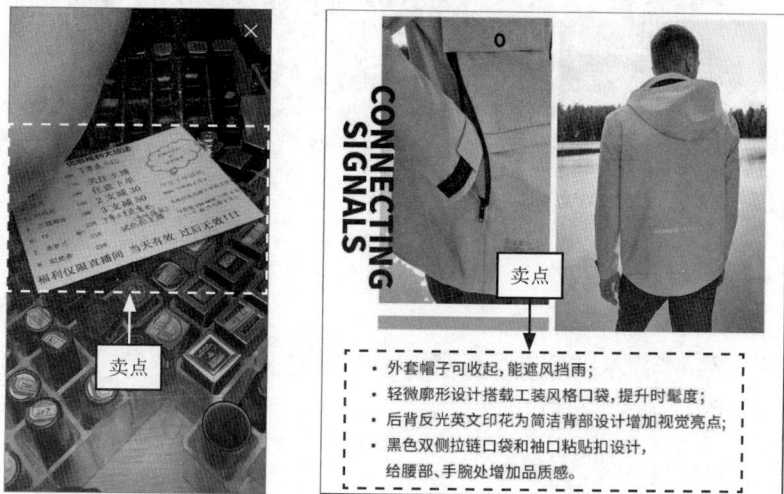

图 3-7 商品卖点展示

运营部门在进行商品运营环节中，其中比较关键的就是挖掘商品的卖点。产品卖点可以理解成产品优势、产品优点、产品特点，也可以理解为自家产品和别人家产品有什么不同之处？怎么让顾客选择自家的货品？和别家的货品相比，自家货品更具有竞争力和优势的点在哪儿？

在销售过程中，用户或多或少会关注其中的某几个点，并在心理上认同该产品的价值，在这个可以达成交易的最佳时机点上，促使顾客产生购买行为的就是产品的核心卖点。

找到卖点，也就是让商品可以被消费者接受，并且认可其利益和效用，最后达到产品畅销和建立其品牌形象的目的。因此，对于商家来说，找到产品或服务的卖点，不断强化和推广，通过快捷、高效的方式，将找出的卖点传递给顾客是非常重要的。图 3-8 所示为直播团队进行商品卖点的寻找、分析。

图 3-8　直播团队进行商品卖点的寻找、分析

2. 活动运营

活动运营顾名思义就是负责直播间开展的系列活动，运营部门保证活动的新颖性、可操作性，使活动可以顺利进行。

（1）搜索活动、研究玩法

直播间开展的活动，需要运营部门去搜索活动信息、了解活动的相关资讯。图 3-9 所示为直播间采取的关于 520 告白日的活动玩法。

图 3-9　520 告白日的活动玩法

　　直播间想要获取流量注入，在直播间举办相关活动是一个非常能吸引观众点击、观看的方法，而活动筹办就需要运营部门主动去了解、分析活动。

　　例如，运营团队可以在直播平台官方淘宝论坛上找到最新的活动项目和玩法，进行活动玩法的研究、分析。官方发布任何活动都会通过淘宝论坛作为发布渠道并发布活动的相关信息。图 3-10 所示为淘宝论坛主页中的活动信息。

图 3-10　淘宝论坛主页

运营团队可以让直播团队在后续的活动中以更加便捷、有效的方式去参与并开展活动。在活动上，运营部门除开展官方发布的活动外，也会参考其他直播间开展的一些有趣、吸粉的活动。

（2）跟踪活动执行

当直播间决定开展某项活动后，比较关键的就是活动的执行情况。这就需要运营团队在活动执行期间进行实时监督，例如主播是否在直播间对观众、粉丝反复介绍活动详情和参与方法，粉丝是否被引导来参与活动等。

同时，随着直播间活动的举办，直播间会发生一定的数据变化，包括流量注入、商品销量、关注人数等。这些数据有可能比未开展活动时的数据好，也有可能相反。当出现后者数据的反馈情况时，就需要运营团队对整个活动项目进行全面分析，从而找出问题点并进行改进和优化。

3.1.3 主播部门：主播、副播

在直播销售的舞台上，主播一职可以说是直播间的"软实力"，主播通过镜头向潜在的消费者、粉丝展示她们的个人形象和魅力，在此基础上促使直播间的观众关注自己，使消费者产生购买行为。图 3-11 所示为某 MCN 机构旗下的主播。

图 3-11　直播销售主播

为了吸引粉丝，提高直播间产品的销售额，主播们都会在镜头背后付出一定的时间和精力来完善自己在直播间的表现。为了使直播工作更加顺利地进行，现在越来越多的直播间开始采取"主播 + 副播"双主播进行直播的方式。图 3-12 所示为直播间双主播销售商品的画面。

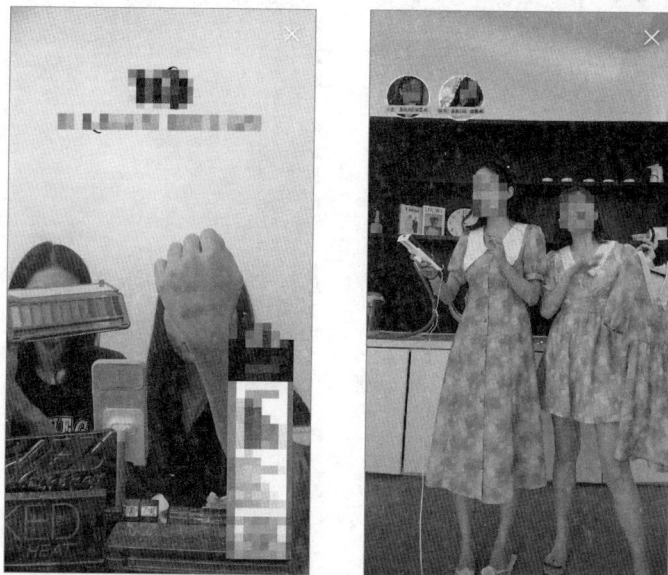

图 3-12　双主播销售商品的画面

直播销售是一种通过屏幕和粉丝交流、沟通的职业，它必须通过直播方式让粉丝进行购买，由于这种非实体线下模式购买的方式，使得主播在日常直播过程中拥有着绝对的主动权。

在非电商直播中，用户和粉丝会在主播的引导、介绍和表达下，有意识地进行打赏、下单等行为，以此得到某种慰藉。而直播带货中需要依靠主播对商品进行细致地展示、介绍、推荐，让潜在消费者和粉丝信赖主播所销售的商品，从而决定下单购买。图 3-13 所示。通过主播对商品的介绍，吸引粉丝询问，继而下单。

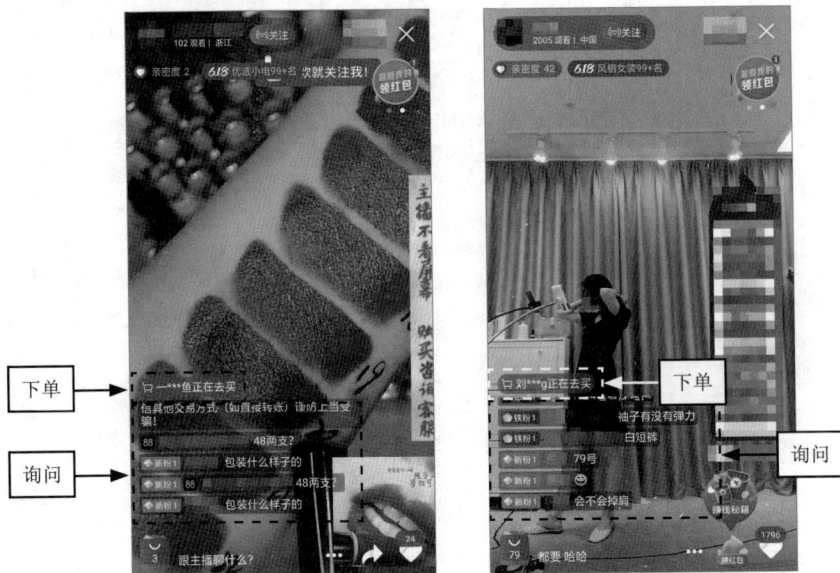

图 3-13　主播展示商品，吸引粉丝询问、下单

　　由此可见，在一个完善的直播人员框架里，主播的角色是非常重要的。现在直播间采取双主播销售模式也能从侧面反映主播角色职能的重要性。读者可能有疑问，明明一个主播也能完成一场直播，为什么还要设置副播角色？主播和副播有什么分工合作任务？

　　其实，双主播模式在直播间里有着明确的主次之分。直播间大部分的工作还是由主播承担，副播主要是起协助主播的作用。下面为读者介绍主播和副播在直播过程中的分工合作，从而帮助读者分清主播、副播角色所承担的工作任务。

1. 主播任务

　　一方面，作为直播间的销售主播，所负责的工作内容一般除了副播之外，很难由其他团队的工作人员来完成，可是说在开始直播后，主播就是整场直播中最核心的人物。此外，主播角色在岗位上有着难以替代性。例如，掌控直播间的商品介绍流程、粉丝在线沟通互动等，都需要主播独自完成、处理。

　　另一方面，有部分工作则需要和其他岗位的工作人员一起来配合完成，比如直播间的"复盘"工作（此处复盘是指直播结束后，对直播全流程再进行梳理、分析、总结）。图 3-14 所示为直播复盘的四步法。

图 3-14　复盘四步法

复盘直播，需要所有工作人员在一场直播结束后，对该直播中的各项数据进行分析，总结出直播中的优势和不足之处，优势之处可以延续到下一场直播里，不足之处则需要进行及时改正。

2. 副播任务

直播间的副播主要起着协助主播进行直播销售的作用。对于副播来说，自己最重要的工作就是配合主播的工作，以保障直播顺利进行，直播间内两位主播驻场，也能使整个直播流程更加顺利地开展。

一般副播角色在直播间的工作会涉及以下 3 项内容。

（1）协助配合主播直播

例如，服装销售主播在向屏幕前的观众进行服装上身效果展示时，会出现一款衣服有着同款不同色的情况。由于主播一次只能展示一件服装效果，副播就需要及时、主动地试穿另一种颜色的服装，以便向消费者、粉丝展现不同颜色服装的上身效果。图 3-15 所示为副播和主播展现不同的口红色号、衣服颜色。

（2）培养和主播的默契

在直播过程中，当主播在进行商品介绍、推销工作时，副播要能够及时了解主播的想法，和主播在直播销售活动中进行配合、协作，培养和主播的默契，以便销售工作更好地开展。

图 3-15　主播和副播展示不同色的口红和服装

（3）说明直播间相关规则

副播可以在直播过程中，分担主播对观众、粉丝的直播间活动规则说明、解释等工作，可以在很大程度上减少主播的工作量。除此之外，主播也可以在副播回答粉丝问题时稍作休息，以便后面更好地开展直播销售工作。

3.2　团队模式：各种直播团队的搭配方案

对于竞争激烈的直播行业，尤其是直播销售行业来说，单打独斗型主播除非是自身极具能力和知名度，否则很难去应对直播销售工作所涉及的众多业务。而且，要想在直播行业中脱颖而出，难度一般会比较大。

而团队建设搭配得好，在一定程度上，可以解除主播的后顾之忧，才能让主播的直播之路走得更加久远。下面就为读者介绍直播行业里团队搭配的参考方案和搭配类型的相关内容。

3.2.1　机构团队的搭配方案参考

机构团队的搭配决定整个机构在行业内的发展水平和发展前景。对一个完整、成型的直播机构来说，它所涉及的团队搭配和普通经营的大型公司一样：每一项工作任务、指标会分类规划，设置专门的职能岗位来负责。

直播机构在一定程度上需要负责直播销售工作的几乎全部环节，层层把控，从选货到后期美工。同时机构团队搭配是否得当，不仅在很大程度上决定了该直播机构公司的发展前景，更关系旗下各主播的发展情况。如图 3-16 所示为机构团队搭配的参考方案。

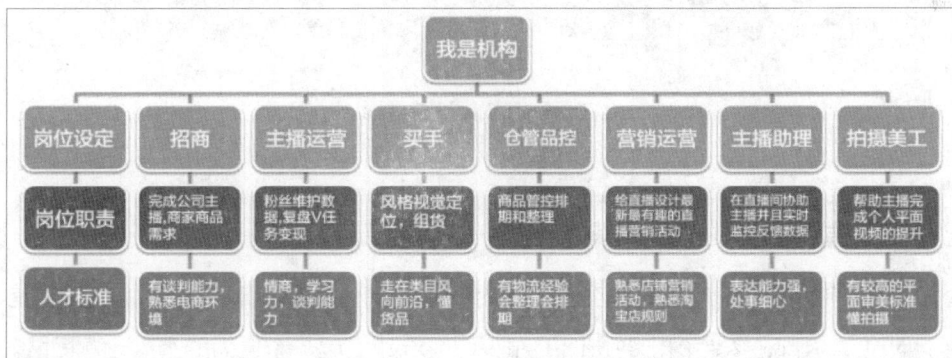

图 3-16　机构团队搭配的参考方案

对于有计划加入直播机构的主播来说，为了确保今后的直播发展可以更加顺利，一定要仔细考察所选直播机构的团队分工情况，仔细查看职能部门的构建框架。

如果一个运营直播销售的机构连最基本的分工框架都不能满足，公司人手紧张，那么很难保证在后续的工作中不出现问题，公司不能妥善解决。所以，主播选择一个强大的机构作为发展平台，对自身的发展总是利大于弊。

3.2.2　主播团队的搭配规划方向

一场在大众面前呈现的直播，背后是整个主播团队的共同努力。主播团队的设置和搭配直接关系到直播内容的呈现效果、影响最终的销售数据。相比于大型机构团队对直播工作的影响程度来说，主播团队则是直播工作中更加核心的团体。

如果想建立一个更加全面、系统的主播团队，主播团队中还需要涉及商品直播检验的仓管品控职位。另外，即使主播团队拥有足够多的商家合作资源，也要开发、成立专业的从事选品工作的买手职位。图 3-17 所示为主播团队搭配的参考方案。

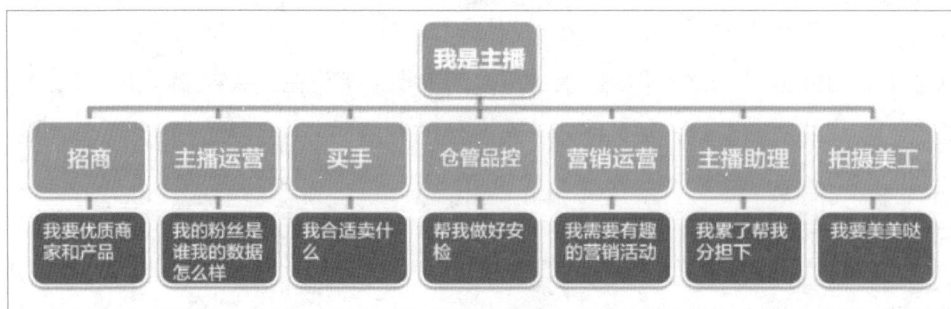

图 3-17　直播团队搭配参考方案

3.2.3　直播团队的实际搭配类型

完整的主播团队涉及的方面较广，每个职能岗位的分工明确，但在现实的直播团队中，大部分人会由于各方面的原因，很难建立起一个全面的主播运营团队。下面为读者介绍几类直播间的人手配置类型，以帮助读者更好地了解直播团队的人手配置情况，从而结合自身实际情况去组建直播团队。

1.　两人团队：主播＋场控

当直播团队只有主播、场控两个成员的情况下，在"策划""运营""主播"3 个职能部门里，主播自己一个人需要负责"运营""主播"两个职能部门，剩下的"策划"部门所涉及的工作任务由场控来负责处理。

"主播"部门里不会有"副播"角色，直播中的所有事情会由主播一人应对、处理。在这种情况下，主播的工作任务自然就会非常多且杂，为了减轻主播的压力、保证直播间的氛围，场控人员可以暂时充当副播角色。

在现如今的直播平台上，场控充当副播的案例很多，这种直播方式，可以给直播间带来一定的娱乐性，甚至可以增加直播间观众、粉丝的活跃度。但这种直播间人手配置结构属于最低配置模式，如果长此以往，对主播和场控的损耗会增大，不利于直播间的长期发展和运营。

2. 三人团队：主播 + 场控 + 运营

在直播团队满足"主播""场控""运营"3 个职能角色的情况下，刚好可以各自负责直播职能任务：主播负责主播部门任务、场控负责策划部门任务、运营负责运营部门任务。

直播团队在这种人员的配备下，任务分配会比较均匀、平衡，各工作人员可以稍微轻松地去完成直播销售相关的任务。主播需要明白，直播间的某些任务是需要借助他人力量来一起处理的，所以在团队工作中，要学会和团队沟通、配合，积极保持团队的互动频率。

3. 四人团队：主播 + 副播 + 场控 + 运营

在直播团队聚齐"主播""副播""场控""运营"4 个职能角色的情况下，直接就是"主播""副播"一起负责主播部门的相关工作；场控做策划部门的工作；运营负责处理运营部门的工作。

这种 4 人模式团队的规模较为完备，在直播团队组建中，属于较高配置的团队模式。当然，直播成员最好可以在各司其职的基础上进行合作、沟通，以此提高团队的合作能力。

4. "五人 +"团队的搭配方案

对于直播销售行业来说，"五人 +"团队模式的规模更大，此团队的综合能力也会相对较强，自然表明主播带货能力强于其他主播。

一般来说，这种规模的团队相对其他两人、三人人数配置的团队来说，会具备更多的直播经验。他们有着丰富的运营经验，可以保证主播、直播间的高速运营。

3.3　观看体验：打造高质量的直播间场地

主播在直播时，是通过镜头向观众展示自己和自己所处的空间，既然是通过镜头，那就不同于现实生活中的面对面，通过相应的技巧可以起到缓冲与美化镜头的效果。

虽然在直播时，任何活动和表情都是直接、实时地传送到观众面前，但是主播们可以通过一些辅助装备，让自己的直播视频得到合理的修饰和美化，使视觉效果更上一层楼。图 3-18 所示为工作人员通过在直播间内安置灯光、背景设置等，让直播画面效果更佳。

图 3-18　直播间的布置

3.3.1　直播间的设备清单，提升直播的效果

想要呈现出好的直播画面效果，直播间的硬件设备非常关键，好的直播设备可以帮助主播更加从容地进行直播销售活动，甚至可以在一定程度上优化、美化主播在直播销售时的形象以及销量水平。

一套好的直播设备对于主播从事销售工作有着非常大的帮助，它可以使主播更加完美地展示自身形象、突出商品在画面中的呈现效果，而这些都是吸粉引流的重要因素。

下面就为读者讲解直播间的硬件设备类型和作用，从而帮助读者更好地挑选直播设备，给顾客提供一个更好的直播观看体验。

1. 摄像头

对于从事直播销售的主播来说，摄像头可以称得上是最佳美化外在形象的利器，同时也是保证直播活动现场在电脑、手机端呈现优质画面效果的关键因素。图 3-19 所示为直播间摄像机的使用。

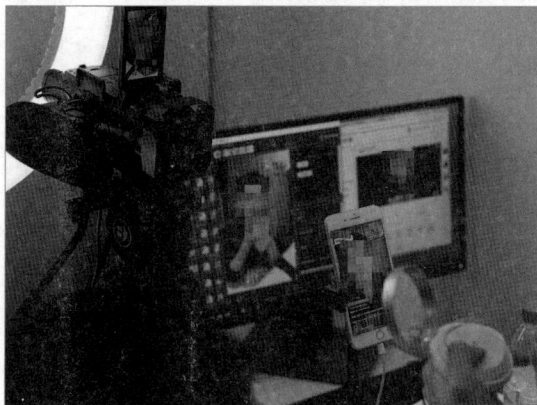

图 3-19　直播间摄像机的使用

2. 麦克风

在直播销售时，主播为了推销商品会和粉丝频繁地互动沟通，基本是通过说话来描述、传递和表达信息。

一套优质的麦克风设备，可以清晰地把主播的说话内容传递出去，让粉丝、观众了解他 / 她们所需要的信息。一些特殊的麦克风设备也可以修饰主播的音调、音色，让主播的声音更加悦耳，从而吸引粉丝的关注。

3. 支架

支架的作用是维持镜头的稳定性，当主播进行直播销售时，支架可以确保拍摄镜头不会出现由于拍摄者手抖或其他原因导致画面模糊、混乱等情况。主播在选择支架设备时，只需选择轻便、稳定的支架即可。

4. 灯光

直播间的灯光对于主播形象、商品外形，甚至整个直播画面的视觉感受都起着关键的决定作用，不同的直播光线类型所营造的效果也是各有侧重。想让一场直播在潜在消费者和粉丝面前有着无懈可击的画面效果，灯光的作用不容小觑。

此外，在打造商品使用效果或商品外形时，巧妙地利用灯光可以最大限度地满足想要呈现的效果。直播间常用的灯光包括主光、辅助光、轮廓光、顶光和背景光，同时也不能忽视这些灯光位置的摆放，它们对于直播效果的呈现也非常关键。图3-20所示为直播间灯光类型放置的参考位置。

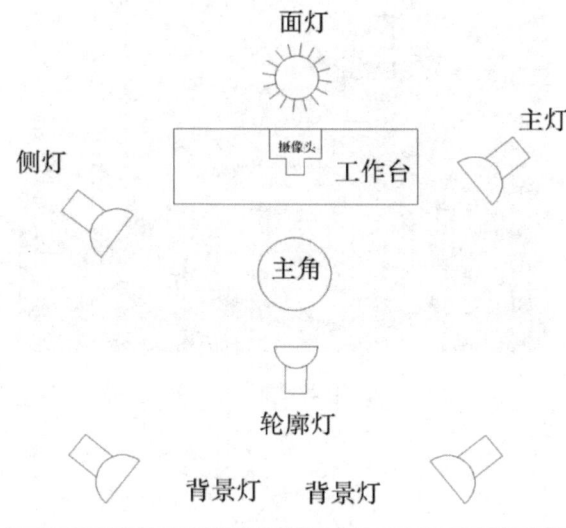

图3-20　直播间灯光类型放置的参考位置

5. 直播电脑

一般主播在直播间销售产品时，主播都会准备两台直播设备：一台手机用于拍摄；另一台手机则用来观看直播过程中和粉丝的互动情况。为了更好地查看直播间的各项数据，很多主播会采用"电脑＋手机"的配备设备进行直播。

因为电脑端不仅可以满足主播查看直播数据的需求，它还可以提供手机端直

播无法提供、配备的功能设置，例如去除直播间的杂音、噪声功能。主播在选择
电脑设备时，为了确保设备可以顺利地运行直播，可以采取一个最简单的筛选方
法：价位在 5 000 元以上，可以运行大型网络游戏，如绝地求生等。

3.3.2　直播间的装修方案，提高视觉美观度

背景是观众进入直播间的第一印象。如果背景过于杂乱不堪或者花里胡哨，
很容易使消费者感观不佳，丧失信任感，继而离开直播间，因此主播不仅需要学
会去打造一个良好的直播间视觉效果，更要掌握从更深层、更全面的角度来设计、
优化直播间的视觉效果。

1. 把控直播间的前期规划

在直播间的前期规划中需要涉及两个关键点：一是直播间场地大小；二是直
播间装修成本，下面为读者进行详细讲解。

（1）直播间场地。直播场地如果太小，会让直播间有一种很局促的感觉。
直播场地对于直播销售工作有着一定的影响，尤其是对于服装销售主播来说，因
为服装销售主播需要不停地走动来展示衣服的上身效果，特殊情况下也需要在直
播间或直播镜头前更换衣服款式。化妆品销售主播虽然在直播中的活动范围较小，
但是也要保证有 5 平方米左右的空间。

（2）直播间装修成本。装修成本上，不用太高，但是也不能太低，以免让
观众觉得有简陋感，从而降低对主播和商品的信任度。此外，在墙面颜色上要考
虑到直播中的灯光效果，所以尽量不要用白漆刷墙，以免难打灯光。

2. 符合品牌（商品）形象

在设置直播间的背景时，在墙面效果上可以采取幕布、墙纸来进行替换，降
低装修成本，但是在直播间的装饰品（道具）上面，最好根据品牌（商品）形象
来设置，这样更有代入感，让观众更愿意停留在直播间内。

例如，直播间主打汉服类（古风）服装时，可以在直播间的背景设置上添
加一些古风元素；进行化妆品销售时，为了突出化妆品的品质或品牌形象，在直
播间的背景上要尽量简约大方，在纯色背景上突出品牌 LOGO 即可，如图 3-21
所示。

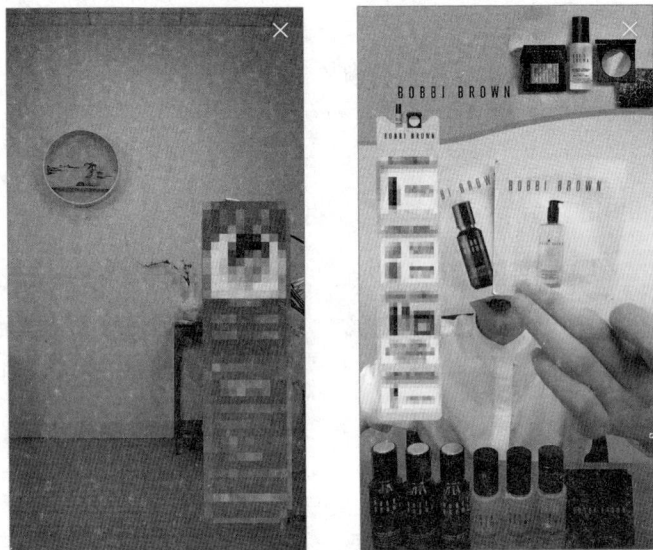

图 3-21　直播间的背景装修符合商品（品牌）形象

3.3.3　直播间的人物安置，优化直播的画面

在直播间进行直播时，观众是通过镜头来看整个直播间的环境、主播以及商品的，这时就需要注意直播间的人和商品在画面中所呈现出的视觉效果，以便给观众带来更好的直播画面展示。

由于化妆品和服装这两种商品有所不同，所以主播在直播间进行商品销售工作时会有一些差别。下面就为读者介绍化妆品和服装直播间在背景布置上的区别，以便读者更好地进行直播间背景布置。

1. 明确设定主播站位位置

主播在直播间内的位置关系到商品的展示效果，由于化妆品和服装特性的不同，因此主播在直播间的站位位置也有一定的区别。

（1）销售化妆品的直播间：粉丝希望可以看到商品的外形设计效果，如包装是否精致，以及主播使用商品后的脸部上妆效果。因此，对于主播来说，在位置上需要靠近直播镜头，以便展现化妆品的使用效果。图 3-22 所示为化妆品销售主播在直播间靠近直播镜头位置。

图 3-22　化妆品销售主播靠近镜头

（2）销售服装的直播间：对于从事服装直播销售的主播来说，为了更好地展现服装的上身效果，一般会选用广角镜头进行仰拍，以此拉长腿部长度，凸显身材。所以，在服装销售直播间里，主播的站位通常会离镜头位置稍远，且镜头范围较广，以满足主播走动展示服装的需求，如图 3-23 所示。

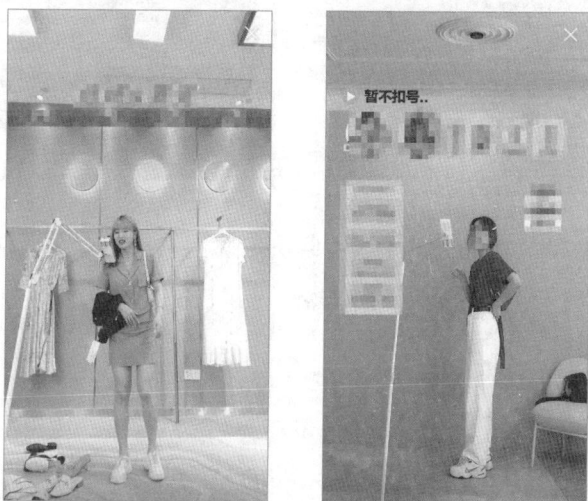

图 3-23　服装销售主播位置稍微远离镜头

2. 着重展示主打推荐商品

在直播销售工作中，当主播需要着重推荐或销售某款商品时，可以适当地运用一些小道具或小技巧来进行重点展示。

（1）销售化妆品的直播间：主播需要凸显商品价位时，就可以在直播间采用小托盘之类的物件来摆放产品，彰显价位，而在推荐眼影等化妆品时，主播需要突出化妆品的精致性、美观性，就可以有技巧地摆放，以此来突出商品特性。图 3-24 所示为商品摆放形式。

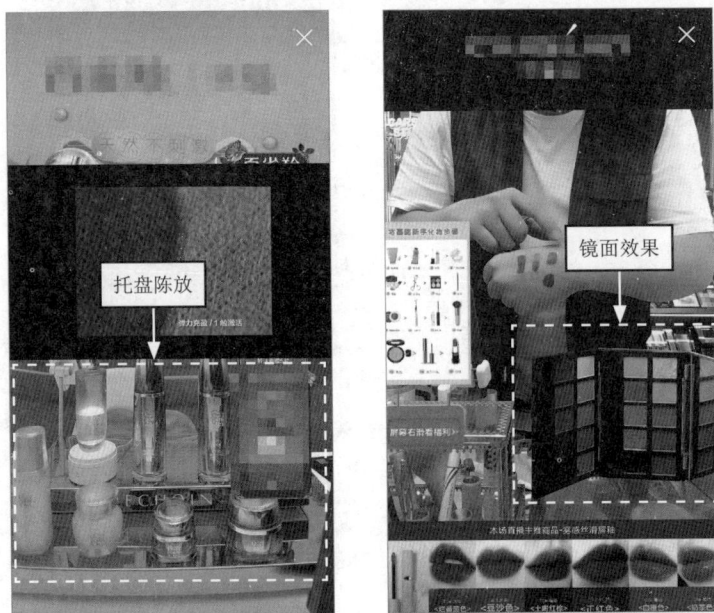

图 3-24　商品摆放形式

（2）销售服装的直播间：主播在陈列服装时，可以利用人形模特对主推商品进行上身效果展示，如图 3-25 所示。

图 3-25　利用人形模特对主推商品进行上身效果展示

3.　较多商品可以远置镜距

当直播间销售商品较多时，可以适当地通过扩大和镜头之间的距离来向观众、粉丝展现商品。

（1）销售化妆品的直播间：当主播需要介绍的产品数量较多且摆放在主播台上时，直播间镜头就不能只聚焦于主播的脸部。正确的拍摄应该是适当拉长镜距，从而让产品有序、美观地呈现在镜头面前，以凸显产品的质感（价位），如图 3-26 所示。

（2）销售服装的直播间：在服装直播销售中，如果服装的版型比较长、件数多，在手机屏幕里很难呈现完整，最好的办法就是增加服装与直播镜头之间的距离，从而让消费者可以一眼看到衣服的款式。图 3-27 所示为服装陈列在主播背后的位置。

有序
摆放

有序
摆放

图 3-26　产品完整陈列在镜头前

图 3-27　服装摆放在主播身后的位置

4. 设计活动商品信息展现

为了考虑画面的呈现效果，让进入直播间的人马上明白现在直播间正在举办的活动和商品信息，主播就需要对它们的展现方式进行一定的设计。

（1）活动主题：当直播间举办活动时，需要把活动主题凸显在画面内，以便让观众可以马上了解直播间现在正在举办的活动。图 3-28 所示为直播间突出的活动主题。

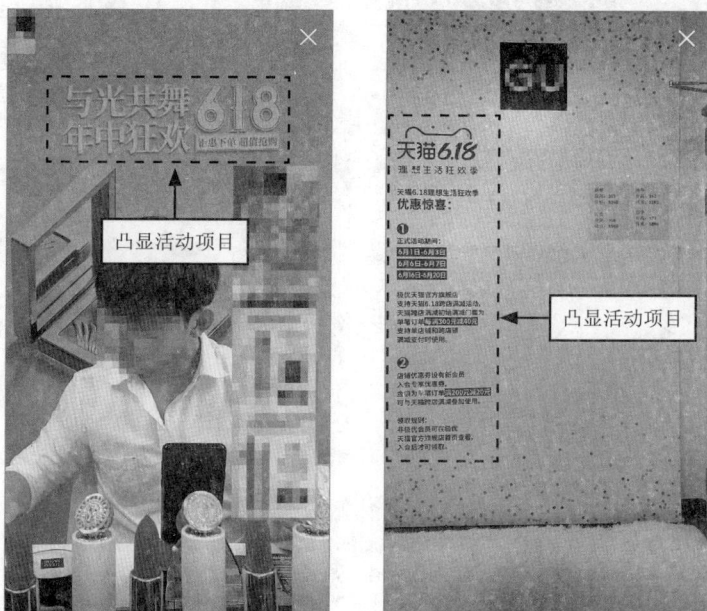

图 3-28　直播间突出活动主题

（2）产品信息：为了增加观众、粉丝在直播间的停留时长，主播可以在直播画面内突出直播产品（活动奖品）的相关信息。列举多样产品信息会营造出一种丰富的购物环境，能有效刺激观众和消费者的购物心理、行为。图 3-29 所示为产品、活动信息在直播间内的呈现效果。

图 3-29　产品、活动信息的呈现

第 4 章

直播技能：好的运营能够孵化出高质量的主播

　　如果说主播是电影中的主人公，那么直播内容就相当于电影画面。想创作出一部优秀的电影，需要背后的导演、编剧等工作人员的协助。对于一场直播来说也是如此，好的直播运营才可以培育、孵化出一个优秀的主播。本章将为读者介绍主播背后的运营模式和程序，从而使读者进一步了解直播销售行业。

4.1 直播脚本：打造一场成功的 LIVE 秀

在现在的化妆品和服装销售行业中，主播需要承担的任务较为烦琐、繁重，一整场直播下来，很可能对主播的注意力产生非常大的消耗。对一个产品销售主播来说，他的工作不允许他频繁地出现差错。

在无数的观众、粉丝以及商家的审视下，一旦主播在直播间出现卡壳、忘词或者说错商家产品信息等情况，都有极大可能使观众降低对主播的信任，使商家不再和该直播团队合作。

在现在直播时长不断增加的情况下，直播过程中很容易出现由于信息对接不到位，导致活动流程无法顺利进行，或出现商品介绍遗漏、顺序出错的情况。

为了有序实现直播整个流程内容，让主播的工作流程顺利、自然地进行下去，机构和主播需要对整场直播工作进行脚本策划。一般的直播脚本会涉及大纲、主题、（人员）分工、谈话技巧等内容。优秀的直播脚本才可以打造出一场成功的 LIVE 秀。本节就为读者详细讲解直播脚本所涉及的信息及作用。

4.1.1 提纲：规划方案

设置直播脚本可以让整场直播有序地进行，在开播前，团队需要设置好直播脚本，让主播开播前熟悉脚本，确定好直播流程。直播脚本中的提纲就像一棵树的树干，主播只有让自己的直播内容有清晰、合规的流程步骤，这样思路才不会混乱，也可以更好地引导客户下单，提高自己的带货率。图 4-1 所示为某工厂直播脚本中的直播内容提纲。

工厂直播流程 （工厂实景展示与专业讲解）			
直播流程	直播内容提纲	谈话技巧参考	画面
1. 开场介绍	厂家介绍，体现专业	各位家人们，我们是纯棉床品四件套的源头工厂，有各种品类，纯棉的、毛纺的、春夏秋冬各款，如果需要床品四件套，记得点点关注，我们是出厂价格一件代发，不管什么产品，我们都是出厂价格	镜头切主播；背景为工厂
2. 厂家背景	创业故事，厂家背景	我是20年开始创业，摆地摊，批发，做厂，简单介绍，体现行业专业度	
3. 货品生产	生产流程	展示制作工艺，制作流程	镜头切生产设备
4. 活动介绍	优惠促销	这次促销活动，给大家准备了纯棉爆品，直播间限时优惠	
5 介绍商品	产品特点 价格优势 工艺介绍 反复重复厂家优势	这款，我们这款商品特点是做工精细品质，平时拿货价起码是300多价格，可以看一下（展示细节），全是精细工艺（具体工艺方法详细介绍）。但我们现在直播间只要199，全是专门的，质量绝对没毛病，比别人家好太多，我们的跑得就是性价比，质量好，厂家价	镜头切换：产品展示 大特写：产品工艺细节展示配合讲解
6. 原料讲解	专业原料知识讲解	对比原料，讲解原料区别，如果你不懂，如果你需要，赶紧下单点点关注，让你不花冤枉钱	近景展示不同原料区别
7. 继续介绍商品	同上4、5、6	介绍其他商品的活动优惠力度、特点、工艺、专业原料等	
8. 下播前	下播引导关注	还有10分钟就下播了，或者到xx就下播了，还没关注的家人点点关注，还是新人，重复厂家优势，感谢大家多多支持，我的下场直播主题xxx在xx点，欢迎观看	镜头切主播

内容提纲

图 4-1　工厂直播流程

4.1.2　主题：核心目的

对于从事直播销售的主播团队来说，直播间举办的各类活动一直是最能吸引、刺激观众点击观看、下单购买的催化剂。在直播脚本的设定上，直播间主题设定是需要仔细规划的项目。

直播主题是一场直播的核心信息，例如直播内容是打算进行产品上新，还是回馈粉丝等。整场直播所涉及的内容必须是以直播主题为中心来拓展的，所以直播脚本上必须进行相应的主题设定。图 4-2 所示为直播间的主题设定。

宠粉主题　　　　　　　　　　　　　　新品上新主题

图 4-2　直播间的主题设定

注意，如果直播内容与主题不一致，就容易流失粉丝，例如直播间表明是"宠粉主题"，而粉丝进入直播间却发现主播从头到尾都是在介绍、推销产品，始终不进行粉丝福利讲解，粉丝就会很容易直接离开直播间。

4.1.3 分工：职能分配

直播脚本可以让主播和工作人员提前准备好直播所需进行和处理的一系列事情，可以帮助主播有目的、有重点地进行商品的推广工作。

设置直播脚本，可以让主播和工作人员提前进行一个直播演习，让每个人都明白自己的岗位职责和需要处理的事情，确保直播可以顺利进行。

一场直播的完成，它所涉及的工作岗位和任务远比镜头前展现的画面要多得多，而想让一场直播顺利进行，达到介绍、销售商品的目的，需要整个直播团队明确分工，有条不紊地负责各自的工作任务，共同完成一场销售直播的全部工作。

4.1.4 产品：卖点展示

主播在直播间进行服装销售时，如果要想让自己销售的商品有不错的成交率，就需要满足目标受众的需求点，而满足目标受众的需求点往往是需要通过挖掘卖点来实现的。

想要使商品可以最大化地呈现出它的价值，打动观众和粉丝，主播需要学会从不同的角度来挖掘服装商品的卖点。

对于从事化妆品直播销售的主播来说，这个卖点可以是明星同款或者商品限时抢购活动、商品上妆效果好，直播脚本就得重点标注此类信息，毕竟"限时抢购""美妆效果"是令大部分顾客、粉丝非常兴奋和在意的点。

直播团队可以把这个"卖点"直接显示在直播封面上，以此吸引顾客、粉丝点击观看。图 4-3 所示为化妆品销售直播的卖点展示。

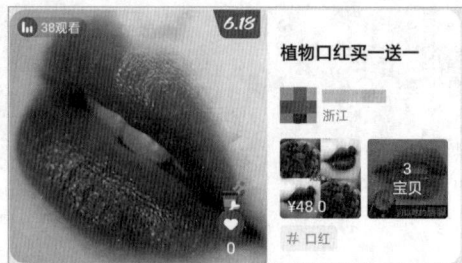

图 4-3　化妆品"上妆效果"卖点

对于从事服装直播销售的主播来说，由于整场直播过程需要不间断地更换服装款式，不同款式的服装之间会涉及不同的卖点，这就需要在直播脚本中编写更加详细的商品卖点信息。

主播团队为了吸引更多的观众、粉丝点击，会选择直接在直播间封面上展示商品的价格卖点。图 4-4 所示为直播间突出服装价格卖点吸引观众的效果。

"低价抢购"卖点   "低价秒杀"卖点

图 4-4　服装销售的价格卖点

4.1.5　说话技巧：销售把控

主播在产品销售过程中，除了要把产品很好地展示给顾客，最好还要掌握一些商品销售技巧和谈话技巧，这样才可以更好地进行产品的推销，提高主播自身的带货能力，从而让主播的商业价值可以得到增加。

直播脚本在设定时，必须总结、归纳几套万能的谈话技巧模板，在销售产品时，让主播根据不同的谈话技巧来进行商品销售。

谈话技巧的设定在一定程度上可以提高直播间的整个效率。尤其在面对粉丝一些不合理的请求时，就可以采用合适的谈话技巧进行拒绝，从而进行下一步直播环节。图 4-5 所示为直播间谈话技巧。

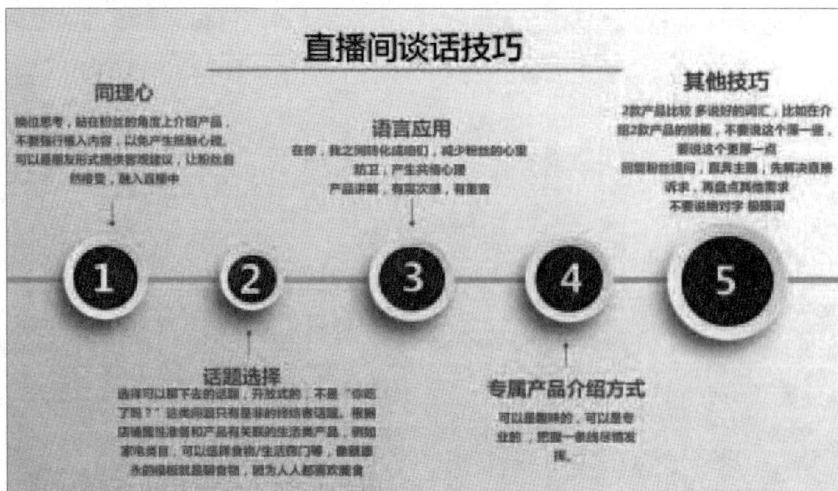

图 4-5　直播间的 5 大销售谈话技巧

4.1.6　节奏：把控时间

设置直播节奏，简单来说，就是把控住直播的时间，对它进行一定的规划。在整场直播过程中，详细确定好每一段时间的直播内容，可以更好地帮助主播把控直播环节和流程的进行。同时也能使整场直播的节奏平稳、从容，优化主播直播时的流畅性、提高粉丝的观看体验效果。图 4-6 所示为脚本设计中，每一时段都有安排规划好的任务。

日期	主题提炼	直播时长	内容概要	详情内容	时间
3月8日	女王节专场	3 小时	自我介绍	上播前给粉丝打招呼、暖场、介绍自己的 IP 打造	3 ~ 5 分钟
			主题介绍	介绍主题专场内容、优惠力度，直播福利，抽奖规则等，引发需求	5 分钟
			产品预览	把要介绍的产品口播透露给自己的粉丝，插入当天的优惠	5 分钟
			直播介绍	现场直播制作试吃并亲自讲解 1. 挖掘需求（季节需求，场景需求，日常需求） 2. 品牌背书（品牌故事 ×× 旗舰店） 3. 购买方式（优惠力度）一定要结合每一款商品去突出。比如售价 159 元直播时 99 元，突出价格优势，激发购物欲望，注意控场节奏	2.5 小时

图 4-6　每一时段里的直播内容设定

在直播节奏把控上面，以下这些节奏点一定要在直播脚本中规划并体现出来。

1. 采取多渠道宣传

在直播间的流量获取上，不仅仅要坐等观众、粉丝来观看，更重要的是要主动告诉大家："直播要开播啦！大家快来参加！甚至可以享受到免单、抽奖活动。"

一场直播的流量注入，很大程度上取决于有多少人知道这个直播间要开播，直播内容有哪些。在不同的渠道上进行推广宣传，可以吸引粉丝兴趣，提高直播间的流量注入。图 4-7 所示为主播在社交平台上宣传、发布的直播内容预告。

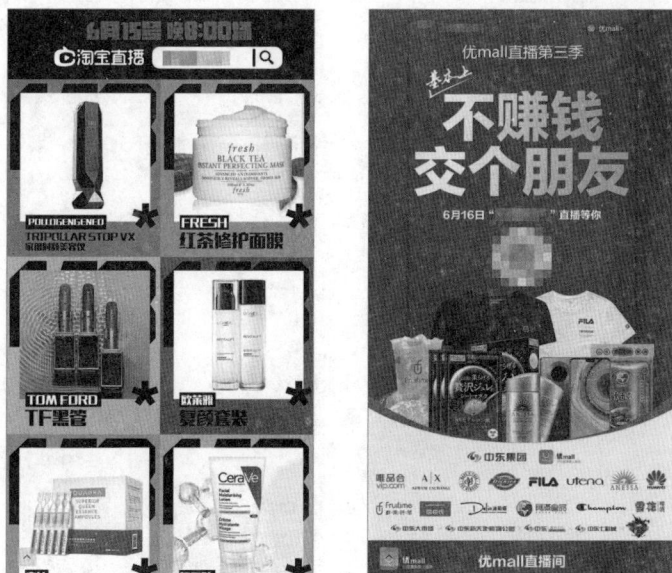

图 4-7　直播开播前在微博平台上发布的直播预告

2. 明白直播目的

不管主播是进行开场前的预热活动还是商品品牌介绍，又或者在直播中对活动进行的介绍，这里需要强调的一点就是：直播目的。因为这关系粉丝认为自己可以得到哪些想要的信息点，可以获得什么福利优惠。

在整场直播过程中，单件产品的介绍、演示、推销等系列内容最好控制在一定的时间内，区分专业与非专业的主播，就看主播对直播间节奏的把控情况如何。

4.1.7 互动：粉丝兴趣

在直播间，要想提高粉丝的活跃度，最佳的办法就是让主播和粉丝进行互动，互动的方法有游戏、福利、随机抽奖等多种形式。

但是，这些互动在什么时候开展，也是要进行一定的时间安排和设定的，而这些都需要在直播脚本上明确体现出来，以便让主播可以清楚地进行活动推进、实施和操控，在恰当的时间里，引发粉丝的兴趣。

比如，设置购买多件商品可以包邮，或购买的商品消费金额达标后可以送消费者一些小礼品，通过这种方式，不仅可以吸引粉丝兴趣，还能刺激直播间商品的销售。

主播需要向顾客、粉丝强调名额有限、机会难得，让顾客、粉丝尽快行动。图 4-8 所示为直播间设置的满件包邮、满额送礼等互动方式。

图 4-8　直播互动方式

主播可以在直播间营造出一种紧张的氛围，不断地强调参与方式，如集齐一定数额的赞就举行抽奖送礼物活动，如图 4-9 所示。

另外，当直播间举办活动，奖品、赠品的实物在身边的情况下，就一定要把

奖品、赠品展现在镜头面前，这样可以进一步吸引观众、粉丝来参与活动。图 4-10
所示为主播将活动的赠品展示在观众眼前。

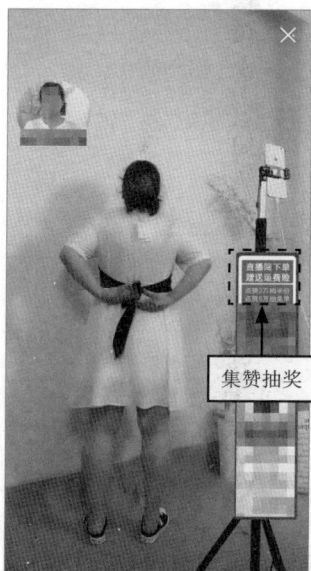

图 4-9　集赞抽奖活动

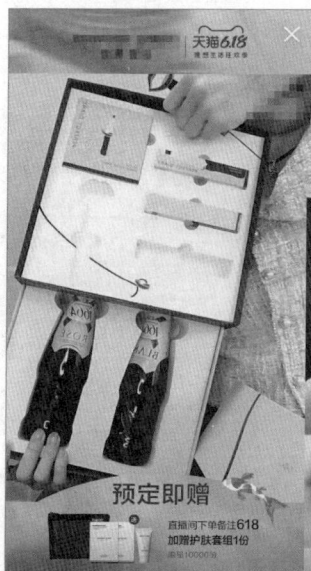

图 4-10　赠品展示

除此之外，也可以设置一些有时长限制、数量限制的利益点，选择固定的时
间段或整点时间段进行发放。一般情况下，在免费抽奖活动的时间段时，直播间
的粉丝人数是最多的，会达到一个高峰期，直播团队只要合理使用直播销售套路，
就能有效地提升直播间商品的转化效果。

4.1.8　活动：优惠信息

为了使整场直播顺利进行，主播需要制定出清晰而明确的活动策划方案，其
中关键的就是活动的优惠信息，毕竟对于大多数人来说，价位的高低在很大程度
上会影响消费者的购物决策。

在明确好优惠信息后，各工作人员需要对其进行信息确定，以及判断它的实
施性和操作性，以免出现后方货源不足等各种情况，出现失信粉丝的问题。

当活动优惠信息确定后，场控人员需要及时去中控台更改商品信息；运营部门需要去盘查商品库存、策划具体的活动信息流程；工作人员需要在直播间把优惠信息展现出来，让进入直播间的观众可以了解直播间优惠信息。图 4-11 所示为化妆品、服装直播间展示的优惠信息。

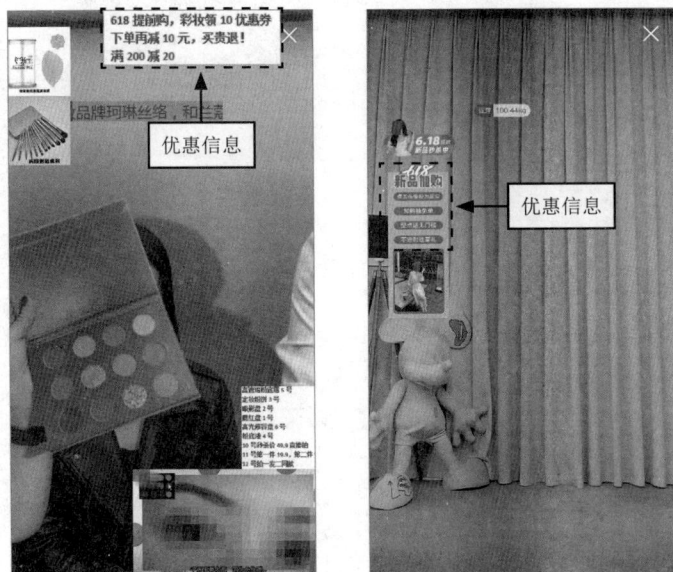

图 4-11　直播间展示的优惠信息

4.1.9　差异：更新细节

现在的直播间大多都会采取高频率的开播次数来吸引粉丝，在这种情况下，就需要工作人员加快设计和编写脚本的速度，从而跟上直播间的开播场次需求。为了使进入直播间的潜在消费者转化成粉丝，拥有购买力，首先就要避免出现直播脚本程序式的僵化情况。

虽然直播脚本大体框架流程类似，但可以在细节之处进行更新，不要这场直播和前面的直播内容雷同，缺乏新颖性，这样容易让观众、粉丝出现审美疲劳。

例如，在直播间可以采取动图的形式来展现商品，从而抓住观众的视线，如图 4-12 所示。或者选择图文结合的形式来取代纯文字描写的商品展现方式，以此吸引观众的注意力，如图 4-13 所示，这样都可以给直播间的粉丝带来更加新颖的视觉感受。

图 4-12　化妆品销售直播间设置动图展现商品

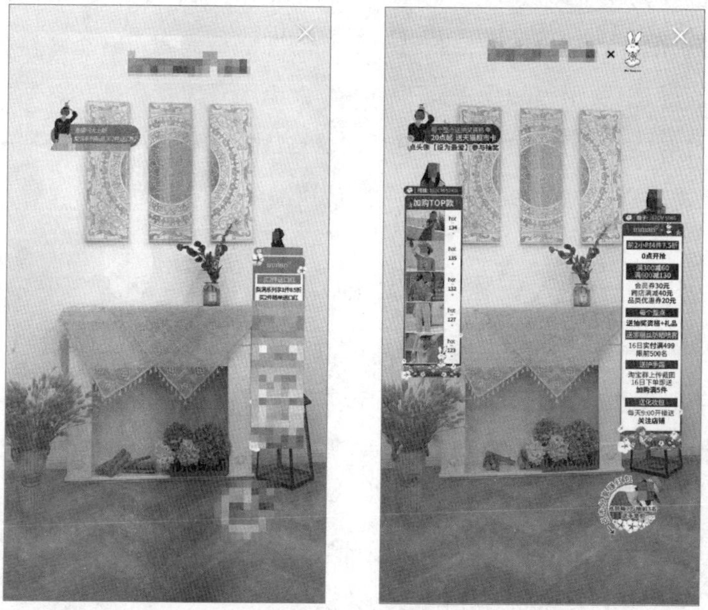

图 4-13　服装直播间商品展示方式变更

在直播脚本设置上，不要每一场产品介绍，都是一样的表达方式，抽奖活动也不要总是采取截屏、评论的方式，互动方式也不一定都是商品优惠活动，也可以尝试情感性、故事性互动。

其中，对于活动奖品、赠品可以尝试送不同类型的产品。比如：从事化妆品直播销售主播可以尝试给粉丝送耳环等饰品；从事服装直播的销售主播，也可以送口红、零食之类的产品给粉丝。

工作人员在设置直播脚本时，一定要点名变动之处，以便让主播或其他直播团队的工作人员提前去准备，这样才能让观众、粉丝及时了解直播间的活动。

4.2　直播软实力：让你的直播间不会冷场

很多新手主播在最开始进行直播的过程中，常常会出现直播间互动不够、冷场尴尬的现象。当主播不知所措地进行直播流程时，很难让粉丝产生购买欲望，当粉丝出现闪退或秒退现象时，会造成直播间数据浮动，影响直播数据。

遇到这种情况，部分主播会归咎于自己的性格不够大方、不够开放，才导致直播间冷场，但主要原因却是主播不懂、不会运用直播互动技巧，所以才在直播间无法轻松和顾客、粉丝进行互动沟通。本节就为读者讲解一些直播时的互动技巧，帮助主播在直播过程中减少、避免出现直播冷场的局面。

4.2.1　亲和力，让人更容易靠近你

亲和力是一种使人愿意亲近、愿意接触的力量。直播行业的第三个趋势就是需要主播培养自己的亲和力。亲和力可以在主播的言行举止中展现出来。例如，自信的笑容、丰富的肢体语言等。

对于电商直播行业来说，"亲和力"这种力量尤为重要，它可以无形间拉近主播和顾客、粉丝的距离，使他们自发地去亲近主播。所以，主播打造好自己的亲和力，有利于和粉丝形成稳定的信任关系。

当主播的形象变得更加亲切、平易近人后，粉丝对于主播的信任和依赖会逐

渐加深，也会开始寻求主播的帮助，借助主播所拥有、了解的商品信息和资讯，帮助自己树立起更好的外在形象。

一旦出现消费者回购的现象，在一定程度上就可以把这类消费者变成自己直播间的忠实粉丝，从而有效提升直播间的销售数据。

4.2.2　幽默感，把快乐传染给别人

一般来说，在销售行业中，顾客是否愿意下单购买，在一定程度上是由提供服务的商家来决定的。给顾客创造一个积极、愉悦的购物环境，也成为服务行业的基本服务理念。销售工作者的情绪在某种程度上会影响、改变消费者的购物决策和下单行为。因此，很多的大型公司、企业都会注重员工的"情绪训练"，其中最广为人知的就是员工的"微笑"培训，员工的服饰上也会佩戴黄色微笑LOGO 铭牌。

销售主播要明白，大部分观众和粉丝是怀着一定的购物需求或情感寄托进入直播间的。在这种需求背景之下，大部分观众都希望得到一个良好的购物环境、观看氛围，不希望在一个压抑、低沉的状态下看完某场直播。

所以，主播在直播过程中，不妨利用"幽默感"的功效来把乐观、积极向上的情绪传递给直播间的观众，使粉丝在一个心情愉悦的状态下观看直播。此外，幽默感还可以适当地化解直播过程中突发的一些尴尬、意外的情况。

4.2.3　创新力，给用户带来小惊喜

主播在进行直播销售时，要学会给观众、粉丝带来一些小惊喜，使他们眼前一亮。在直播销售中，主播最好紧跟最新的直播行业新动态，与时俱进。

主播可以通过技术的力量，尽可能地去提高、优化直播间里所提供的服务功能或体验，从而给顾客、粉丝提供更加便捷的服务，使消费者享受到更便捷的消费模式。

例如，从事化妆品直播销售的主播就可以在直播间设置"在线试妆"功能服务，让消费者通过"在线试妆"功能，挑选出适合自己的商品款式、色号，从而提高观众在直播间的停留时长，提高商品的购买数量。想进行口红商品试色，只

需点击直播间的"在线试妆"按钮，即进入"美妆AR"在线试妆模式，进行试色，如图4-14所示。

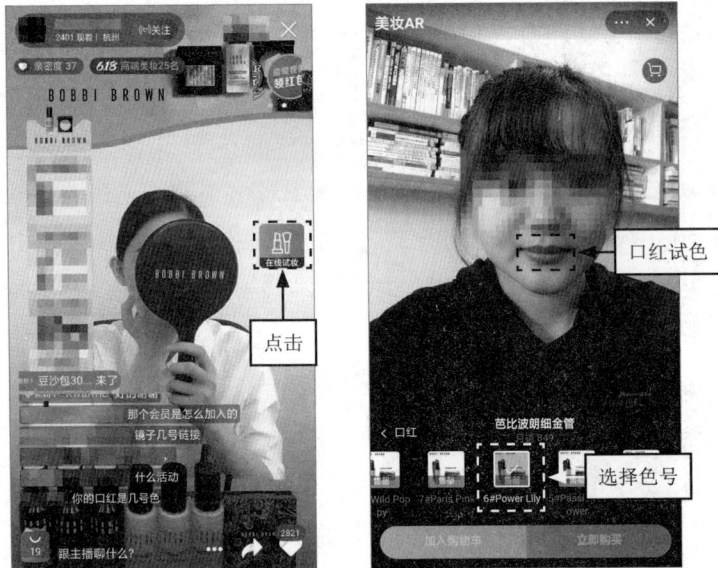

图4-14　进入"在线试妆"功能模式

4.2.4　脸皮厚，心理素质必须过硬

由于销售主播是一门需要向镜头前屏幕外的顾客进行产品介绍、推销的工作，而进入直播间的观众素质可能会参差不齐，有些观众进入主播间，并不是为了购物而来，那么这些人在言论上可能就会偏激，或者肆意谩骂主播。

同时，随着现在的电商直播行业竞争越来越激烈，很容易使主播的压力不断增大，况且每日高频率、高节奏的直播工作流程，也容易使主播产生倦怠感。

面对这种情况，主播就需要学会培养自己的情绪转化能力，锻炼自己的心理承受能力。主播的情绪对于转化率是非常重要的，直播销售中的"销售"二字决定了它不是一个纯娱乐性质的工作，而只有销售技能过硬的主播才是行业里需要的。

新人要想成为大主播，就得先让自己成为一个优秀的推销员，不管在工作上遇到什么事情，在向观众、粉丝进行商品讲解时，都得调整情绪，以饱满的状态工作。

4.2.5 情商高，给人很舒服的感觉

"情商"是现在社会每一个人都关心的话题。"情商"是指一个人的情绪智力，它涉及人的情绪管理、情感控制、意志情况等多方面的性格品质。主播和直播团队的情商程度，影响着主播在直播销售行业里的发展前景。图 4-15 所示为情商涉及的 9 个方面。

图 4-15 情商涉及的 9 个方面

对于观看直播间的观众、粉丝来说，主播和团队的情商高低会决定他们是否愿意一直关注主播的直播间，成为主播的忠实粉丝。

而在很大程度上，主播的情商高，可以吸引更多的用户或观众来关注主播，或者成为直播间的粉丝。例如，在某知名主播为某品牌进行化妆品直播带货时，有粉丝在弹幕上提问："那某某某奢侈品牌的同款化妆品好不好用？"

这个问题看似简单，却极显尖锐。在这种情况下，无数粉丝在等待主播的答复。这时主播旁的助理就及时解围了。回复说："我们不知道你说的这家品牌下的这款化妆品使用效果如何，我们没有用过，所以这个问题没办法回复你。"

这种表达方式，让每个人都非常满意，而这正是情商高的表现。在一定程度上避免了主播祸从口出，无端在工作上树敌的情况，同时又含蓄地表达了自己的观点。这种高情商的表达方式，无形中增加了整个直播团队的公众形象，也让助理赢得了不少粉丝的好感。

4.2.6　互动性，恰当采用"自言自语"

粉丝进入直播间，大部分都存在着购买需求，在观看主播展示服装的过程中，如果正对自己的需求，就会产生购买行为。如果主播在直播间只自顾自地进行商品展示、推销工作，不理会观众、粉丝弹幕上的各类信息询问，这样不仅让粉丝、观众感觉到自己不被重视，甚至会失去一些可以成交的订单。

为了避免让观众、粉丝产生失望的情绪，主播一定要学会直视镜头，多查看手机上的直播弹幕，进行回答，或 @ 询问者的 ID 名称进行弹幕回复。图 4-16 所示为主播发送 @ 询问者 ID 名称后进行弹幕回复。

图 4-16　@ 粉丝回复问题

一般来说，直播间互动不够、没有粉丝弹幕发送，很可能是因为主播缺乏对直播流程的框架掌握。简单来说，就是直播经验不够，或者直播经验总结不到位，在选择互动的方式和时间点上，稍显稚嫩。

面对上述原因，主播可以通过多加训练，多分析直播销售的优秀案例，熟练运用多种互动方式，提升直播间的热度。直播间粉丝互动效果好，能让观众、粉丝在直播间的观看时长增加，也可以有效提升用户的转粉效果。同时，直播间在线观看数据高，就会有更多机会被更多平台的用户看到。

4.3 直播硬技能：提高用户观看直播的体验

一个好的直播团队或者直播运营机构，都会深刻明白"第一印象"对于直播间流量数据的重要程度。主播要想在直播过程中获取更多粉丝的关注，最重要的就是能够吸引用户点击直播间，然后在直播观看过程中被直播间吸引，产生兴趣，从而关注主播。

本节以淘宝平台为例，为读者介绍如何提高直播间里观众视角的观看体验，从而抓住直播平台上的每一个潜在粉丝，实现直播间吸粉引流的目的。

4.3.1 直播预告：获得更精准的用户流量

直播预告是对主播整场直播内容的一个小小告知，很多新手主播会认为直播预告可以随意设置，却不知道直播间的三分之一以上的观众是被直播预告吸引而进入直播间的。可以说，直播预告能实实在在地影响直播间的流量情况。每一位从事直播销售的主播都需要重视直播预告的工作。

主播在直播预告的设计上，想要抓住用户的注意力，上传吸引视线的封面图、选取一个优秀的标题是非常关键的。尤其是直播标题，是决定部分平台用户是否点击直播间的重要因素，它可以充分告知用户有关直播间的关键信息，尤其是针对特定群体的标题设定，不仅可以精准地获得流量，更能有效提高商品的售出情况。

下面向读者介绍直播预告中直播标题设置的相关要求以及在手机端发布直播预告的操作步骤。

1. 直播标题要求和要点

直播标题的要求和要点关系直播间内的流量数据以及产品销售情况，下面就为读者进行直播标题的要点描述：

（1）清晰描述出主题和直播内容

要在直播预告中上传直播中要介绍、推销的商品，提前让顾客、粉丝对直播销售的产品产生兴趣。

例如，直播中，化妆品主播主要是推荐口红还是粉底液产品？服装销售主播销售的服饰是品牌货源还是工厂、市场一手货源。图 4-17 所示为标题点明市场一手货源信息。

图 4-17　标题点明市场一手货源信息

（2）包含具体的内容亮点

能让用户提前了解直播会涉及的内容，尤其是一些"买送""品牌产品低价买到""最新货源款式"等关键词，可以吸引众多用户点击观看。图 4-18 所示为标题点明大牌口红半价送面膜信息。

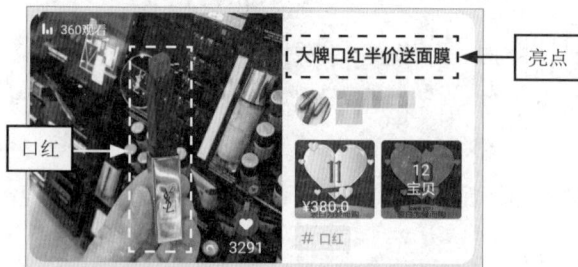

图 4-18　标题点明大牌口红半价送面膜信息

2. 预告标题规则与技巧

在制定标题时，不仅需要突出直播间的主题、直播内容和直播内容亮点，还需要符合平台制定的预告标题规则和技巧，下面就为读者讲解发布标题的规则和技巧：

（1）直播标题的字数需要控制在 12 个字以内，24 个字符为准，严禁在预告标题上显示折扣信息，以及任何的特殊符号等。在一定程度上，这些规则制定也是为了使直播预告的画面更加专业、规范。

（2）标题的拟定最好可以符合直播平台上观众、粉丝的日常工作和生活场景，可以是观众、粉丝在生活中遇到的某类问题，也可以是平时遇到的场景、画面。

这种标题制作技巧就是通过联系粉丝的日常生活，使得顾客、粉丝通过观看标题，就能在脑海中迅速产生和自己相关的画面感，从而拉近主播和用户、粉丝之间的距离。

当用户意识到直播标题中提到的内容与自己密切相关，甚至就差没有指名道姓点出自己时，这种情况最能驱动用户点击直播间。例如，封面标题上标明"教你做好眉形设计"；标题上注明"618 换新，学院穿搭"，则能为学生群体提供学院风格的服饰，解决她们的穿搭问题，如图 4-19 所示，从而吸引这两类群体进入直播间。

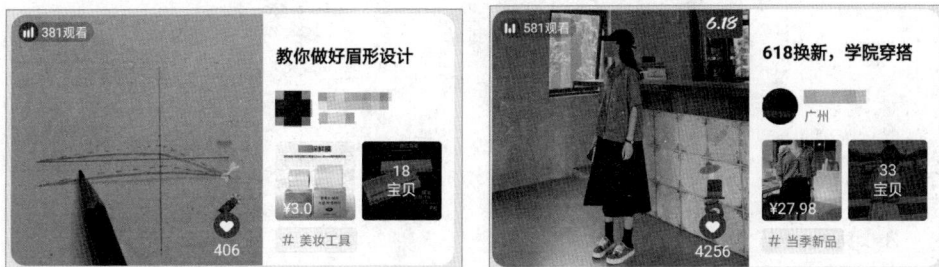

图 4-19　标题点出具体的用户群体

（3）预告标题的文字内容要简洁，同时直击要点，要把最吸引人的点展示出来，以此打动观众的心。一般运营团队会把粉丝最在意的"痛点"放在标题上，以此吸引用户点击。图 4-20 所示为解决腿部较短、粗群体痛点的标题。

图 4-20　解决腿部较短、粗群体痛点的标题

同时，团队在发布直播预告标题时，也可以让标题带一点新闻感或承诺性，最好标题可以引起用户、粉丝的好奇心，吸引每一个浏览到这个标题的用户，这样能获得更多潜在用户的关注。图 4-21 所示为标题中释放出承诺性质的暗示信息。

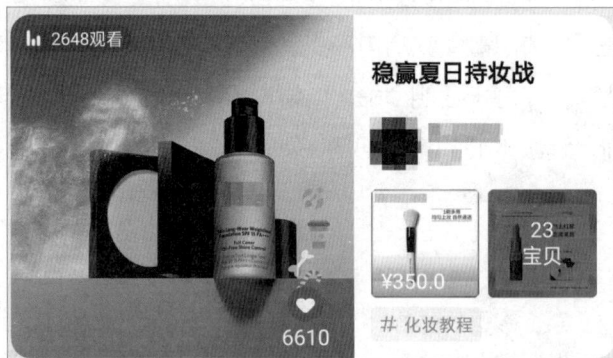

图 4-21　标题中带有承诺暗示

3. 直播预告设置及发布

直播预告对于直播间的流量汇入有很大的影响，下面就为读者介绍在手机端进行直播预告的设置和发布操作，具体操作步骤如下：

步骤 01　打开手机上的"淘宝主播"App，登录账号，进入 App 账号后台，从上往下滑动屏幕至"更多工具"界面，从中选择"创建预告"选项，如图 4-22 所示。

图 4-22　选择"创建预告"选项

步骤 02　进入"发布预告"界面，❶ 根据要求填写预告内容；❷ 填写完毕后，点击"发布预告"按钮，如图 4-23 所示，即可完成直播预告的发布。

图 4-23　填写预告内容后点击"发布预告"按钮

4.3.2　商品品控：产品质量和品质要保证

从事直播销售的过程中，产品的质量和品质决定了直播间在平台上的生命年限。对于主播来说，产品质量和品质能起到一个品牌效应作用，如果商品的质量好，就能吸引到更多的用户进入直播间。

一旦直播间所介绍、推销的商品出现问题，那么直播间所树立起的形象、口碑有可能会被瞬间摧毁，主播和团队也会被公众质疑，甚至抨击。

随着供货平台、机构的层出不穷，它们在一定程度上保证了直播间货源的供应。但是，由于主播向观众、粉丝推荐的商品是和人体皮肤紧密接触的产品，所以主播或直播团队在商品的选择上要做到层层把控，严格检测。

4.3.3　直播片段：为宝贝增加解析和引流

直播片段能够让消费者重复观看商品介绍，或者在公域流量中为直播间进行引流。主播在直播间推销、介绍商品时，可以积极地利用直播片段来为直播间引入更多的流量，提高直播间产品的销量数据。

下面就为读者介绍通过标记直播看点、上传直播短视频为直播间引流的操作步骤。

1.　标记讲解点

主播在整场直播工作中，需要介绍的商品数量较多，且讲解的速度会比较快，介绍完一件产品就会迅速进行下一件产品的讲解，部分观众可能想再了解一下商品，而有些观众也是中途才进入直播间，会错过某件心仪商品的讲解片段，这个时候就需要回看商品的直播讲解片段。

当部分顾客、粉丝要求主播再次试用（穿）讲解，主播有时不得不重新进行某款商品的讲解，这样无疑会打乱主播的直播工作安排，为了减少这种情况的发生，主播就可以对部分直播商品进行录制操作。

这样既可以满足顾客、粉丝想再仔细了解商品的需求，提升宝贝的成交转化率，又可以让主播减少一些工作量，下面就为读者介绍在手机端设置直播讲解看点片段的操作流程，具体步骤如下：

步骤 01　打开手机上的"淘宝主播"App，登录淘宝账号，进入账号后台，点击界面左上方的"手机直播"按钮，如图 4-24 所示。

步骤 02 进入"开始直播"界面，点击屏幕下方位置的"开始直播"按钮，如
图 4-25 所示。

图 4-24　点击"手机直播"按钮　　　图 4-25　点击"开始直播"按钮

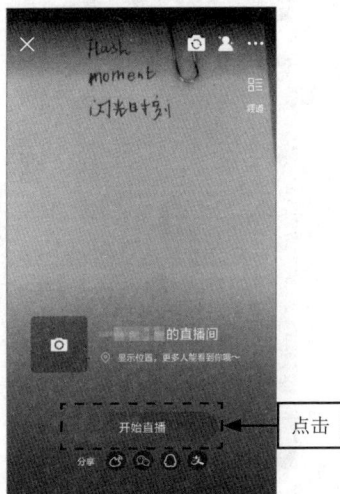

步骤 03 进入直播界面，点击左上方的"1 观看"按钮，将观看状态切换成"1
在线"状态，如图 4-26 所示。

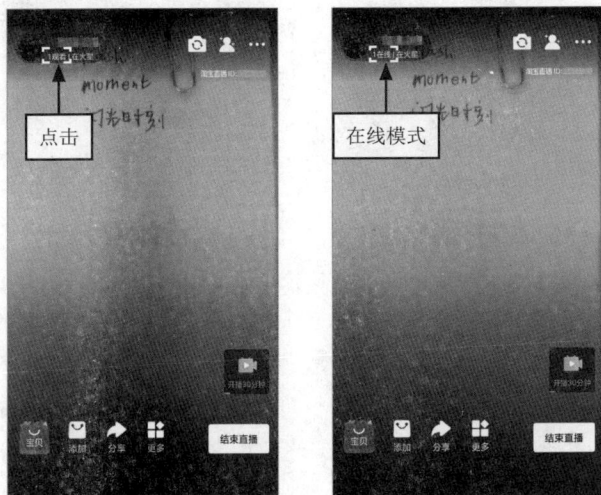

图 4-26　将观看模式切换成在线模式

步骤 04 在直播界面的底栏位置，点击"添加"按钮，如图 4-27 所示。

步骤 05 进入"选择商品"界面，选择需要添加的商品，如图 4-28 所示。

图 4-27　点击"添加"按钮

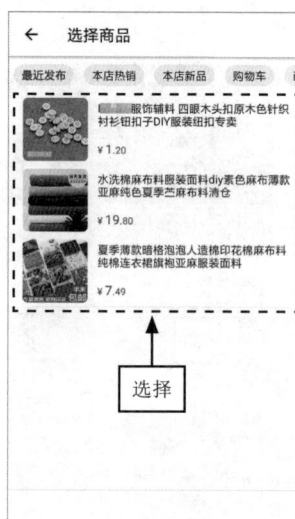

图 4-28　选择商品完成商品添加

步骤 06 选择并点击宝贝后，回到直播界面，点击直播界面底栏中的"购物袋"按钮，进入"全部宝贝"界面，如图 4-29 所示。

图 4-29　进入"全部宝贝"界面

步骤 07 点击界面内商品旁的"标记讲解"按钮，如图 4-30 所示，即显示标记讲解操作成功，平台会根据主播的打标记录行为，自动生成"直播看点"内容。

> **注意：** 主播如果想对另外的商品设置标记讲解时，必须间隔 60 秒才可以进行相关操作。此外，如果想取消某商品的讲解操作，直接点击"全部宝贝"界面里的"取消讲解"按钮，如图 4-31 所示，即可取消。

图 4-30　点击"标记讲解"按钮　　　　图 4-31　取消讲解操作

2. 上传短视频

随着直播间流量的抢夺之战越来越激烈，平台大部分流量都注入给 TOP 级别的主播直播间，这样对于一些新人主播或中低层级的主播来说，获取流量会更加困难，为了获取到直播间流量，主播、商家可以考虑淘宝新推出的短视频功能。

短视频由于其时长较短，更加容易被用户点击观看，主播就可以将流量引流到直播间内。下面就向读者介绍在电脑端发布直播短视频的操作步骤。

步骤 01 首先，主播需要在电脑端登录"淘宝直播"软件，❶ 完成账号登录；❷ 在弹出的界面中，单击"中控台"文字链接，如图 4-32 所示。

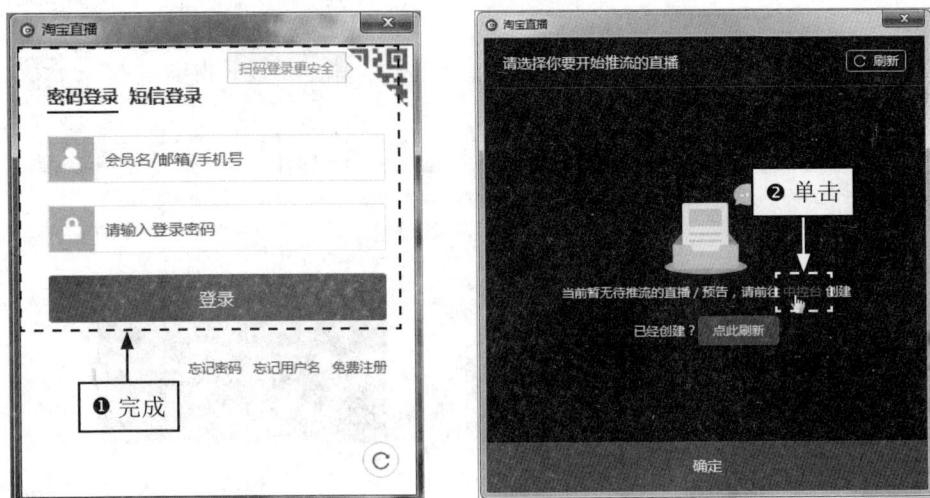

图 4-32　登录主播账号后单击"中控台"文字链接

步骤 02 进入"淘宝网"界面，完成界面右侧的登录提示，如图 4-33 所示。

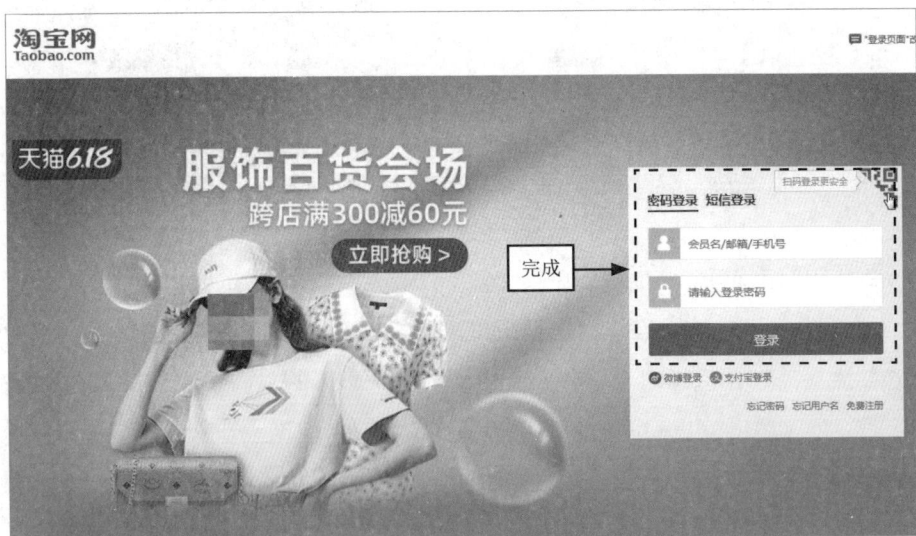

图 4-33　完成账号登录

步骤 03 执行操作后，跳转到"淘宝直播"界面中，单击"普通直播"类型下的"开始创建"按钮，如图 4-34 所示。

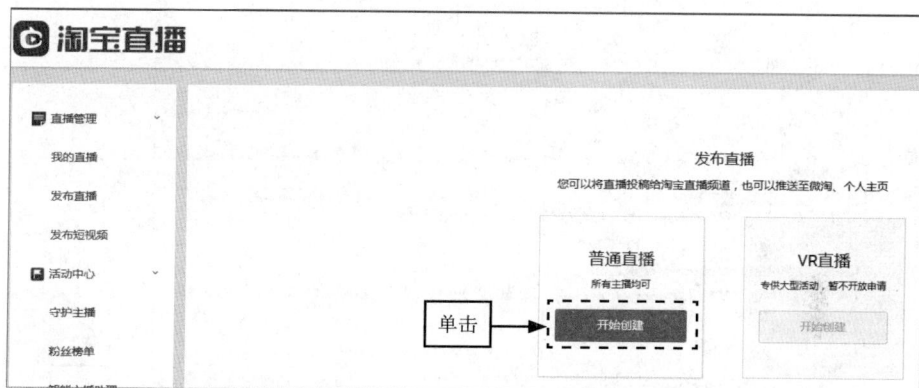

图 4-34　单击"开始创建"按钮

步骤 04　弹出"淘宝直播"界面，在界面左侧"直播管理"栏目下，选择"发布短视频"选项，如图 4-35 所示。

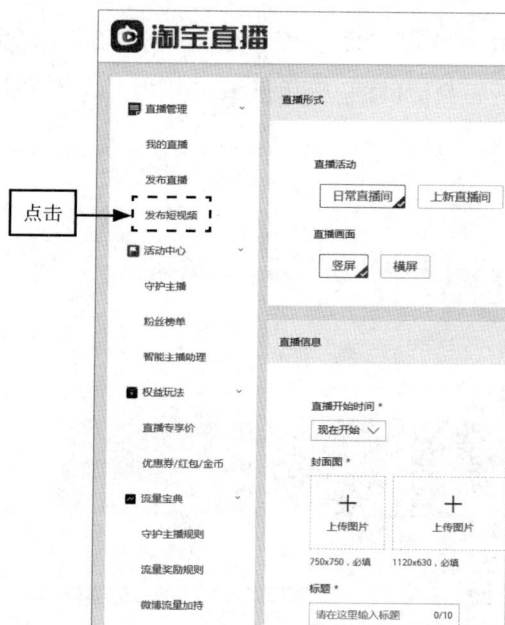

图 4-35　选择"发布短视频"选项

步骤 05　执行操作后，弹出"淘宝短视频"界面，在"达人主播请点此发布"文字的右侧，单击"我要发布"按钮，如图 4-36 所示。

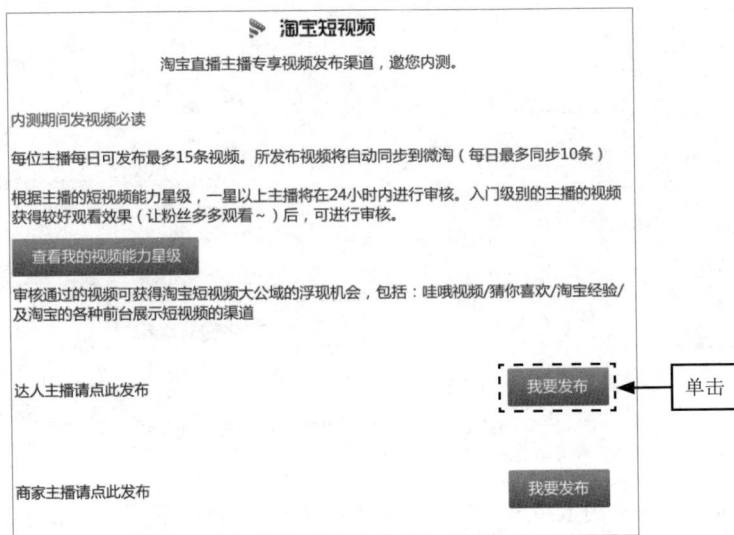

图 4-36　选择发布身份后单击"我要发布"按钮

步骤 06 跳转进入"阿里·创作平台"界面，在其中可以选择短视频的发布类型，如图 4-37 所示，界面下方会提供相应的类型参考模板。这里单击界面右上角的"跳过类型选择，直接发布"按钮。

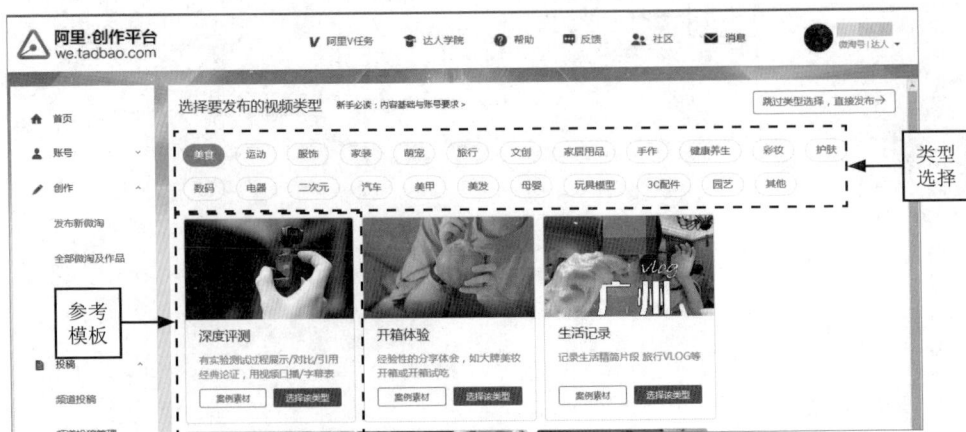

图 4-37　选择短视频类型

步骤 07 进入相应界面，单击"上传视频"按钮，如图 4-38 所示，然后选择需要上传的视频，进行上传操作。

图 4-38　单击"上传视频"按钮

步骤 08　执行操作后，进入"淘宝短视频 | 阿里 · 创作平台"界面，在其中可以查看视频上传后的界面效果，如图 4-39 所示。

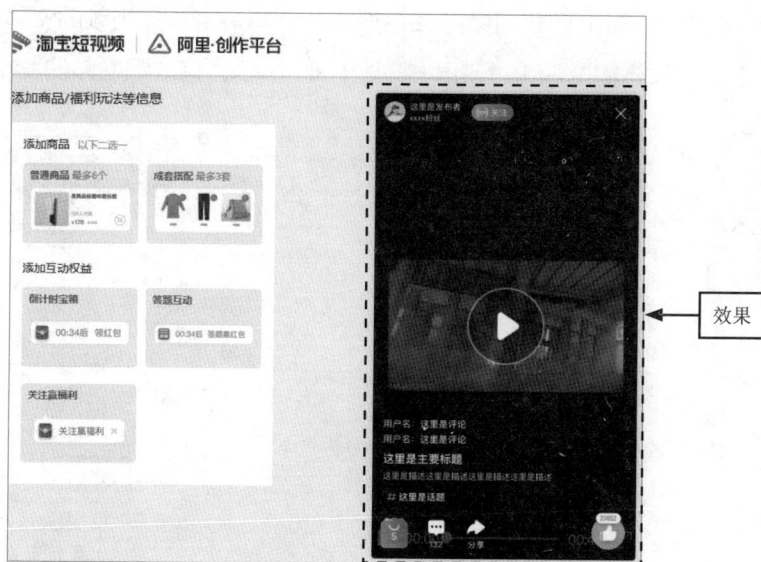

图 4-39　进入"淘宝短视频 | 阿里 · 创作平台"界面

步骤 09　❶ 选择"添加互动权益"栏目下的"答题互动"项目，界面右侧会弹出相关信息；❷ 填写、保存页面右侧的"答题互动"资料信息；❸ 单击"下一步，去发布"按钮，如图 4-40 所示。

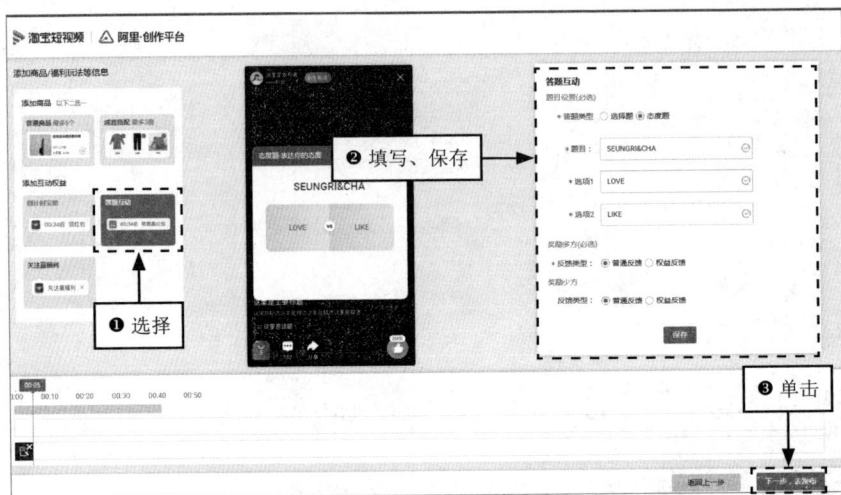

图 4-40　为短视频添加"答题互动玩法"

步骤 10　进入"阿里·创作平台"后台界面，❶ 填写直播短视频的资料；❷ 单击"发布（今日可发微淘 3 篇）"按钮，如图 4-41 所示，完成短视频的发布。

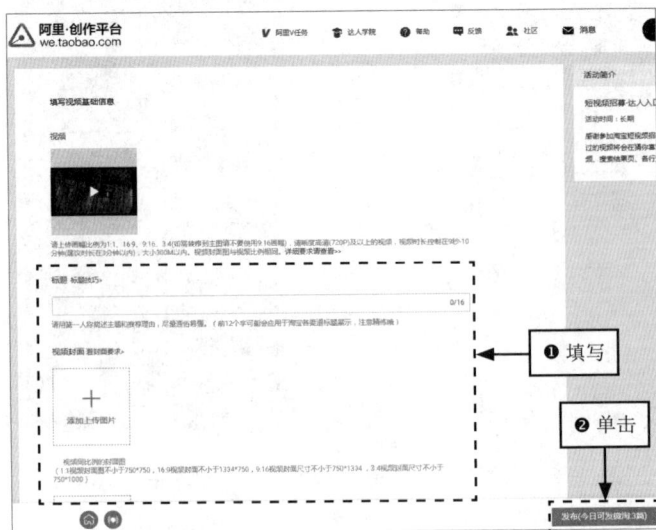

图 4-41　单击"发布"按钮

4.3.4　数据收集：持续催化加强用户关系

直播间的数据可以真实、直接地反映直播间各方面的情况，例如新增粉丝人数、粉丝回访次数、观众点击商品次数等。下面就为读者介绍直播间数据的意义，以及主播如何快速查看到自己直播间的数据分析情况。

1.　了解数据意义

主播或团队可以通过了解、分析直播间的数据，根据数据结论来了解直播带货工作中的各方面情况。收集直播间的数据，主要就是去收集进入直播间的粉丝的活动情况。根据这些数据去探究原因，再从原因入手去进行相应的改进和优化，提高直播间的竞争力，拉近和平台用户的关系，使他们的身份转变成粉丝。

2.　收集数据途径

主播可以通过"阿里·创作平台"途径来了解直播间的各方面数据情况，收集直播间数据的途径有很多，而这种方式相对其他途径来说操作简单、易上手。下面就为读者介绍这种数据查找的具体操作步骤，从而帮助读者可以快速地获得直播间各数据信息以及分析结果。

步骤01 登录"阿里·创作平台"网页，完成账号登录，如图 4-42 所示。

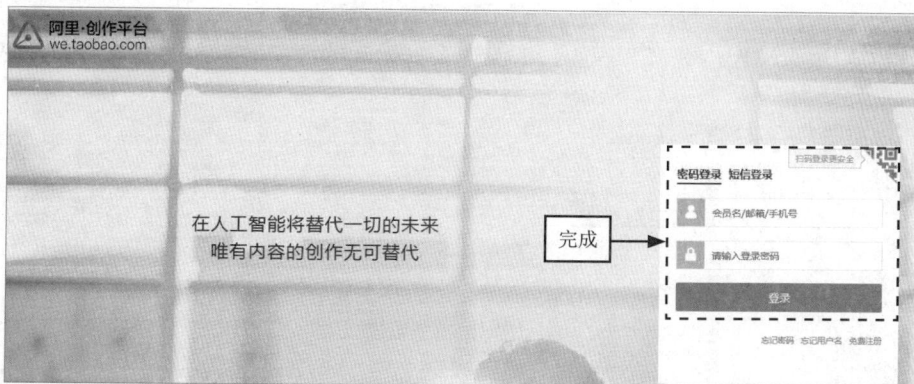

图 4-42　登录"阿里·创作平台"平台

步骤02 进入"阿里·创作平台"界面后，单击界面左侧的"统计"按钮，如图 4-43 所示。

图 4-43　单击"统计"按钮

步骤 03 执行操作后，选择"用户分析"子栏目，如图 4-44 所示。

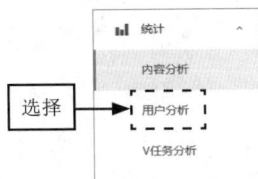

图 4-44　单击"用户分析"选项

步骤 04 进入"用户分析"界面，即可查看直播间的数据情况，如图 4-45 所示。

图 4-45　查看"用户分析"数据

4.3.5　图文信息：设置直播间图片和文字

直播界面的图文是观众一进入直播间就会看到的画面信息，为了方便用户快速了解直播间的相关信息，如直播活动、商品信息，主播就可以在直播界面上设置相应的图文介绍。图 4-46 所示为直播界面中的图文信息。

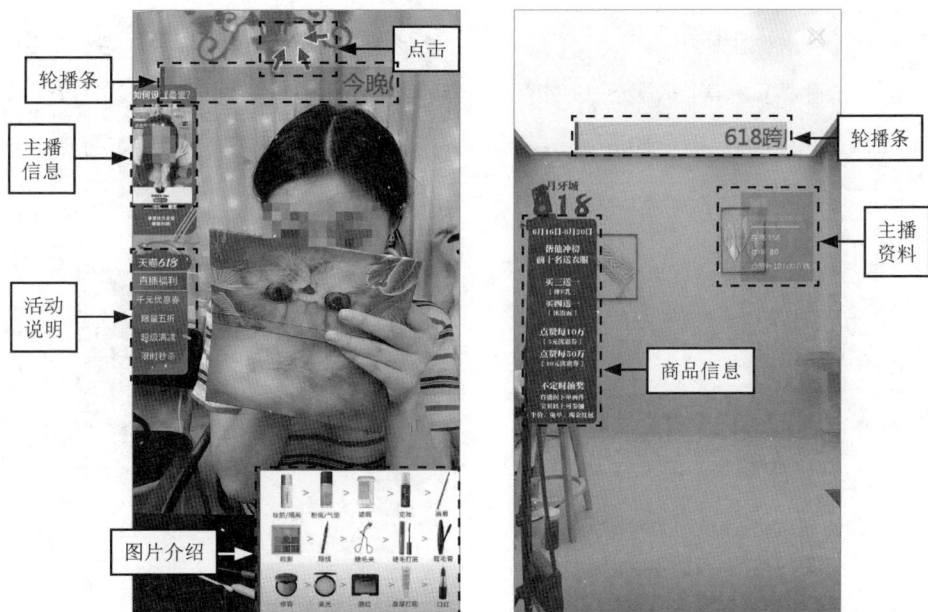

图 4-46　直播间界面的图文信息

直播间设置的图文信息，是直播间传递直播信息的一种关键表达方式，它可以使进入直播间的用户、粉丝快速了解直播间的活动和相关信息，为他们提供一个舒适的视觉观看体验，从而提高活动的参与率以及产品的销售情况。

1. 图文设置要求

在图文信息的设置上，主播必须考虑直播间整体画面的观赏性和美观性。现在部分直播间的图文设置上，只考虑到把消息告知给直播间观众，却忽略了观众在直播间时的观看体验，这样也会造成粉丝出现闪退、秒退的情况。

主播设置图文时，需要站在观众、粉丝的角度上来考虑图文的排版设计，要让观众更快地去了解相关信息。如果直播间文字信息太多，或者图文设计太乱，都不利于粉丝接收信息，降低观众的观看体验。同时，在图文排版上，直播间所呈现的视觉效果可以影响观众、粉丝对于整个直播间水准的判断。

2. 手机端设置法

鉴于在直播间设置图文的重要性，下面就为读者介绍使用手机端设置图文信息的操作步骤。

步骤01 打开手机上的"淘宝主播"App，登录淘宝账号，进入账号后台，点击界面左上方的"手机直播"按钮，如图4-47所示。

步骤02 进入"开始直播"界面后，点击屏幕下方的"开始直播"按钮，如图4-48所示。

图4-47 点击"手机直播"按钮　　图4-48 资料填写、点击"开始直播"按钮

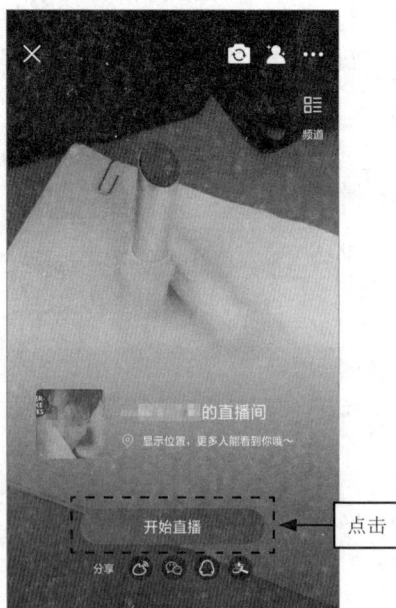

步骤03 进入直播界面，点击界面下方的"更多"按钮，如图4-49所示。

步骤04 在弹出的界面中，点击工具面板中的"信息卡"按钮，如图4-50所示。

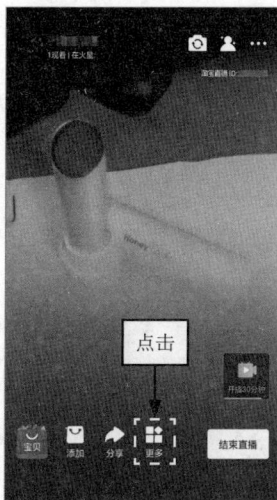

图 4-49 点击"更多"按钮

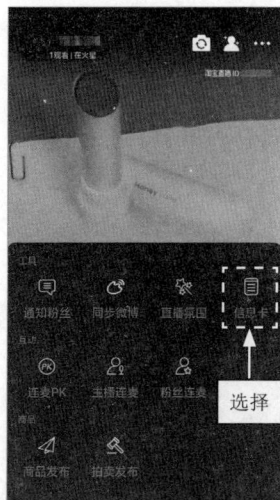

图 4-50 点击"信息卡"按钮

步骤 05 进入"新建"界面，选择图文模板样式，如图 4-51 所示。

步骤 06 在弹出的界面里，点击模板样式左上角的"T"按钮，如图 4-52 所示。

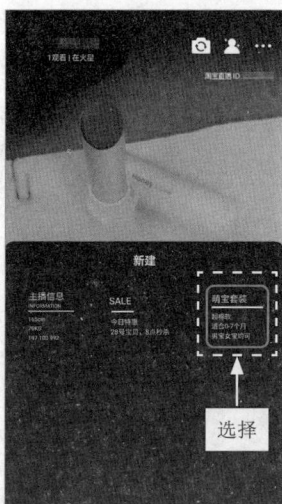

图 4-51 选择图文模板

图 4-52 点击"T"按钮

步骤 07 在图文编辑模式下，进行文字信息编辑，如图 4-53 所示。

步骤 08 执行操作后，点击界面文字框右上角的"√"按钮，如图 4-54 所示。

图 4-53　编辑图文信息

图 4-54　点击"√"按钮

步骤 09　确认文字的内容，返回相应界面，在界面中调整图文信息框的位置，如图 4-55 所示。

步骤 10　使用与上同样的方法，再次创建一个图文信息框，对产品进行介绍，效果如图 4-56 所示，即可完成直播间的图文设置。

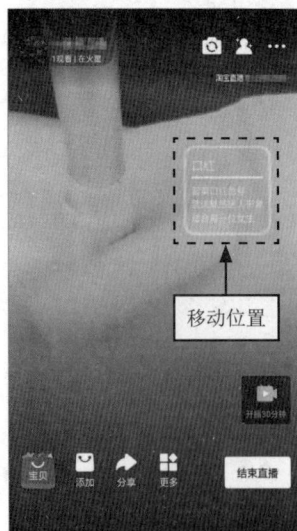

图 4-55　调整图文位置

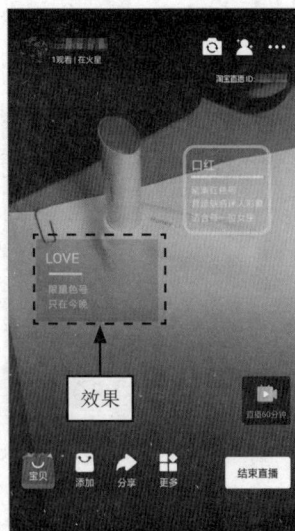

图 4-56　图文设置效果

3. 电脑端操作法

为提供给直播间观众一个丰富多样的图文视觉效果，下面为读者讲解在直播画面中设置多种图文类型的操作方法。

步骤 01 打开"淘宝直播"软件，❶ 完成账号登录；❷ 在弹出的界面中，单击"确认"按钮，如图 4-57 所示。

图 4-57　单击"确定"按钮

步骤 02 跳转进入"淘宝直播"工作界面，如图 4-58 所示。

图 4-58　进入"淘宝直播"工作界面

（1）问题：如何设置直播间卡片、促销和主播（模特）信息卡？

设置方法：在"淘宝直播"工作界面中（图4-58），❶ 单击最上一行的"信息卡"按钮；❷ 在弹出的"素材"界面中单击"创建"按钮；❸ 在弹出的"信息卡"界面中填写主播（模特）信息；❹ 最后单击"确定"按钮，如图4-59所示。

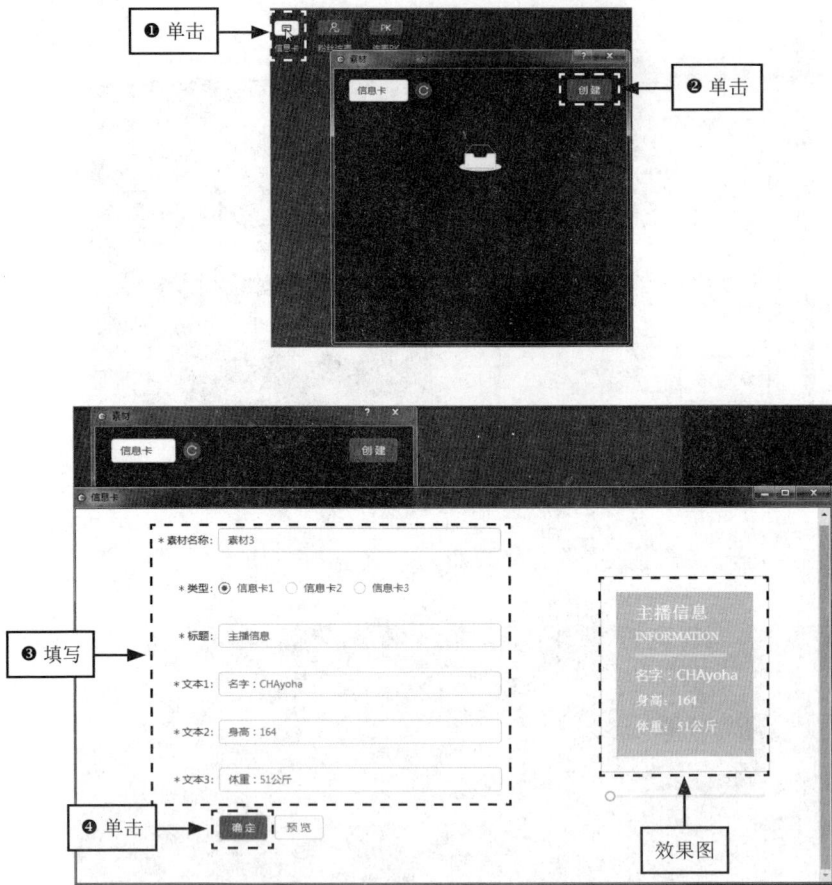

图4-59　电脑端设置模特信息卡

（2）问题：直播间如何设置轮播条？

设置方法：在"淘宝直播"工作界面中（图4-58），❶ 单击最上一行的"信息卡"按钮；❷ 在弹出的"素材"界面中单击"信息卡"按钮；❸ 在弹出的列表框中选择"轮播条"选项；❹ 在弹出的"信息卡"界面中填写轮播条信息；❺ 最后单击"确认"按钮，如图 4-60 所示。

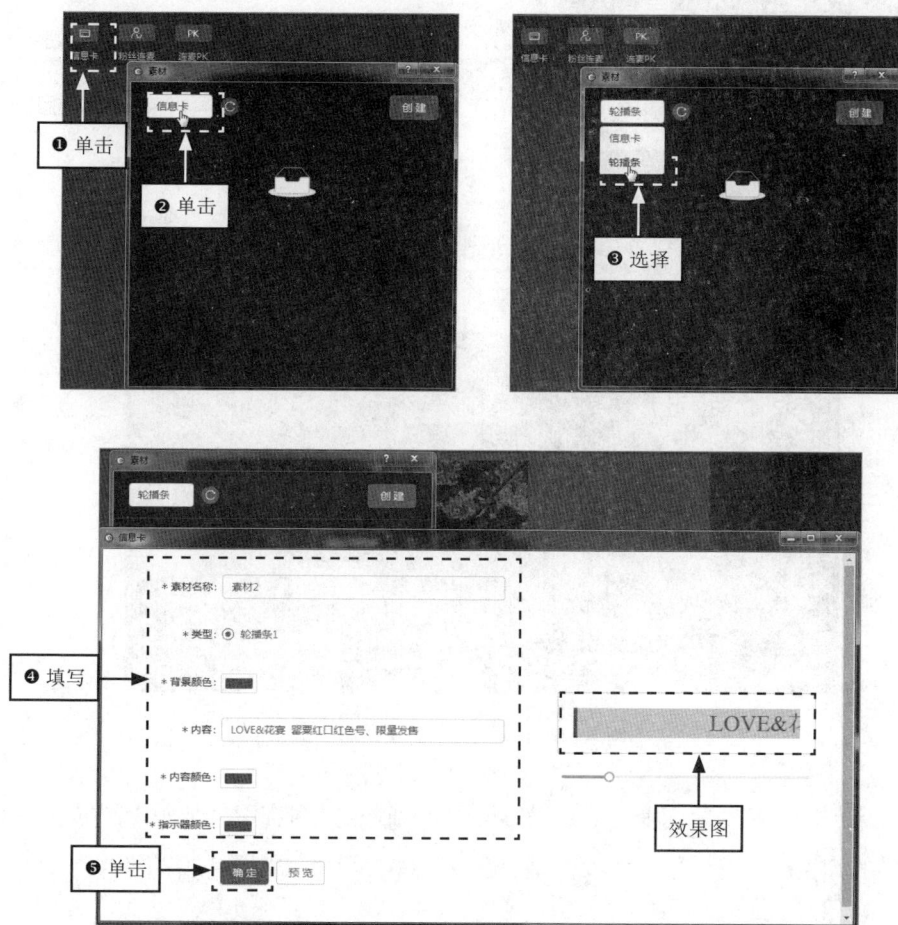

图 4-60　电脑端设置轮播条

（3）问题：如何设置直播间界面的促销图片、活动玩法攻略图片？

设置方法：在"淘宝直播"工作界面中（图 4-58），❶ 单击最上一行的"图片"按钮；❷ 在弹出的"属性'图片'"界面中单击"浏览"按钮；❸ 弹出的"图像文件"界面中选择需要使用的图片；❹ 单击"打开（O）"按钮；❺ 在"属性'图片'"界面中单击"确定"按钮，如图 4-61 所示。

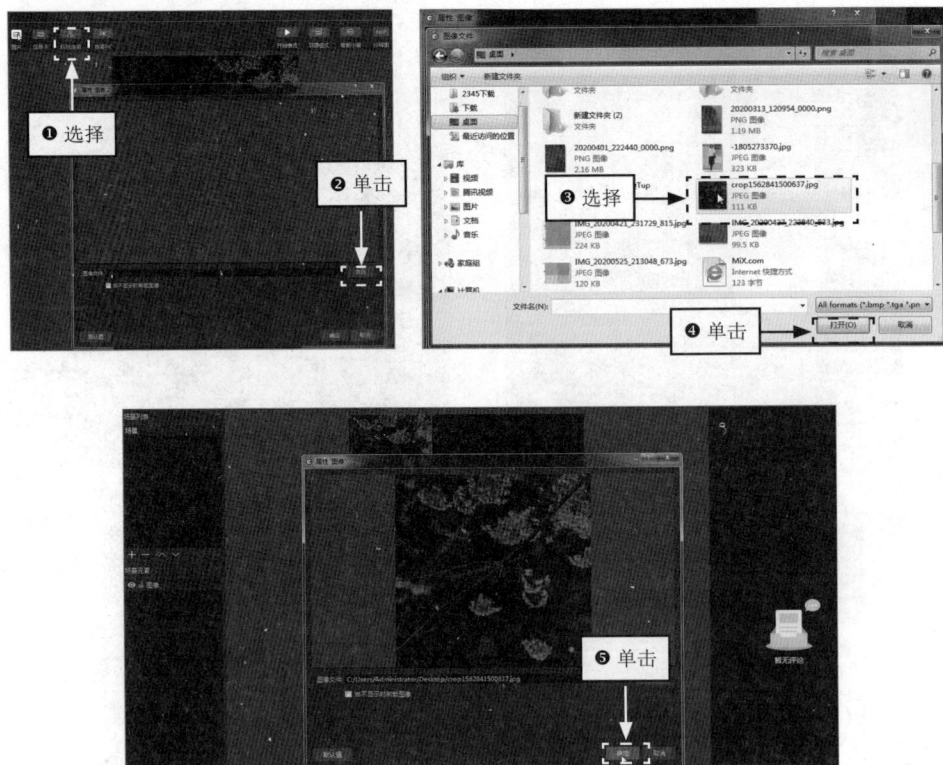

图 4-61　电脑端设置图片

提示：（1）可用鼠标拖动图片进行位置变动；（2）可在图片上单击鼠标右键，在弹出的列表框中选择相应选项，可以修改图片的属性，如图 4-62 所示。

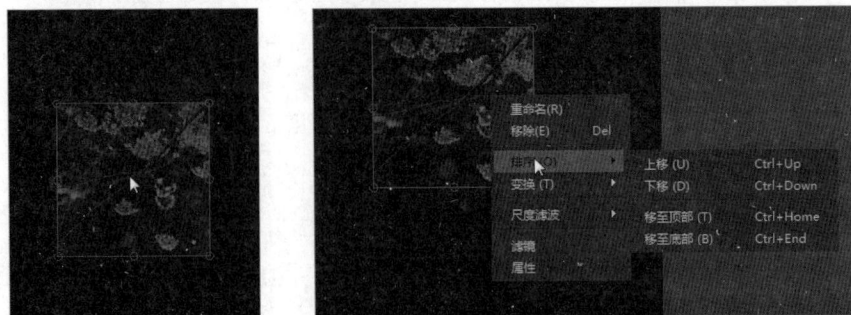

图文变更位置　　　　　　　　　　　　　编辑操作

图 4-62　图片信息的完善、修改

4.3.6 多机位切换：打造优质的直播场景

主播在进行直播销售工作时，可以采取多机位切换模式来打造优质的直播场景，给予观看者更优质的视觉观看效果，下面就为读者介绍设置多机位模式的操作步骤。

步骤 01 首先，主播需要在手机端创建直播预告，然后在电脑端登录"淘宝直播"软件，完成账号登录，进入"淘宝直播"工作界面。读者可根据本章 4.3.5 节的内容来完成账号的登录步骤。

步骤 02 单击"淘宝直播"工作界面中的"导播模式"按钮，如图 4-63 所示。

图 4-63 单击"导播模式"按钮

步骤 03 即可进入多机位编辑模式界面，如图 4-64 所示，完成多机位切换设置。

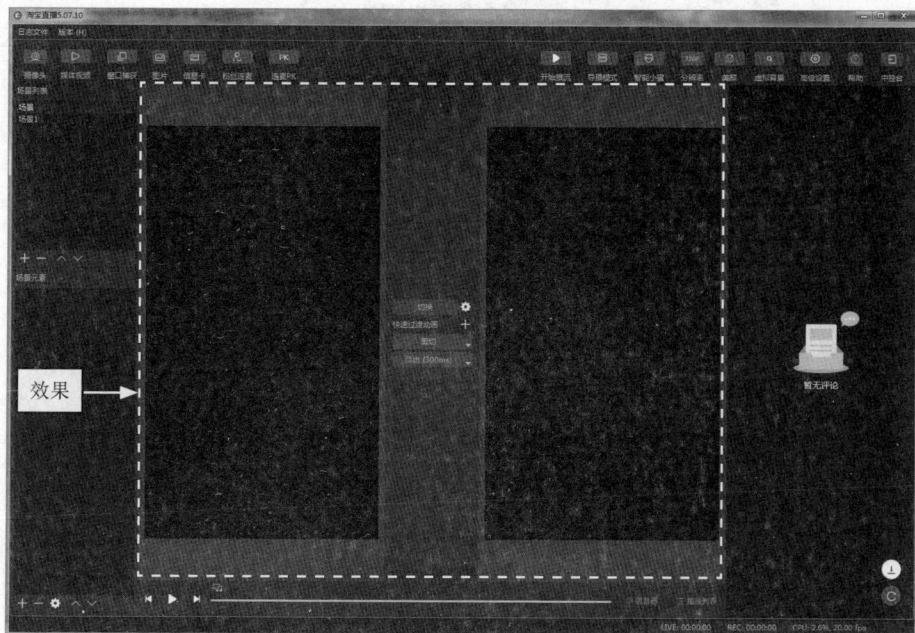

图 4-64 设置多机位画面效果

4.3.7　连麦 PK：比拼人气以及种草能力

连麦 PK 是现在比较常用的一种直播模式，主播通过连麦 PK，可以吸引直播间观众的注意力，增加观众在直播间的停留时长。连麦 PK 模式可以提高双方主播粉丝的观看体验，让他们融入直播间内观看 PK 赛。

同时，连麦 PK 也可以让 PK 的主播实现吸粉引流的目的，它可以让主播的直播间获得更多的曝光率，被更多的粉丝关注。下面为读者介绍主播发起连麦 PK 邀请活动的操作步骤。

步骤01　首先，主播需要在手机端创建直播，在电脑端登录"淘宝直播"软件，完成账号登录，进入"淘宝直播"工作界面。读者可根据本章 4.3.5 节的内容，来了解账号登录步骤，完成此项操作。

步骤02　在"淘宝直播"工作界面上端，单击"连麦 PK"按钮，如图 4-65 所示。

图 4-65　单击"连麦 PK"按钮

步骤03　在弹出的"连麦 PK"的选项中，❶ 选择 PK 类型（此步骤讲解中选择"点赞 PK"选项）；❷ 弹出"邀请主播连麦 PK"界面，如图 4-66 所示。

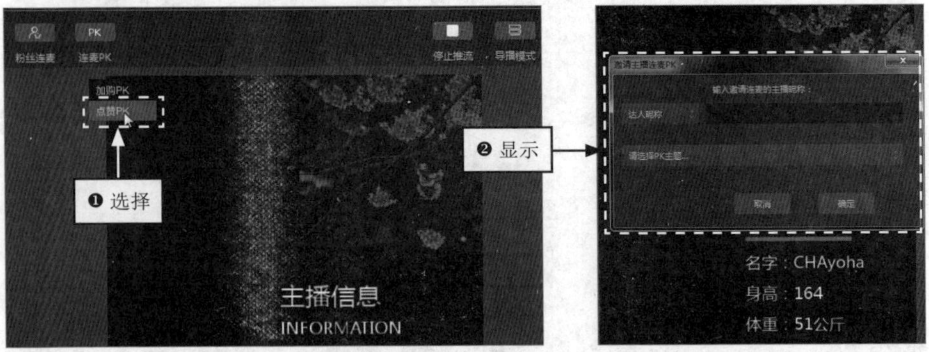

图 4-66　选择"点赞 PK"项目后进入"邀请连麦主播 PK"界面

步骤04　单击"达人昵称"按钮，可选择主播查找方式和 PK 主题，如图 4-67 所示。

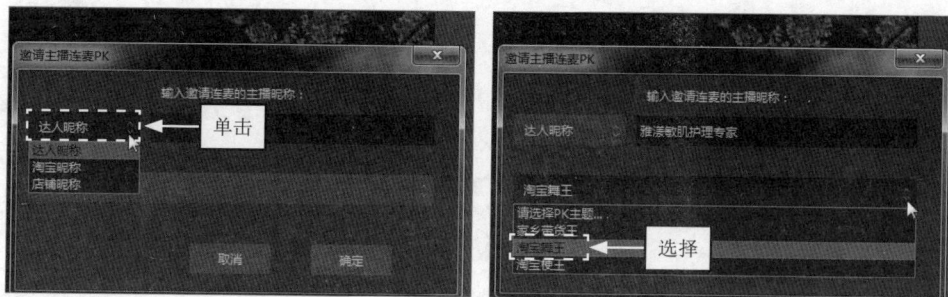

图 4-67　选择主播查找方式和 PK 主题

步骤 05 ❶ 单击"确定"按钮；❷ 进入等待主播连麦"接通中"模式，如图 4-68 所示，对方接通后，即可完成邀请主播连麦 PK 的操作。

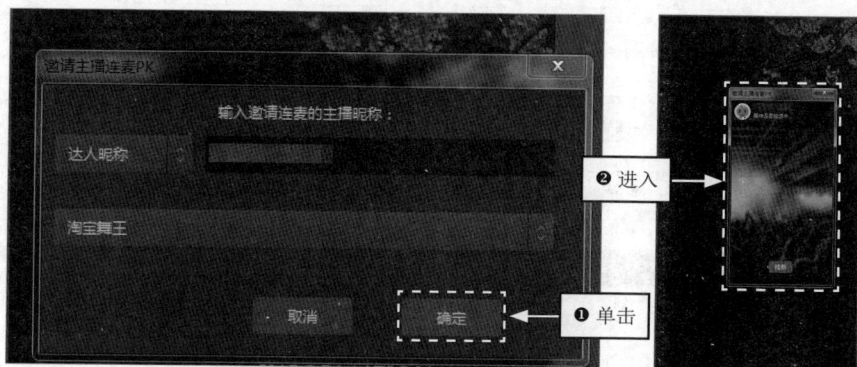

图 4-68　单击"确认"按钮后等待对方主播接通

4.3.8　故障解决：常见直播问题解决措施

主播在直播过程中，很可能会出现突发的直播故障或者问题，而这种故障情况会严重损害直播间观众的观看体验，为了有效解决直播过程中出现的故障问题，下面向读者介绍主播在出现直播故障情景后的解决措施。

步骤 01 在手机上打开"淘宝主播"App，登录淘宝账号，进入账号后台，从上往下滑动屏幕至"更多工具"界面，如图 4-69 所示。

图 4-69　滑动屏幕至"更多工具"界面

步骤 02 在其中选择"设置"选项，如图 4-70 所示。

步骤 03 进入"设置"界面，选择"我要反馈"选项，如图 4-71 所示。

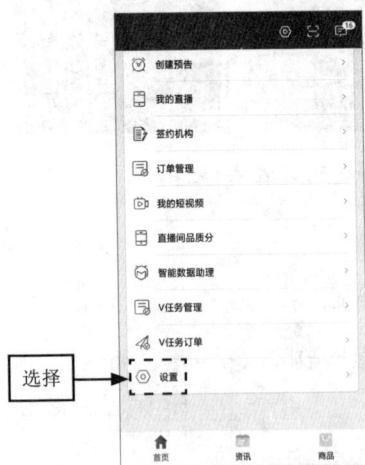

图 4-70　选择"设置"选项

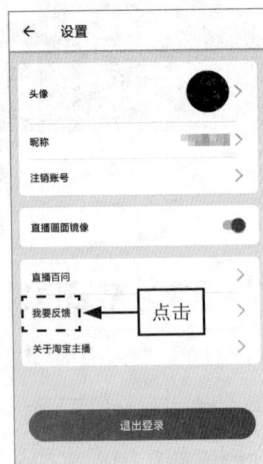

图 4-71　选择"我要反馈"选项

步骤 04 在"我要反馈"界面中，填写反馈问题信息，如图 4-72 所示。

步骤 05 执行操作后，点击"提交"按钮，如图 4-73 所示，即可完成故障反馈。

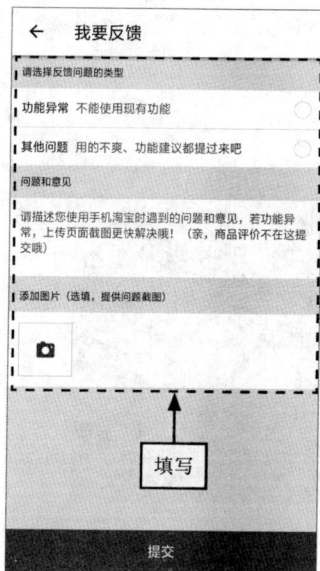

图 4-72 填写反馈信息

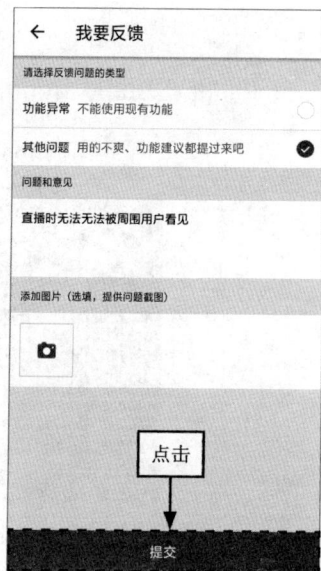

图 4-73 点击"提交"按钮

为了使直播间观众的观看体验不受影响，有一个愉悦的观看体验，主播和团队在直播工作中出现任何无法自行解决的情况时，都可以及时向官方平台进行反馈，从而得到最佳的解决方法。

4.3.9 提取链接：将直播间链接投放站外

主播如果想使淘宝平台站外的消费者，能快速通过某种途径方式进入自己的任意一场直播间内，观看直播或购买商品，现在可以使用淘宝直播平台提供的提取直播间链接方式来完成。下面就向读者介绍如何在电脑端上，获取到自己某场直播专属链接的操作步骤。

步骤 01 在"淘宝直播"工作界面上端，单击"中控台"按钮，如图 4-74 所示。

图 4-74 单击"中控台"按钮

步骤 02 跳转到"直播中控台"界面，选择"直播管理"下的"我的直播"选项，如图 4-75 所示。

图 4-75　选择"我的直播"选项

步骤 03 在"我的直播"界面中，单击某场直播场次所提供的"复制链接"链接，如图 4-76 所示，即可得到这场直播的专属链接。

图 4-76　单击"复制链接"链接

第 5 章

开始直播：快人一步，让你跑赢在直播起跑线上

主播在从事直播销售的道路上，只有掌握了一定的直播技巧，才能游刃有余地开启直播之旅，借助一些直播的经验，节省主播自行摸索所耗费的时间和精力。本章主要向读者介绍直播的相关准备工作以及如何开始进行直播操作，帮助读者在开启直播销售前，全面了解直播的基础知识。

5.1　直播准备：快速开启直播销售业务

读者在进行直播销售工作前，通过了解直播业务、平台规则、开播操作和开播定位等直播准备工作，来帮助自己快速开启直播销售业务。本节就为读者介绍有关直播的相关准备工作。

5.1.1　直播业务：了解直播的内容和入口

现在的直播销售是一副蒸蒸日上的局面，社交网站上有关主播带货创下天价成交额的新闻也是不绝于耳，但大部分人关注的都是天价成交额的数字，为它而惊叹、羡慕，却很少有人真正地去了解他们是如何通过直播带货的。图 5-1 所示为直播带货销售额的相关新闻。

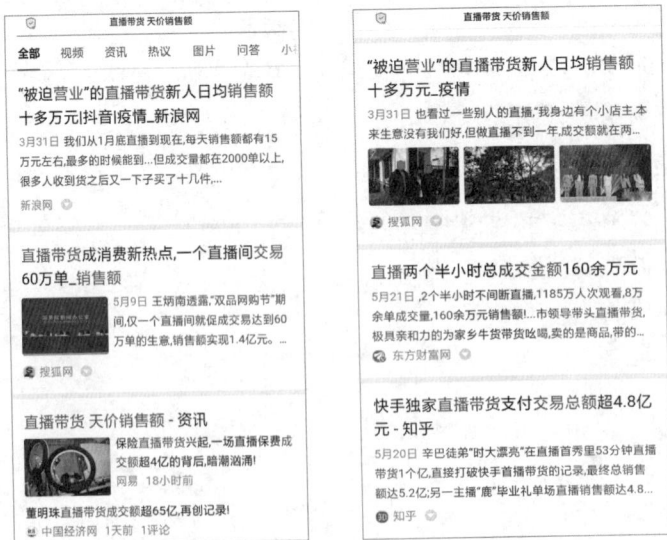

图 5-1　直播带货新闻

在大量媒体的报道、宣传下，使得直播带货行业越发频繁地出现在大众面前，这也促使了直播销售行业进一步火爆，对直播销售感兴趣的人在舆论的宣传下，满怀干劲地准备步入直播销售行业。

可是，部分意向者对直播销售行业的了解，仅限于知道几个比较火的带货主播名字，其他方面一无所知，只是察觉到风口来了，于是在各种网站搜索、了解一些直播销售的相关问题。图 5-2 所示为大众最常在搜索网站询问的与直播相关的问题。

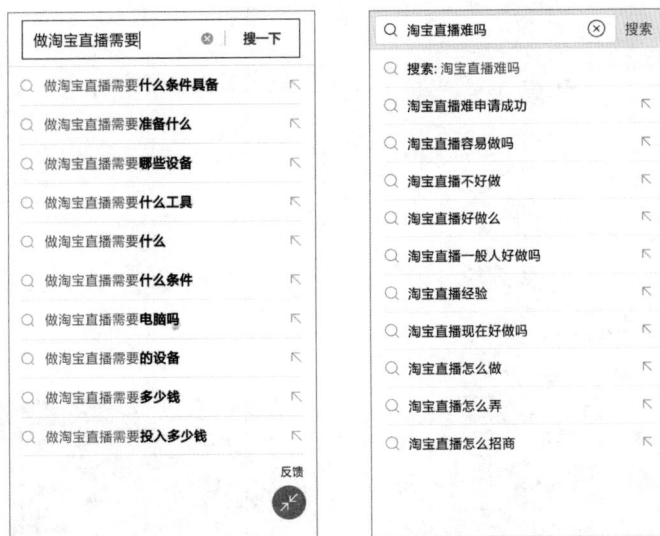

图 5-2　最常搜索的淘宝直播话题

为了让想从事直播销售行业的读者能够学会直播，进行直播销售，为了使阅读这本书的读者，尤其是之前不太关注直播销售的读者，可以全面、充分地了解直播销售，下面将对直播销售的相关知识进行讲解，以此帮助读者更快地掌握有关淘宝直播销售的相关内容。

1. 淘宝直播内容

淘宝直播内容涵盖生活中的美妆、穿搭、母婴、美食、珠宝、旅游、医疗、汽车、金融等各类领域，而且还在不断扩大。图 5-3 所示为"美妆""穿搭"领域下的相关主题。

图 5-3　"美妆""穿搭"领域下的相关主题

2. 淘宝直播入口

（1）手机端（无线端）：首先确保手机淘宝 App 是最新版本，打开 App，从下往上滑动屏幕，"聚划算"模块右侧为淘宝直播入口。图 5-4 所示为手机端淘宝直播的入口位置。

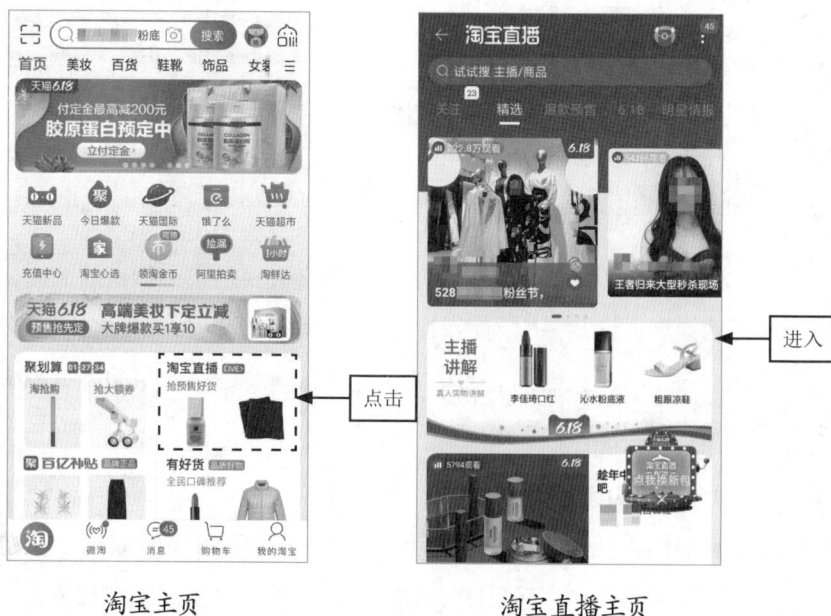

淘宝主页　　　　　　　　　　　淘宝直播主页

图 5-4　手机端淘宝直播入口方式

（2）PC 端（电脑端）：登录淘宝网网站，在网站主页下滑屏幕，"每日好店"模块右侧即为淘宝直播入口。图 5-5 所示为电脑端淘宝直播入口位置。

图 5-5　电脑端淘宝直播入口位置

5.1.2　平台规则：严格遵守圈子里的规矩

规则，一直是各行各业随处可见的一个词汇，它是进行直播销售工作等一系列行为所必须要遵守的法则。在淘宝直播中，平台会制定一系列和直播工作相关的规则、条例，告知给每一个想在淘宝直播行业中大展拳脚的参与者。

这意味着：平台欢迎你加入直播销售行业，但必须遵守规则，一旦参与者没有遵守淘宝直播平台里的规则，就会出局。

为了确保主播的直播销售工作正确、有序地进行和发展，平台在直播有关的方方面面都制定了较为详细的准则规范，主播需要对相关规则熟悉了解，并在日常直播中严格遵守，下面就为读者讲解如何查看淘宝直播规章制度的方法，具体操作步骤如下。

步骤 01 登录"淘宝网"网站，单击最顶行右上角的"网站导航"按钮，如图 5-6 所示。

图 5-6　单击"网站导航"按钮

步骤 02　进入"网站地图"界面，❶ 单击"淘宝论坛"文字链接；❷ 在跳转的"淘宝论坛"界面中，单击"热门板块"下的"政策聚焦"标签，如图 5-7 所示。

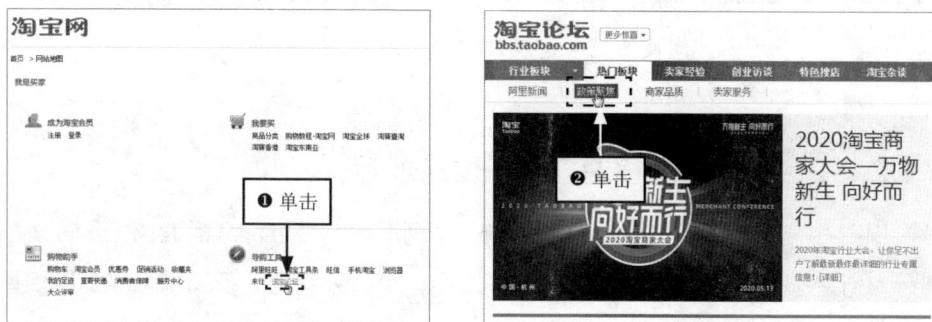

图 5-7　单击"淘宝论坛"文字链接后单击"政策聚焦"标签

步骤 03　在跳转的界面中，❶ 选择"淘宝官方"下的"淘宝规则"选项；❷ 鼠标下滑界面，则会显示出"谈规说则"界面，如图 5-8 所示。

步骤 04　单击界面中的"官方公告"标签，即可了解平台发布的相关直播规则，如图 5-9 所示。

图 5-8　进入"谈规说则"板块

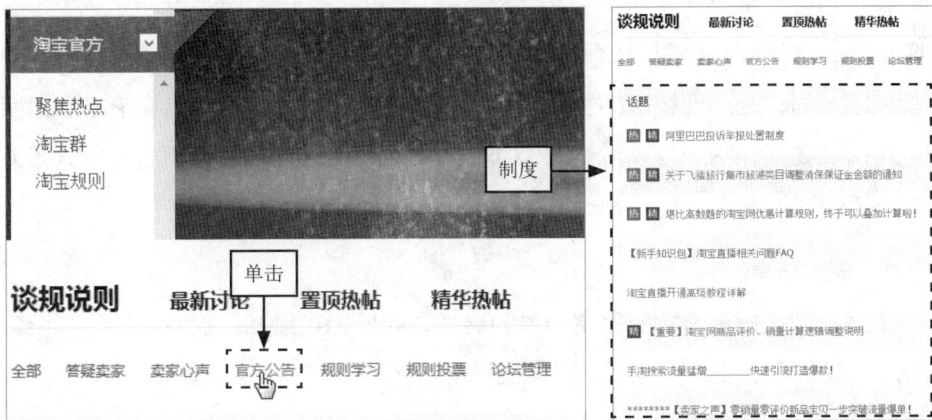

图 5-9　单击"官方公告"标签后了解平台官方制度

5.1.3　封面图设置：符合直播平台的规范

对于从事直播销售行业的主播来说，直播封面就是用户进入直播间前对主播和直播间的"第一印象"。对于直播销售工作来说，它可以使用户对直播间产生一种好奇或感兴趣的想法。图 5-10 所示为直播封面图的 3 项基本原则。

图 5-10　直播封面图的 3 项原则

　　为了使整个直播板块的视觉效果较为和谐、美观，在直播间产生消费行为，吸引更多的用户使用淘宝软件，淘宝直播平台对于直播间的封面设置，在提供主播、商家发挥自由创意的基础上，有着较统一、严格的要求。

　　主播在上传直播预告时，直播封面图需要严格遵守封面图的规范来上传。如果封面图不符合平台规则，本场直播就不会获得官方浮现权，只能在私域领域播，同时会收到官方通知。

　　此外，主播如在一周内出现 3 次封面图违规现象，有浮现权限的主播将取消浮现权限一周；无浮现权限的主播将取消直播权限。下面就为读者介绍直播封面图上传所需要遵守的规章制度要求，从而避免用户在上传直播封面时出现直播无法在频道浮现的现象。

1. 固定信息

　　直播封面设置上必须有固定信息的展现，如标记直播在线观看人数、标记直播标题、主播名、主播头像、点赞氛围等项目，如图 5-11 所示。

2. 注意事项

　　用户在上传直播封面时，关于封面照片的选择上，有以下几点注意事项。

　　（1）封面不可出现文字，以免和标题重复；

　　（2）不可使用拼接图片做封面，以免影响整体的视觉浏览效果；

　　（3）封面避免过于花里胡哨，防止出现重要内容被忽视；

　　（4）封面图必须填充完整个方形框架区域，不可留白；

　　（5）不要在封面上张贴其他元素，保证画面的整体性；

　　（6）打标（标识）按照统一规范：不可大于最大 $180 \times 60px$ 尺寸；标识统

一固定在封面右上角，不可变更位置。图 5-12 所示为正确的封面打标位置。

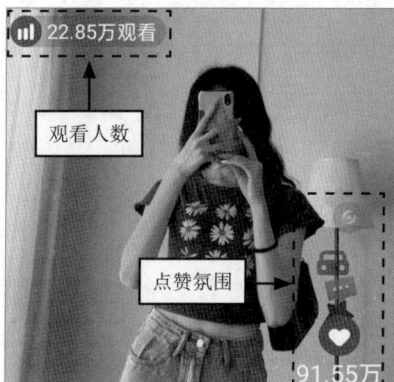

图 5-11　封面固定信息

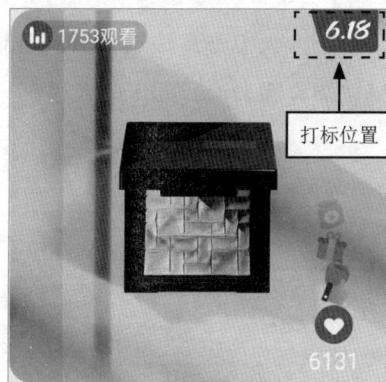

图 5-12　正确打标位置

5.1.4　店铺直播卡片：清晰地展示直播内容

消费者可以在商家店铺界面上方位置看到"店铺直播卡片"，它是通过把直播间的内容和氛围显现在消费者眼前，从而吸引他们进入直播间观看直播，以此实现引流工作。图 5-13 所示为店铺直播卡片。

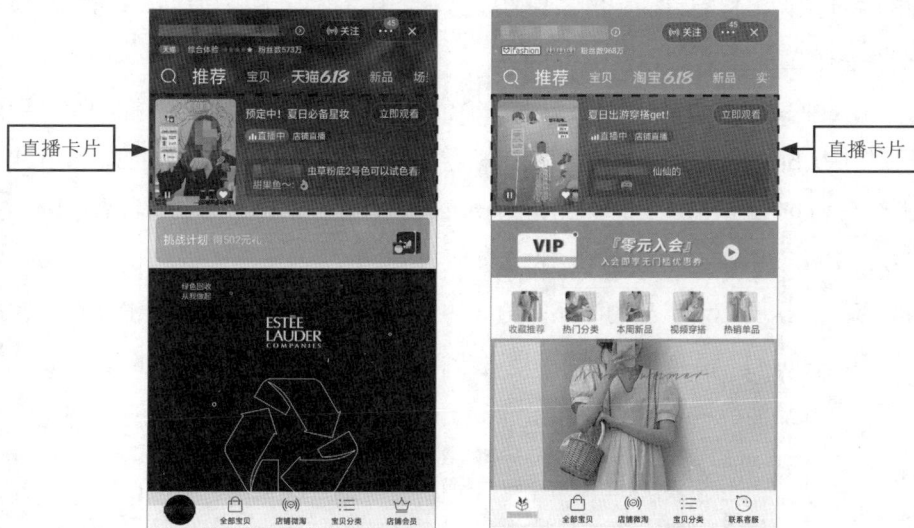

图 5-13　店铺直播卡片

店铺直播卡片是一个为直播间引流的重要渠道，此卡片不需要主播进行设置，平台系统会自动根据发布的直播预告和直播间的状态显示该卡片。但是，商家主播可以切换大小卡片设置，只需要进入直播中控台，在网页左侧找到直播工具，选择店铺直播卡片，即可进入进行大小卡片的设定，如图 5-14 所示。

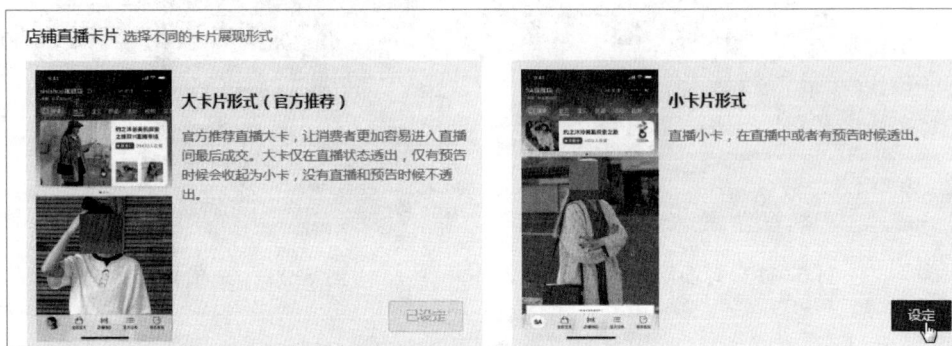

图 5-14　设定直播大小卡片

5.1.5　首页素材：有机会获得手淘首页曝光

流量对于从事直播的主播、商家来说，影响力非常大，尤其是对直播销售行业的主播来说，只有直播间的流量高，直播销售工作才能顺利开展，最终获得不错的经济效益。

淘宝平台为拉动每一个平台用户的经济消费，开发、提供了多样的商品销售项目板块，例如搜索流量、聚划算、天天特卖、有好货等，但在所有的流量入口中，淘宝首页的流量无疑是最旺盛的，因此首页的位置一直是各商家所抢夺的地点。图 5-15 所示为淘宝平台流量的部分入口板块。

商家主播要想让自己的商品有更多的曝光率，获得丰富的公域流量汇入，最好在手淘首页的"猜你喜欢"商品池进行商品曝光。图 5-16 所示为手淘首页"猜你喜欢"商品池板块。

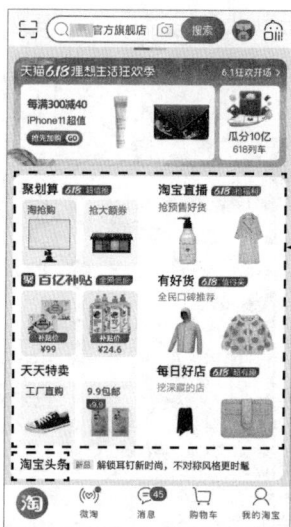

图 5-15　淘宝流量入口　　　　图 5-16　手淘首页"猜你喜欢"商品池

决定商家发布的商品能否进入各大流量区域的板块内，其中最关键的因素就是商品素材是否合乎平台要求，画面是否出彩，下面先为读者介绍商品素材的类型。

（1）白底图、透明底图：想在各大公域流量渠道获得展现，例如：猜你喜欢、有好货、每日好店，白底图是最基础、必要的要求门槛，尤其是出现在首焦官方资源位个性化透出上。图 5-17 所示为公域流量渠道中商品白底图素材的展现。

图 5-17　公域渠道的白底图素材

（2）场景图：根据手机淘宝不同的导购场景、类目特点等，设置个性化透出相对应的场景图。图 5-18 所示为公域流量渠道的场景图展现。

图 5-18　公域流量渠道的场景图展现

（3）卖点文案：对于商品卖点的文字说明，可以在手淘的各大场景透出，如猜你喜欢、云主题、店铺商品页、订单详情等。图 5-19 所示为卖点文案在手淘软件各场景上的透出。

图 5-19　公域流量渠道的卖点文案展现

首页素材可以帮助商家主播获得流量注入，同时商品素材上传的越早，就越容易被淘宝抓取、选中，当被抓取到猜你喜欢、有好货等流量渠道，就可以获得它们的推荐机会，从而使商品的展现和成交概率增加。另外，当商品素材越完整、丰富，它被系统推荐的机会就越大，获得流量的机会自然也就越大。

下面就为读者介绍商家主播如何发布合格且出色的素材，从而提高被淘宝系统推荐的概率，获得在手淘首页曝光的机会，具体操作步骤如下。

步骤 01 在电脑上打开"千牛卖家中心"软件，如图 5-20 所示，完成账号登录。

图 5-20　登录"千牛工作台"软件

步骤 02 进入千牛卖家工作台界面，在界面左侧单击"宝贝管理"按钮，如图 5-21 所示。

图 5-21　单击"宝贝管理"按钮

步骤 03 在弹出的信息选项中，选择"商家素材中心"选项，如图 5-22 所示。

步骤 04 进入"素材上传须知"界面，❶ 选中"本卖家已阅读并完全同意上述须知"复选框；❷ 单击"确认同意"按钮，如图 5-23 所示。

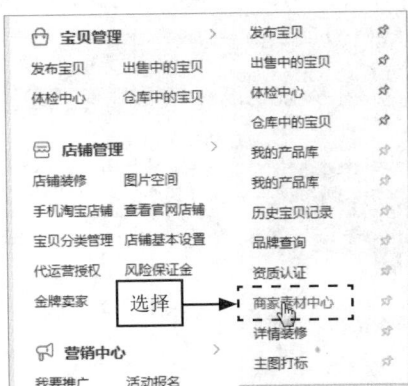

图 5-22　选择"商家素材中心"选项　　图 5-23　单击"确认同意"按钮

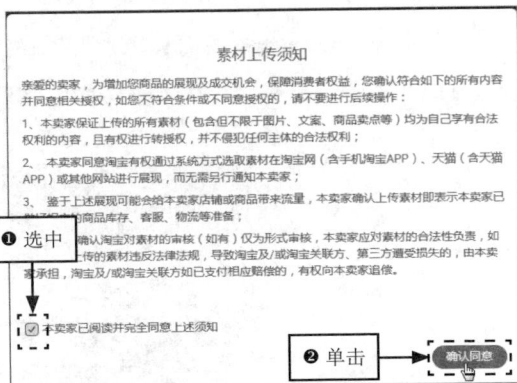

步骤 05 跳转进入相应界面，阅读内容后，单击"下一步"按钮，如图 5-24 所示。

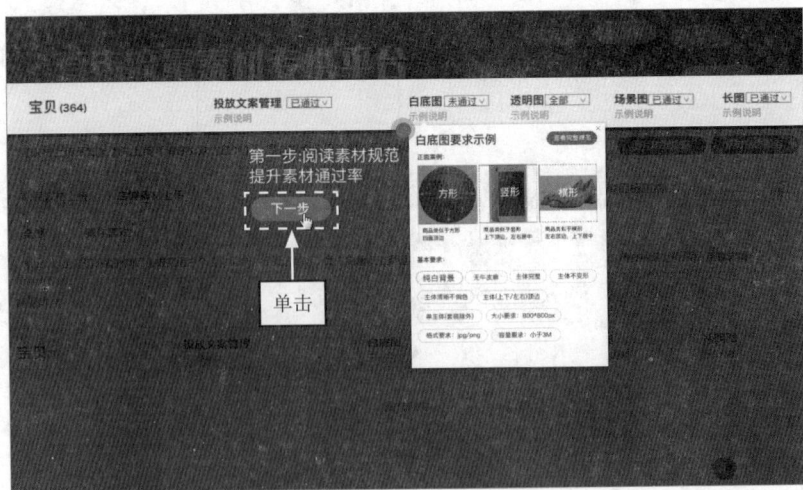

图 5-24　单击"下一步"按钮

步骤 06 执行操作后，显示"第二步：根据要求选择或填写文案共 2 条"界面，单击"下一步"按钮，如图 5-25 所示。

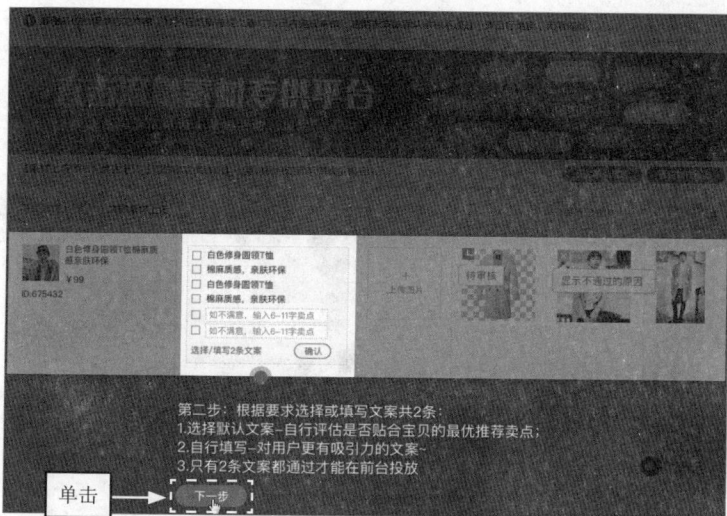

图 5-25　单击"下一步"按钮

步骤 07　进入"第三步：上传图片"界面，阅读内容后，单击"OK 我知道了"按钮，如图 5-26 所示。

图 5-26　单击"OK 我知道了"按钮

步骤 08　执行操作后，进入相应界面，❶ 单击"商品素材上传"按钮；❷ 完成"宝贝"相关素材完善，如图 5-27 所示。

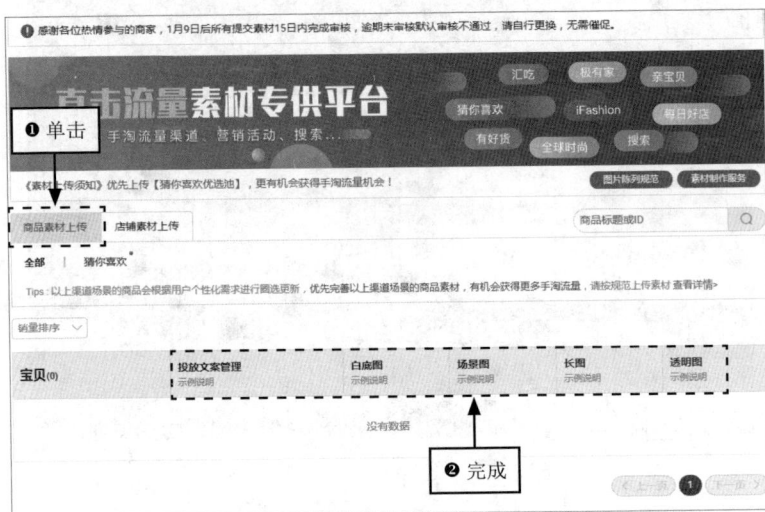

图 5-27　单击"商品素材上传"按钮后完成宝贝素材

　　主播在上传完素材时，需要慎重检查素材是否符合平台的规则、要求，为了避免素材上传内容不符合平台浮现推荐要求，下面为读者提供两种了解商品素材规则要求的途径。

　　（1）途径一：在"直击流量素材专供平台"界面中，单击"投放文案管理"下的"示例说明"文字链接，即可出现一份"文案要求示例"，如图 5-28 所示。

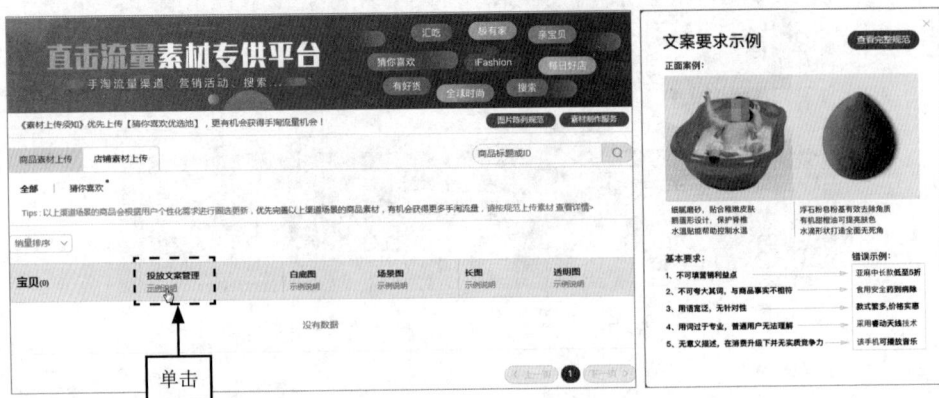

图 5-28　单击"示例说明"文字链接

（2）途径二：❶ 单击"直击流量素材专供平台"界面中的"图片陈列规范"
按钮；❷ 进入"阿里图列"界面，在"淘宝商品图上传规范"选项下单击"查看
详情"按钮；❸ 进入"淘宝商品图上传规范"界面，通过选择素材项目，查看相
关具体的规范标准，如图 5-29 所示。

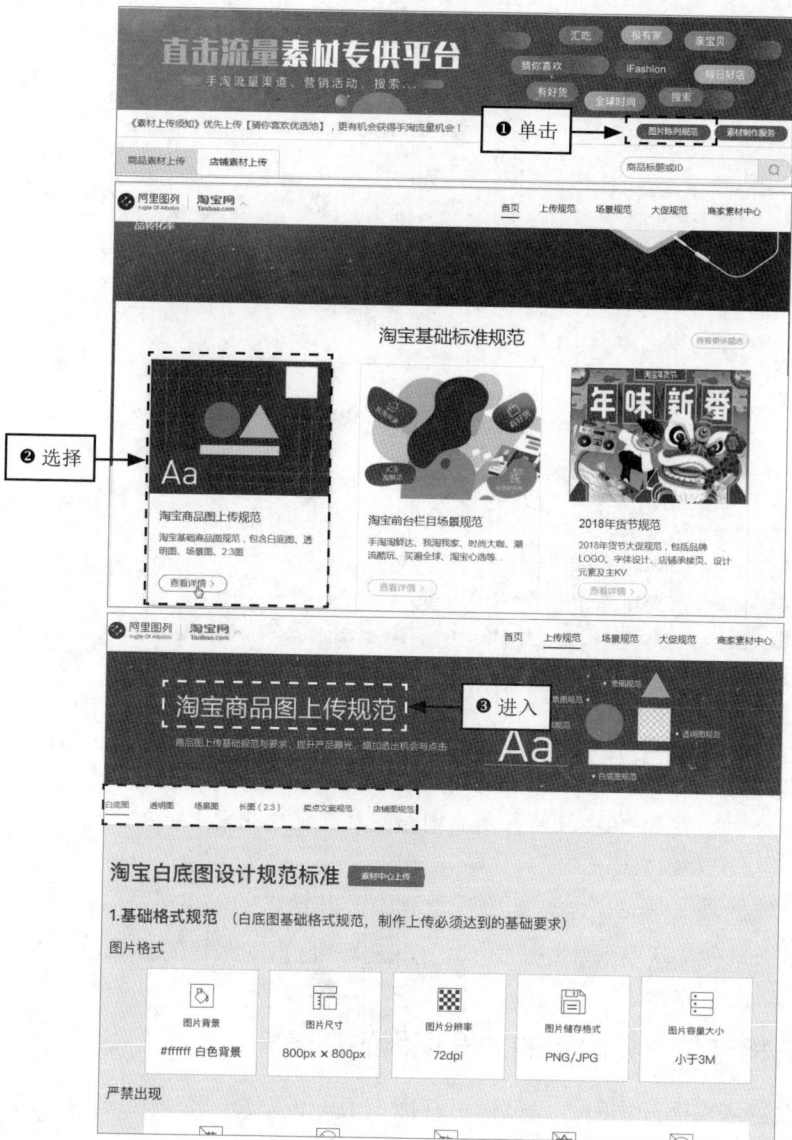

图 5-29　查看素材详细规范

读者可以选择"淘宝商品图上传规范"界面中提供的素材项目类型，如图 5-29 所示，则可以看到平台列出的详细素材上传规范。图 5-30 所示为透明图素材的构图基本原则和基础规范通用要求。

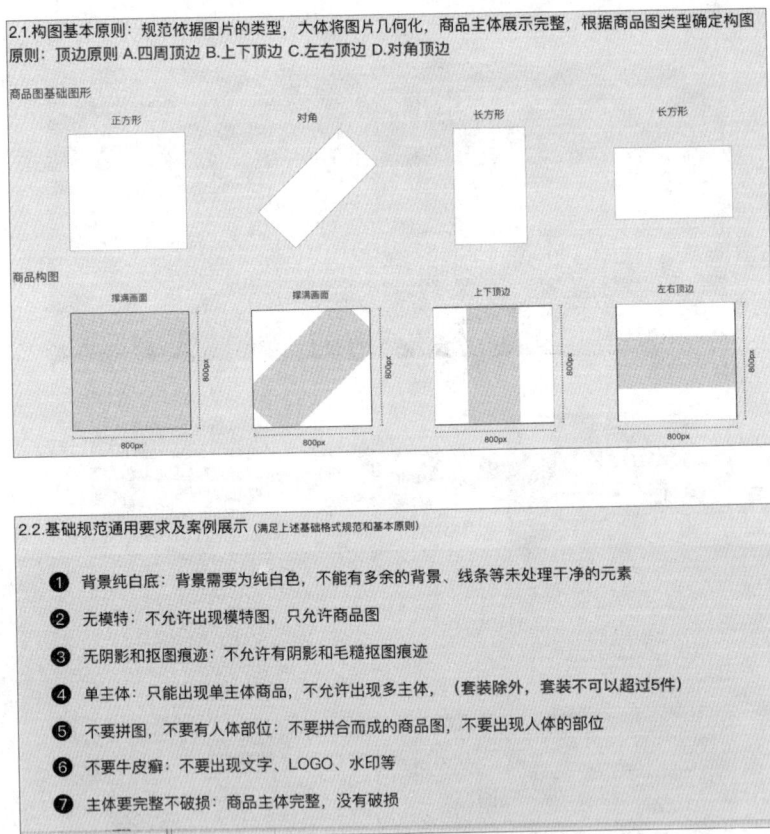

2.1.构图基本原则：规范依据图片的类型，大体将图片几何化，商品主体展示完整，根据商品图类型确定构图原则：顶边原则 A.四周顶边 B.上下顶边 C.左右顶边 D.对角顶边

商品图基础图形

正方形　　对角　　长方形　　长方形

商品构图

挤满画面　　挤满画面　　上下顶边　　左右顶边

2.2.基础规范通用要求及案例展示（满足上述基础格式规范和基本原则）

❶ 背景纯白底：背景需要为纯白色，不能有多余的背景、线条等未处理干净的元素

❷ 无模特：不允许出现模特图，只允许商品图

❸ 无阴影和抠图痕迹：不允许有阴影和毛糙抠图痕迹

❹ 单主体：只能出现单主体商品，不允许出现多主体，（套装除外，套装不可以超过5件）

❺ 不要拼图，不要有人体部位：不要拼合而成的商品图，不出现人体的部位

❻ 不要牛皮癣：不要出现文字、LOGO、水印等

❼ 主体要完整不破损：商品主体完整，没有破损

图 5-30　构图基本原则和基础规范通用要求

主播需要格外了解这些素材图的规章制度。此外，切记素材不可违反平台规则，否则主播不仅无法获得流量的注入，反而会降低直播账号的权重。

5.1.6　开播定位：让附近的人发现你的直播

主播在进行直播预告时，可以通过开播定位设置新奇、有趣的直播地点，以此吸引用户点击进入直播间。同时，主播添加直播位置，更有机会通过"同城标签"，让附近位置的人发现自己的直播。

鉴于开播定位设置可以让直播间被更多的人了解、发现，实现直播引流，下面就为读者介绍关于设置直播位置的操作方法和具体步骤。

1. 手机端操作

对于使用手机进行直播销售工作的主播来说，很容易忽略掉"开播定位"这一步，从而失去一次流量增长的机会。下面就为读者介绍在手机端开启直播定位的操作方法。

步骤 01 打开手机上的淘宝主播 App，进入 App 账号后台界面后，点击界面左上方显示的"手机直播"按钮，如图 5-31 所示。

步骤 02 进入"开始直播"界面，点击界面下方的"显示位置，更多人能看到你哦~"文字链接，如图 5-32 所示。

图 5-31　点击"手机直播"按钮

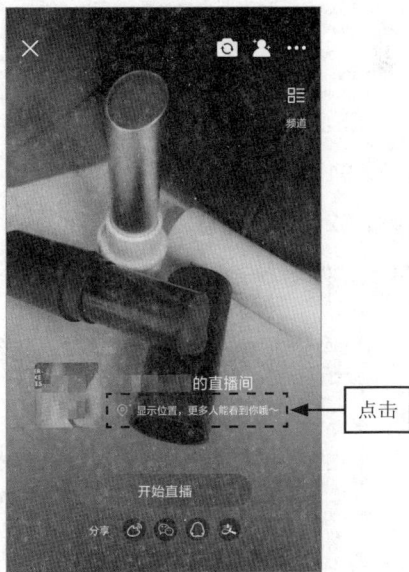

图 5-32　点击文字链接

步骤 03 执行操作后，❶ 进入"添加位置"界面；❷ 在输入框里可以输入想定义的地点，如图 5-33 所示，完成直播定位。

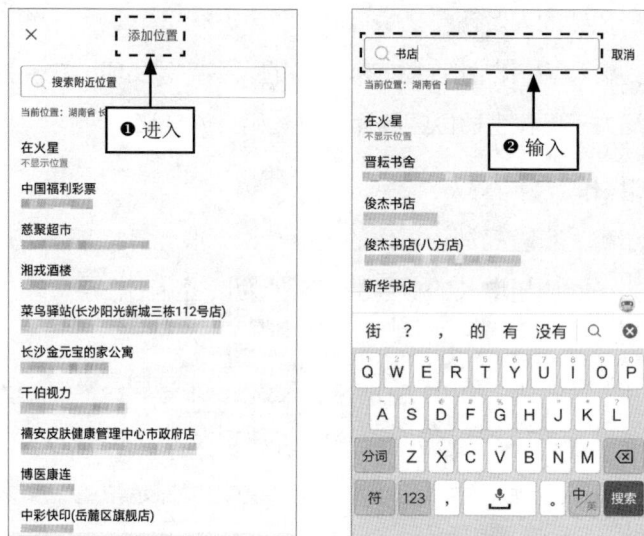

图 5-33　在输入框中输入自定义位置

2. PC 端操作

下面为读者简单介绍在电脑端开启直播定位的操作步骤，相关操作如下。

步骤 01 在电脑上打开"淘宝直播"软件后，完成账号登录，如图 5-34 所示。

步骤 02 在跳转的"请选择你要开始推流的直播"界面中，单击"中控台"文字链接，如图 5-35 所示。

图 5-34　完成"淘宝直播"账号登录

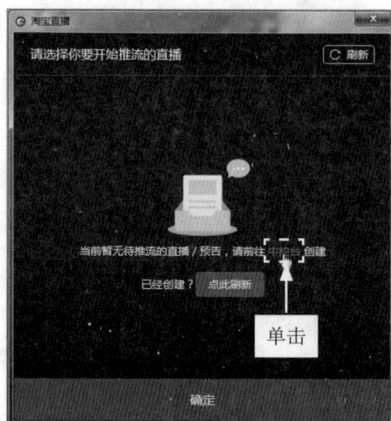

图 5-35　单击"中控台"文字链接

步骤 03 进入"淘宝网"界面，如图 5-36 所示，完成账号登录。

图 5-36　完成账号登录

步骤 04 执行操作后，进入"淘宝直播"界面，单击"普通直播"下的"开始创建"按钮，如图 5-37 所示。

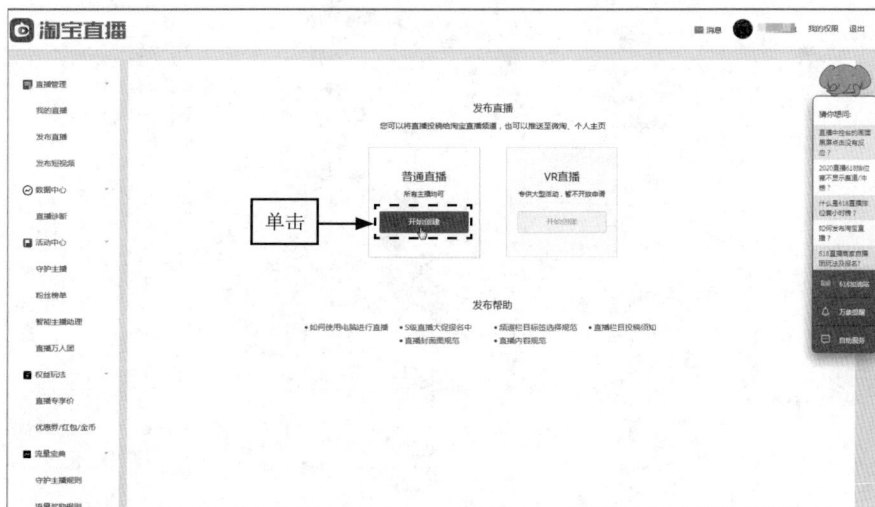

图 5-37　单击"开始创建"按钮

步骤 05 进入"淘宝直播"界面，填写直播预告的内容，如图 5-38 所示。

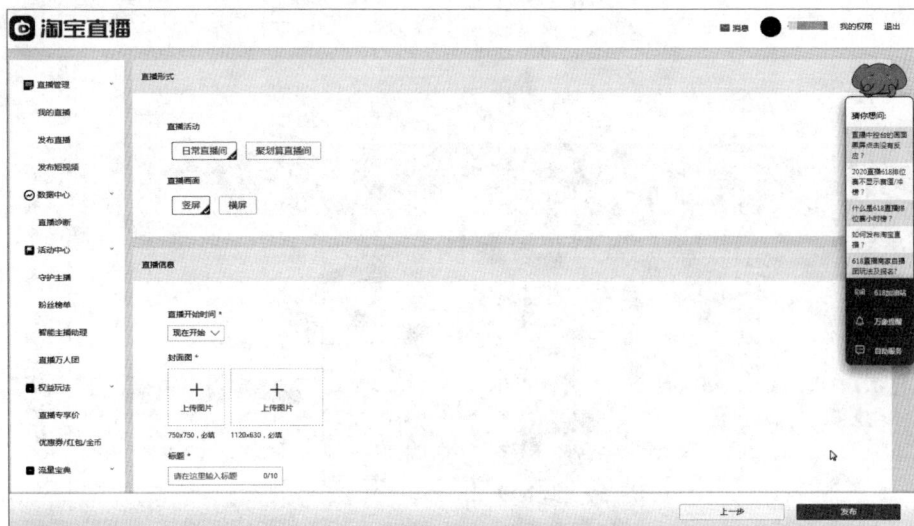

图 5-38　填写直播预告的内容

步骤 06 下滑屏幕至"直播位置"，单击"搜索附近位置"文本框，如图 5-39 所示，即可进入"添加位置"界面，根据系统提示操作来完成直播的定位。

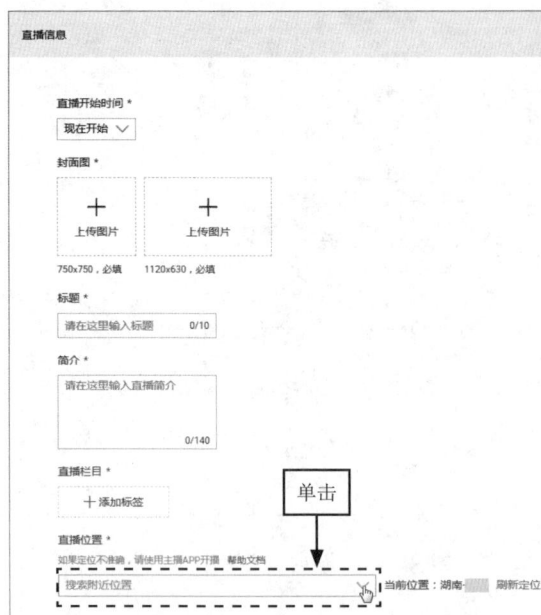

图 5-39　单击"搜索附近位置"文本框

5.1.7 智能工具：快速回复个人和商品信息

主播在直播时是处于一种"一对多"的销售模式状态，主播需要面对众多的粉丝询问信息，为了减少主播的工作量，同时能够及时、快速解决粉丝所提出的问题和需求，主播可以采取智能回复的模式来完成这项任务。

下面为读者介绍直播间常见的智能回复信息类型，以及主播为直播间设置直播智能回复的操作步骤。

1. 智能回复类型

一般情况下，用户在直播间常见的直播回复信息有以下 3 项常见的类型。

（1）商品信息回复：主播在展示商品时，如果顾客想进一步了解这款商品的详细情况，比如是几号链接。当观众发送相关商品信息的弹幕后，就可以得到直播间的回复信息。而这种情况下，大部分的直播间是采取智能回复模式＋人工回复模式双结合的方式。

（2）主播信息回复：主要是向观众、粉丝回复主播的个人信息。因为顾客在购买服装时，会参考主播的身材，这时就会涉及主播的身高、体重、肩长等身材信息（一般在服装直播间里比较常见）。

由于这种问题太过频繁，为了直播工作更好地进行，很多主播会直接把个人信息通过图文形式显示在直播画面内。图 5-40 所示为主播个人信息显示在直播画面中。

（3）优惠信息回复：优惠信息的询问是很多观众、粉丝非常关心的项目，毕竟价格在一定程度上影响着商品的购买。

因此，主播不仅需要在直播画面中，利用图文模式展现直播间活动和优惠，也需要适当设置有关"优惠"的智能回复。此外，直播间设置智能回复，即使当主播正忙着商品展示或中途暂时离开直播画面这两种情况时，也能及时回复粉丝的弹幕提问，图 5-41 所示为粉丝解疑。

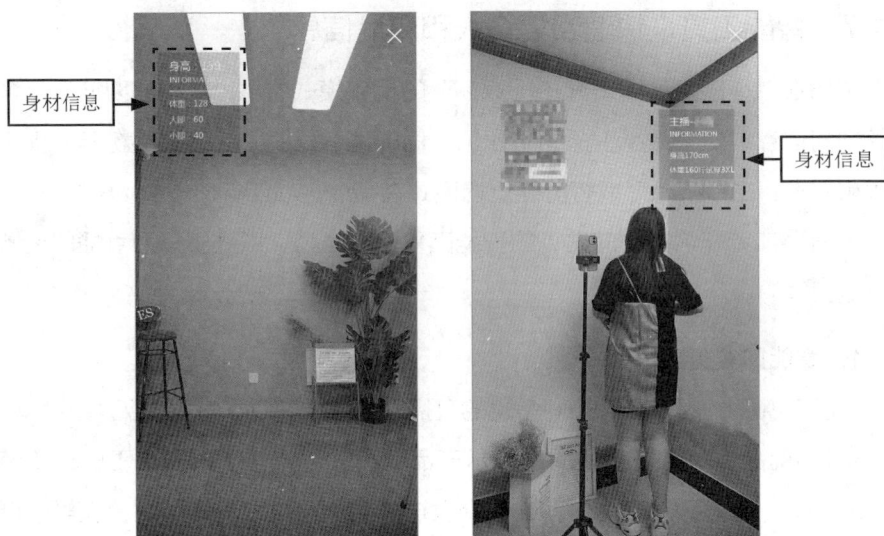

身材信息

身材信息

图 5-40　直播间里主播身材信息

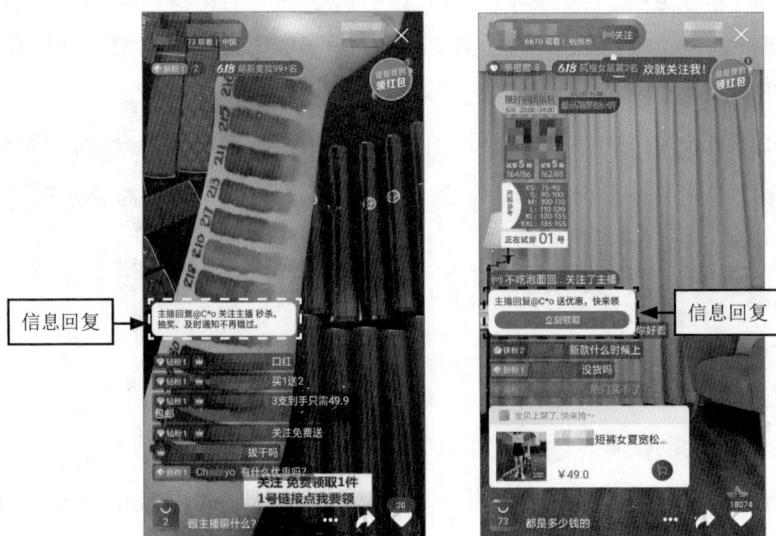

信息回复

信息回复

图 5-41　智能优惠信息回复

2. 创建智能回复

智能回复不仅可以减少主播的工作量，迅速地解决粉丝的问题，而且能在观众心里营造出一个专业的直播间形象。下面就为读者介绍设置智能回复的操作步骤。

步骤 01 首先，读者需要在电脑上完成申请创建直播的操作步骤，读者可根据本章 5.1.6 节的内容，来了解创建直播的操作步骤，完成此项操作。

步骤 02 进入"淘宝直播"界面，❶ 填写直播预告内容；❷ 单击"发布"按钮，如图 5-42 所示，完成直播预告发布。

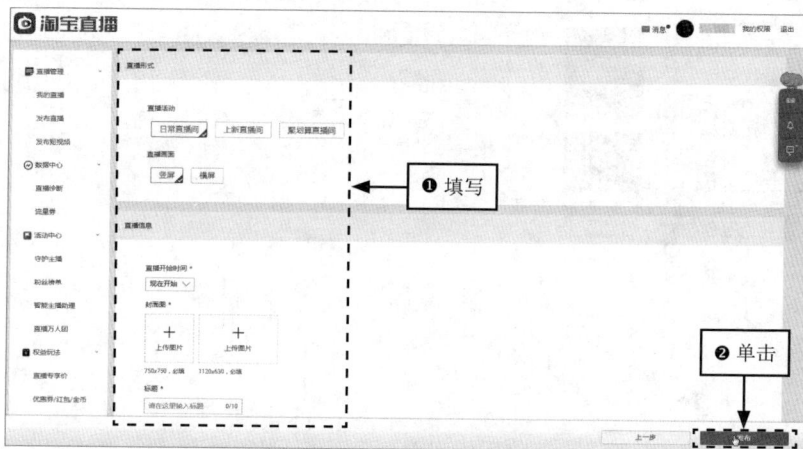

图 5-42　单击"创建"按钮

步骤 03 执行操作后，进入直播中控台界面，如图 5-43 所示。

图 5-43　直播中控台界面

步骤 04 下滑屏幕至下方位置，在界面左侧单击"个人资料"按钮，如图5-44所示。

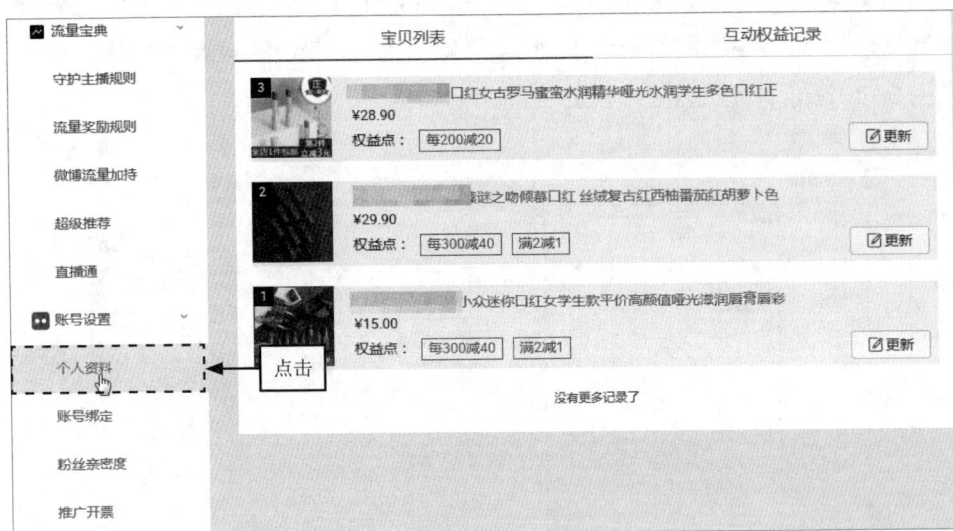

图 5-44　单击"个人资料"按钮

步骤 05 执行操作后，在"个人资料"界面中，单击右上角的"编辑"按钮，如图 5-45 所示。

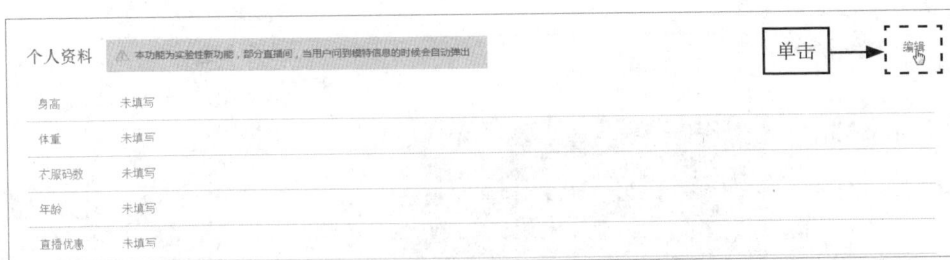

图 5-45　单击"编辑"按钮

步骤 06 在弹出的界面中，❶ 填写资料（个人信息＋直播优惠）；❷ 单击界面中的"确认"按钮，如图5-46所示，完成智能回复设定。

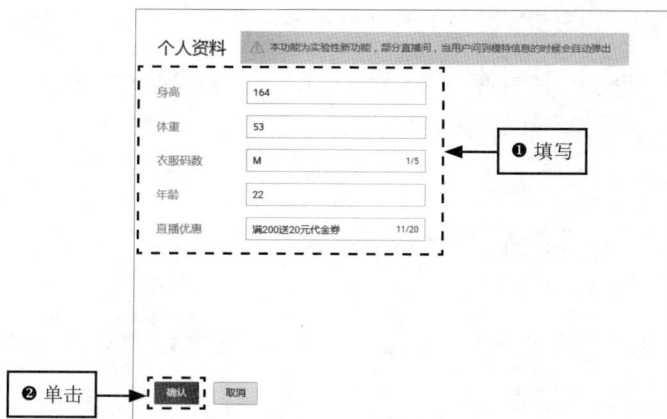

图 5-46　单击"确认"按钮

5.1.8　添加宝贝：直播间添加推广售卖商品

化妆品主播或服装主播在开始直播时，一定要记得添加直播间销售的商品。因为只有这样才能让观众在宝贝口袋里选择商品后，跳转进入商品购买界面，如图 5-47 所示，从而将这笔消费计入直播间销售额中。

图 5-47　进入商品购买界面

此外，直播间添加的宝贝（商品）的数量越多，就可以在平台上实现更大范围的受众用户筛选和匹配，让直播间被更多的平台用户观看到。下面就向读者介绍在手机端、PC 端上添加商品信息的操作步骤。

1. 手机端操作

手机端添加商品的操作步骤和为直播商品添加"标记讲解"的操作步骤大体相同。

步骤 01 打开手机上的淘宝主播 App，进入 App 账号后台界面，点击界面左上方的"手机直播"按钮，如图 5-48 所示。

步骤 02 在跳转的界面中，点击"开始直播"按钮，如图 5-49 所示。

图 5-48　点击"手机直播"按钮　　　图 5-49　点击"开始直播"按钮

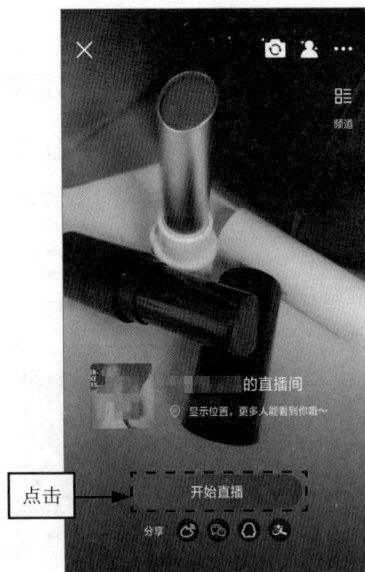

步骤 03 进入直播界面，❶ 点击"添加"按钮；❷ 进入"选择商品"界面，如图 5-50 所示。

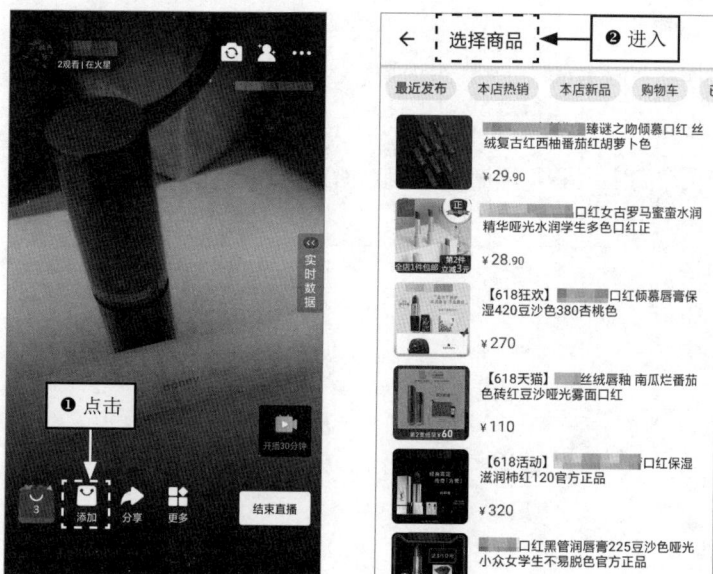

图 5-50 进入"选择商品"界面

步骤 04 ❶ 选择商品来源；❷ 点击需要添加的商品，即可添加宝贝，在"全部宝贝"界面中，可以查看到商品，如图 5-51 所示。

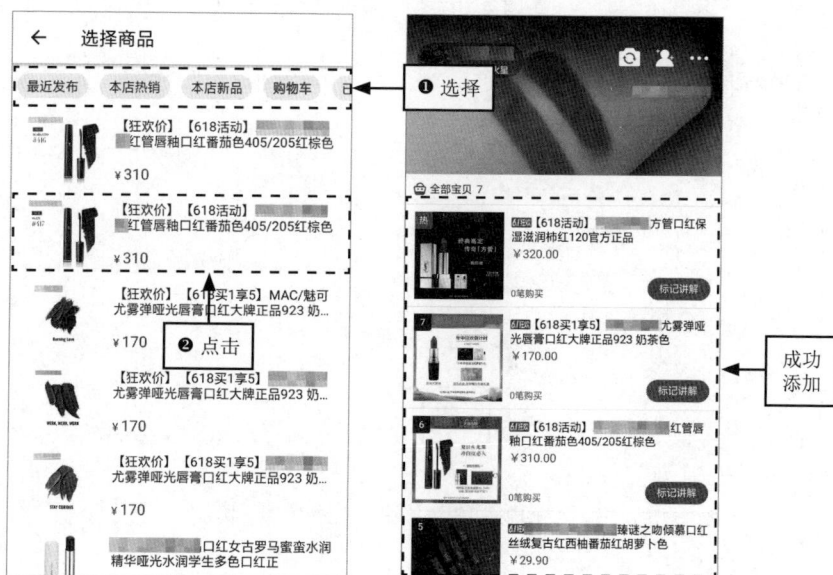

图 5-51 完成商品添加

2．PC 端操作

介绍完手机端添加商品的操作步骤后，下面为读者介绍在 PC 端添加直播间商品的操作步骤。

步骤 01 进入"淘宝直播"界面，填写直播预告的内容，如图 5-52 所示。

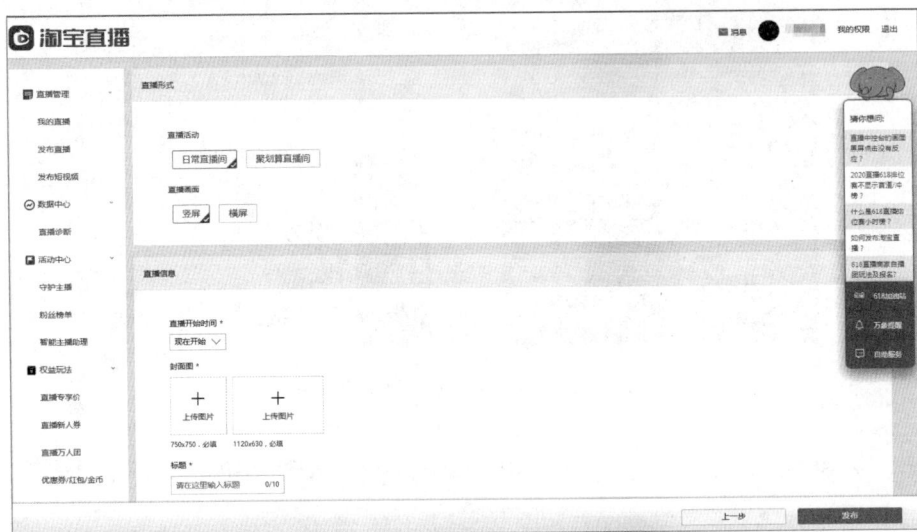

图 5-52 "淘宝直播"界面

步骤 02 将屏幕下滑到界面末端位置，单击"添加宝贝"按钮，如图 5-53 所示。

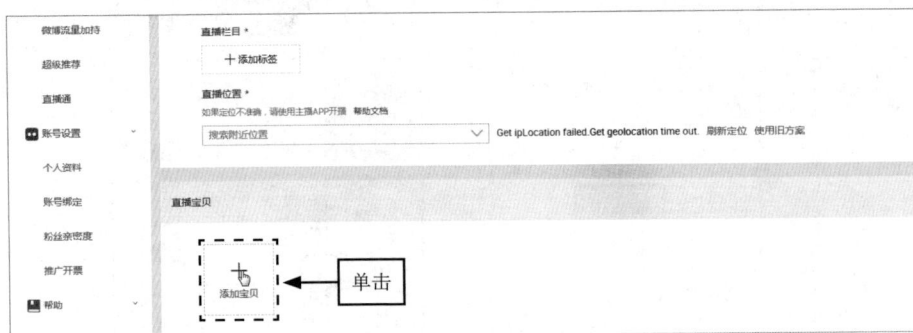

图 5-53 单击"添加宝贝"按钮

步骤 03 进入"添加宝贝"界面，如图 5-54 所示。

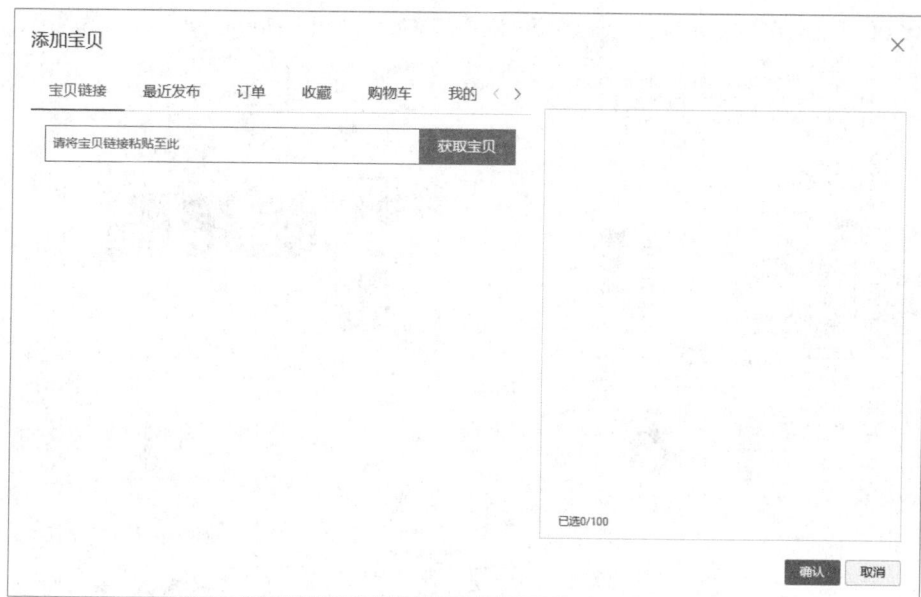

图 5-54　进入"添加宝贝"界面

步骤 04 单击"最近发布"按钮，如图 5-55 所示，进行宝贝的选择。

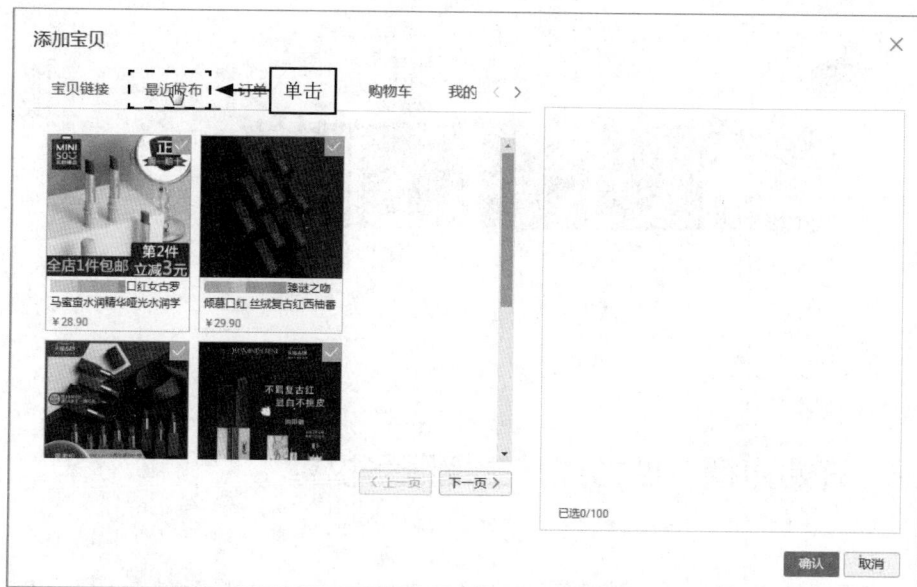

图 5-55　单击"最近发布"按钮

步骤 05 单击各宝贝来源进行商品添加后，单击"确认"按钮，如图 5-56 所示。

图 5-56　单击"确认"按钮

步骤 06 执行操作后，即完成直播间宝贝的添加，如图 5-57 所示。

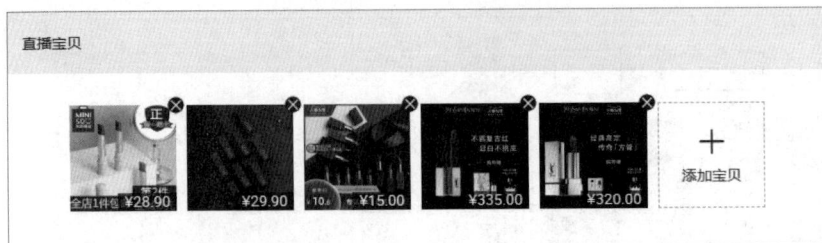

图 5-57　完成宝贝添加

5.2　开始直播：助力提升主播账号权重

直播销售工作不同于其他的直播类型，它代表着一种购物新方式：通过主播在直播间进行商品介绍、推销来促使顾客购买商品。

主播在从事直播销售工作时，要想成功进行直播销售带货工作，在发起直播时就需要以正确的方式来开启直播，尽可能地为直播间引入更多的流量，以此提高直播账号的权重，实现账号升级。

5.2.1 简单方便：使用手机端发布直播

由于智能手机的普遍性、易操作性，使得大部分化妆品、服装主播会选择使用手机进行直播销售工作。下面就为读者介绍使用手机发布直播的操作步骤以及相关直播引流技巧。

1. 直播发布步骤

首先，主播必须在手机上下载"淘宝主播"App。

步骤 01 打开"淘宝主播"App，登录淘宝账号，进入账号后台界面。

步骤 02 操作执行后，点击界面左上方的"手机直播"按钮，如图 5-58 所示。

步骤 03 在跳转的界面中，❶ 填写直播封面信息；❷ 点击屏幕下方的"开始直播"按钮，如图 5-59 所示。

图 5-58 点击"手机直播"按钮　　　图 5-59 点击"开始直播"按钮

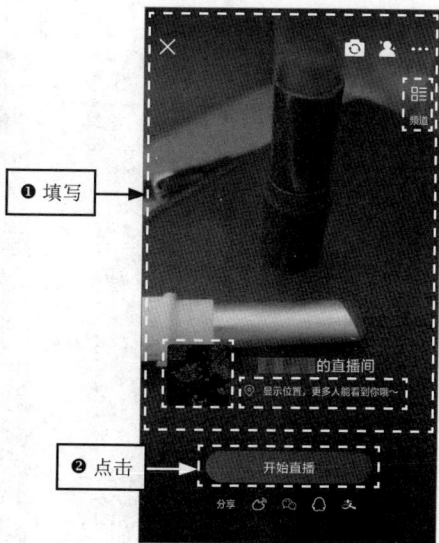

步骤 04 直播倒计时 3 秒后，即可进入直播界面，正式进行直播，如图 5-60 所示。

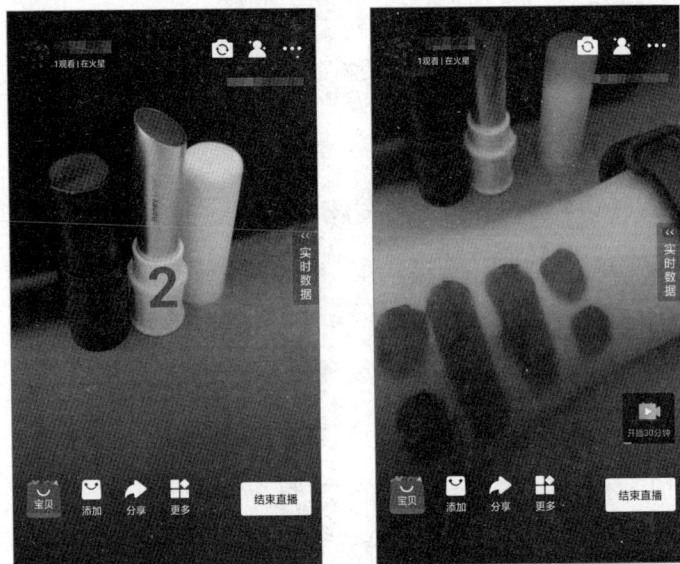

图 5-60　开启直播

步骤 05 在直播界面中，❶ 点击"结束直播"按钮；❷ 在弹出的界面中，点击"结束直播"按钮，如图 5-61 所示，即可结束直播。

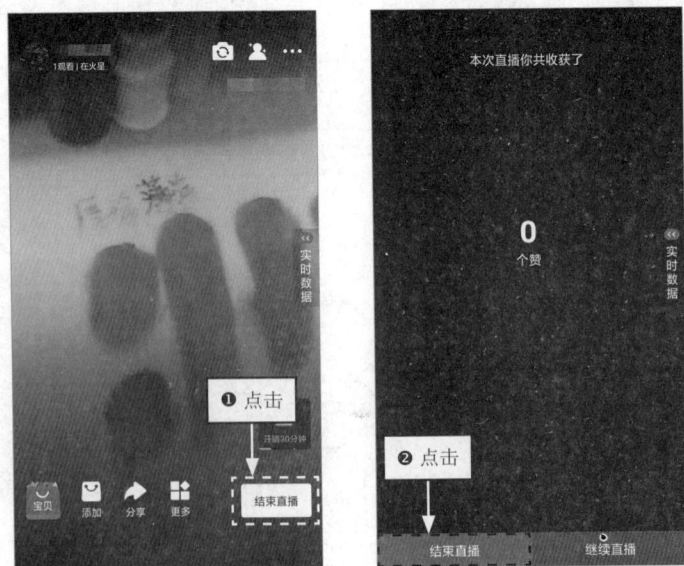

图 5-61　结束直播

2. 直播发布建议

为了主播更好地使用手机端进行直播销售带货工作，为直播间注入更多的流量，下面就为读者介绍在创建直播时，能影响直播间流量注入情况的关键点，主播在直播时可以通过设置这些关键点，从而使直播间更快地获得流量注入。

（1）直播栏目：在正式直播前，在"开始直播"界面中，❶ 点击"频道"按钮；❷ 进入"频道栏目"主页，在其中选择频道和栏目，如图 5-62 所示。

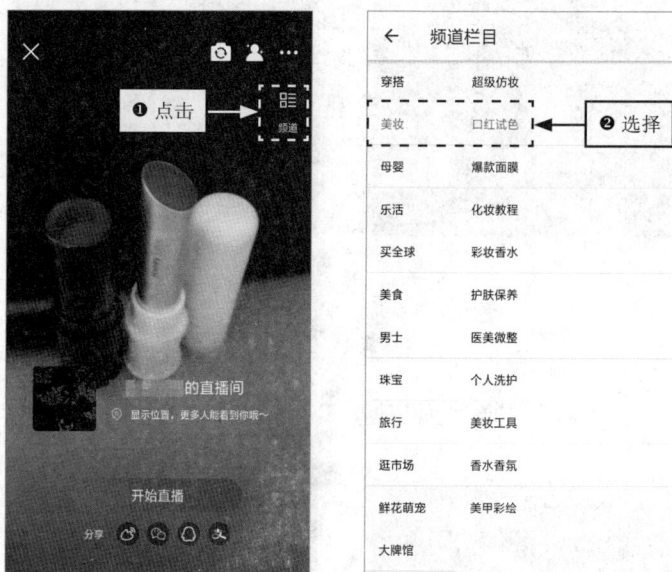

图 5-62　选择直播频道

因为不同的直播标签所关注的人群类型是不同的。主播为直播间选择合适的直播标签，可以扩大直播间的被搜索力度，增强自身直播的推广力度，让更多的人看到自己的直播间。

（2）美颜功能：在"开始直播"界面中，❶ 点击界面中的"人像"按钮；❷ 即可开启"美颜"功能，进入美颜模式，如图 5-63 所示。

主播在直播带货工作中，开启"美颜"效果，可以使直播画面更加美观，尤其在进行口红试色工作时，美颜模式下的直播画面会使口红颜色呈现出一种朦胧、雾感状态，相对于非美颜模式下的拍摄画面，会更加吸引观众的注意力。

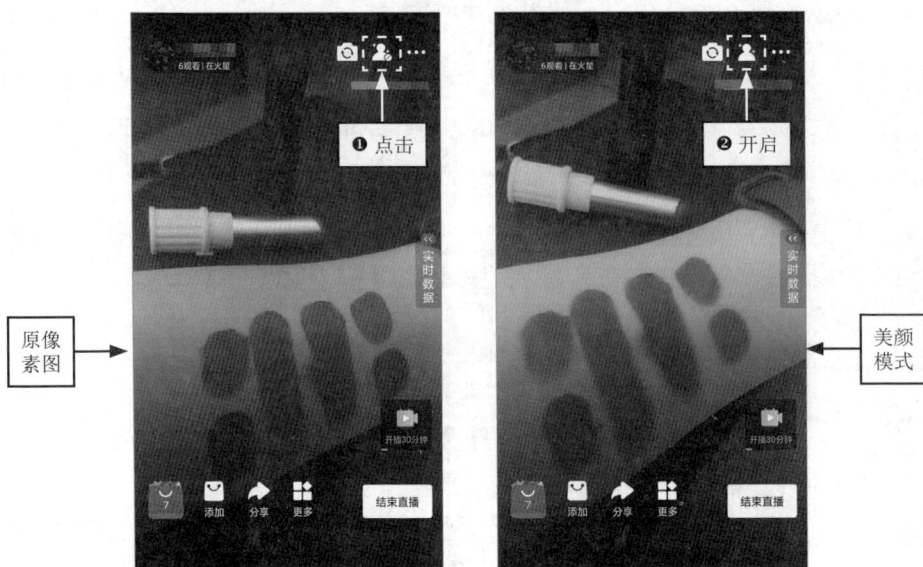

图 5-63　开启美颜功能

（3）通知粉丝：在直播界面中，❶ 点击"更多"按钮；❷ 在弹出的界面中，选择"通知粉丝"工具，如图 5-64 所示，即可把直播间开播信息告知给粉丝。

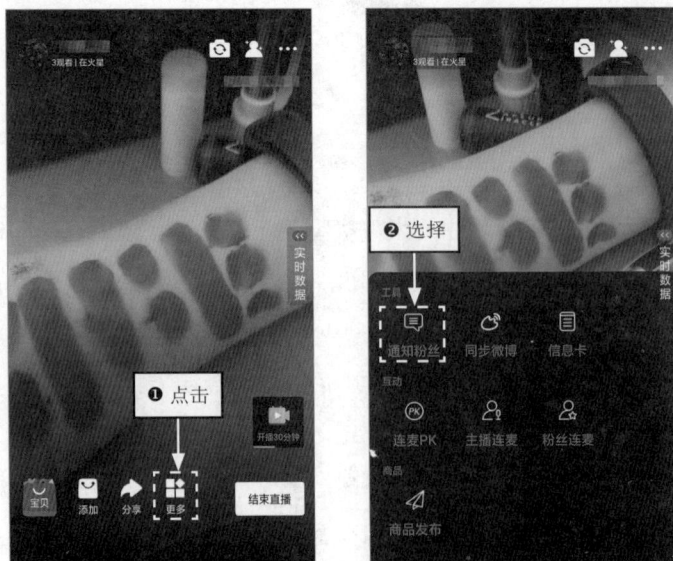

图 5-64　使用"通知粉丝"功能

主播使用"通知粉丝"功能，可以及时通知粉丝来直播间观看直播，这样也可以提高直播间在线观看人数，因此主播要积极、合理地利用这个功能。同时，它也是实现"粉丝召回"的一项重要手段。

5.2.2　功能全面：通过 PC 端发布直播

使用 PC 端发布直播，对于部分主播来说操作步骤有点烦琐，不易操作，但学会在电脑端开启直播对于现如今的直播行业来说是必不可少的一项技能。

主播在发布直播时，需要根据自己的身份选择发布方式。下面就为读者介绍商家主播身份和达人主播身份发布直播的操作步骤。

1. 商家主播发布直播

商家主播在发布直播时，需要在"千牛工作台"软件中进行。

步骤 01　打开"千牛工作台"软件，使用手淘 App 扫码登录，进入"千牛卖家工作台"界面。

步骤 02　点击界面中的"淘宝直播"按钮，如图 5-65 所示。

图 5-65　点击"淘宝直播"按钮

步骤 03 在跳转的界面中，点击"进入直播控制台"按钮，如图 5-66 所示。

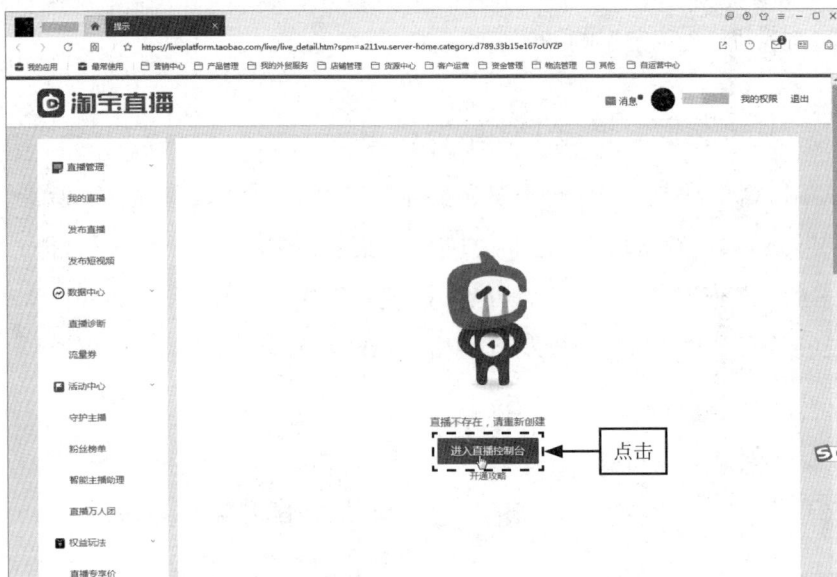

图 5-66 点击"进入直播中控台"按钮

步骤 04 进入"淘宝直播"界面，点击"普通直播"类型下的"开始创建"按钮，如图 5-67 所示。

图 5-67 点击"开始创建"按钮

步骤 05 进入"淘宝直播"界面，填写直播预告的内容，如图 5-68 所示。

图 5-68   "淘宝直播"界面

步骤 06 ❶ 填写完直播预告后；❷ 点击"发布"按钮，如图 5-69 所示。

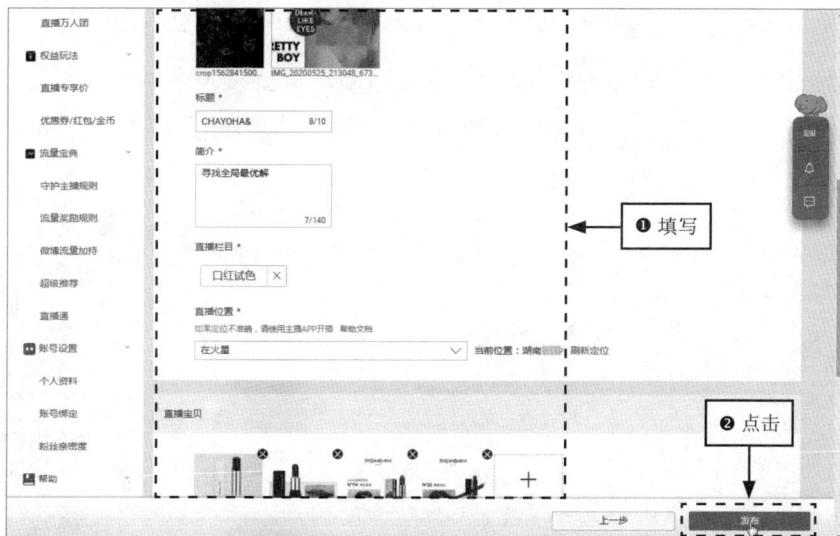

图 5-69   点击"发布"按钮

步骤 07 进入"直播中控台"界面，点击"正式开播"按钮，如图 5-70 所示，即开启直播。注意：主播需在限制的时间内进行直播工作，否则本场直播失效。

图 5-70 点击"正式开播"按钮

2. 达人主播发布直播

达人主播在电脑端发布直播，需要使用"淘宝主播"软件完成相关步骤操作，具体步骤为：打开"淘宝直播"软件，使用手淘扫码登录账号，执行操作后，进入"淘宝直播"界面，单击界面中"普通直播"类型下的"开始创建"按钮，如图 5-71 所示。

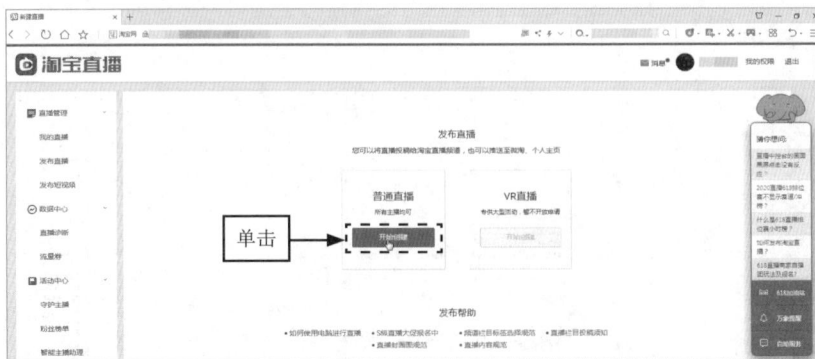

图 5-71 单击"开始创建"按钮

注意：其余步骤同商家主播发布直播步骤一致，读者可根据前文内容进行操作

5.2.3　平台引流：PC 端的直播推流、玩法

主播发起直播后，在 PC 端开启"直播推流"工作以及设置直播间玩法后，可以帮助直播间得到平台的引流扶持。下面就为读者介绍在 PC 端上开启"推流"工作和设置直播玩法的操作步骤。

1. 直播推流操作

首先，主播需要通过手机端（PC 端）发起直播或发布直播预告。

步骤01 打开 PC 端的"淘宝直播"软件，完成登录后，系统自动弹出"请选择你要开始推流的直播"界面，确认预告或直播场次后单击"确认"按钮，如图 5-72 所示。

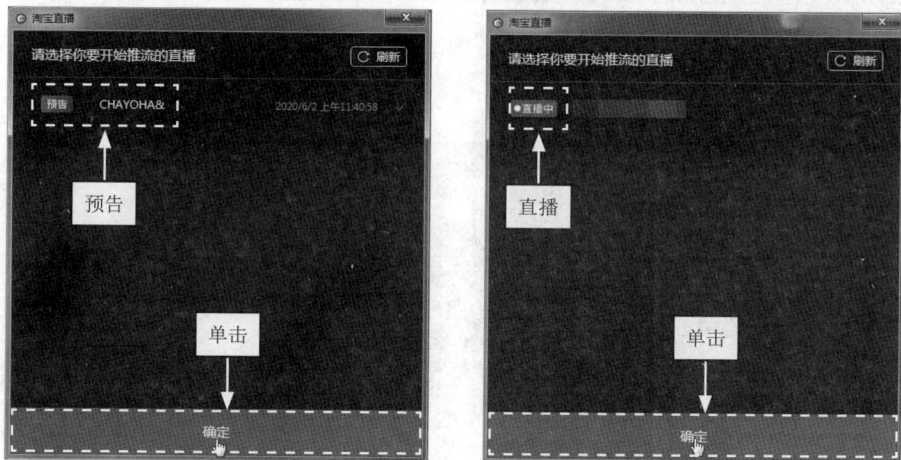

图 5-72　预告推流与直播推流的界面

步骤02 进入"淘宝直播"界面，如图 5-73 所示。

步骤03 设置直播玩法后（下文将会告知玩法及设置步骤），单击界面中的"开始推流"按钮，如图 5-74 所示，即可完成直播"推流"工作。

图 5-73　"淘宝直播"界面

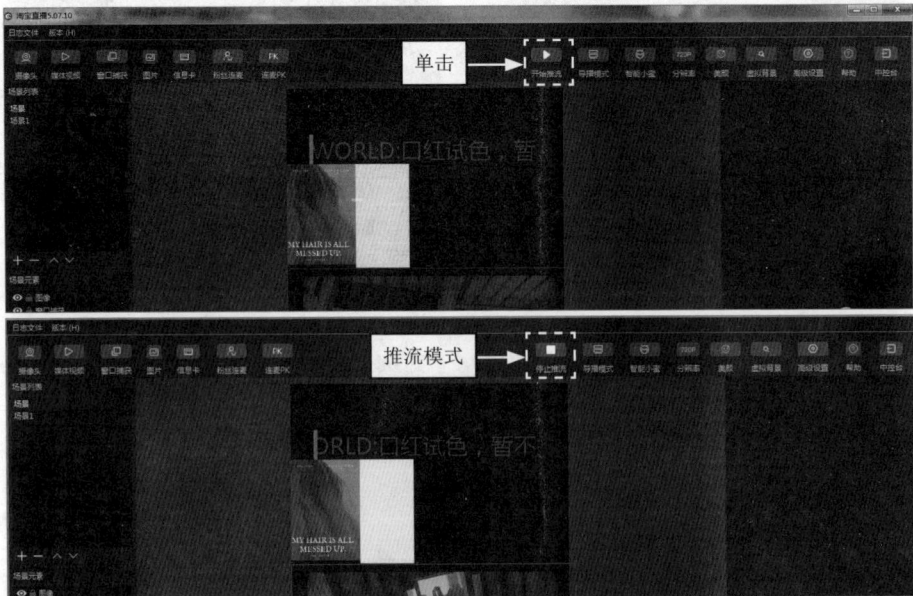

图 5-74　进入"推流"模式

2. 直播玩法操作

读者进入"淘宝直播"界面后，可以对直播间的观看效果进行玩法设置，使直播间得到更多流量的注入。下面为读者介绍 5 种直播间玩法及具体设置步骤。

（1）效果玩法：调节直播画面各属性。

步骤 01 ❶ 单击主功能界面中的"摄像头"按钮；❷ 弹出"属性'视频捕获设备'"界面，如图 5-75 所示。

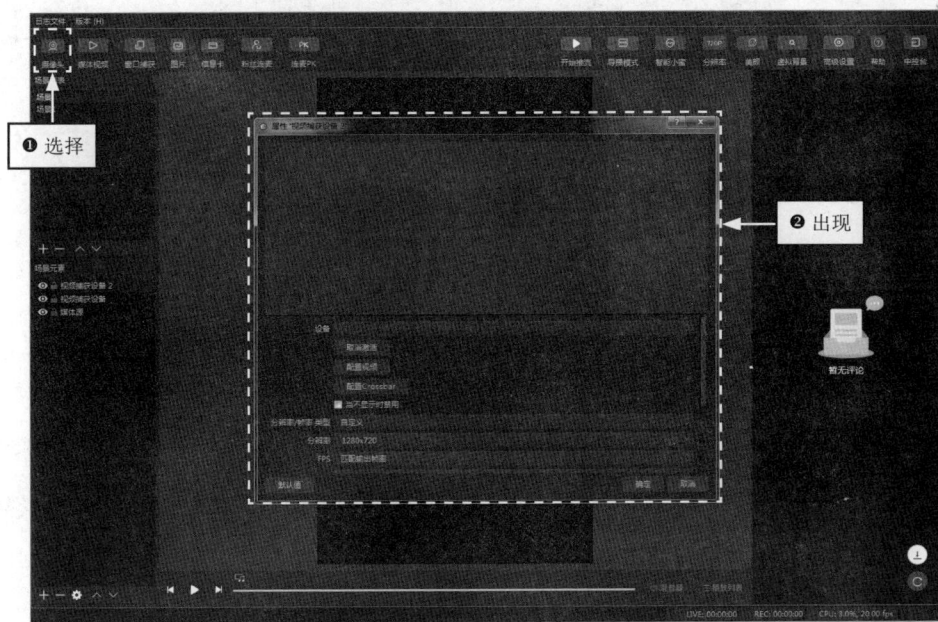

图 5-75　进入"属性'视频捕获设备'"界面

步骤 02 操作执行后，❶ 在界面中手动设置视频设备的属性；❷ 单击"确定"按钮，如图 5-76 所示，即可完成画面设置。

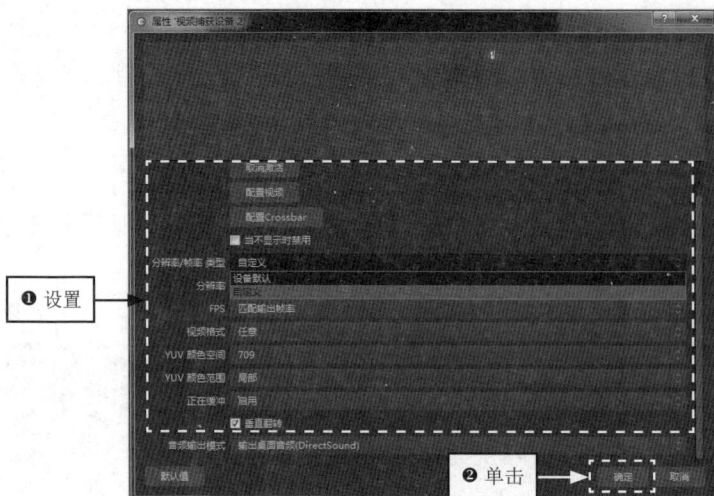

图 5-76　设置直播画面效果

（2）视频玩法：在直播画面上添加直播视频、动图素材。

步骤01 ❶ 单击主功能界面中的"媒体视频"按钮；❷ 在弹出的"属性'媒体源2'"界面中，单击"浏览"按钮，如图 5-77 所示。

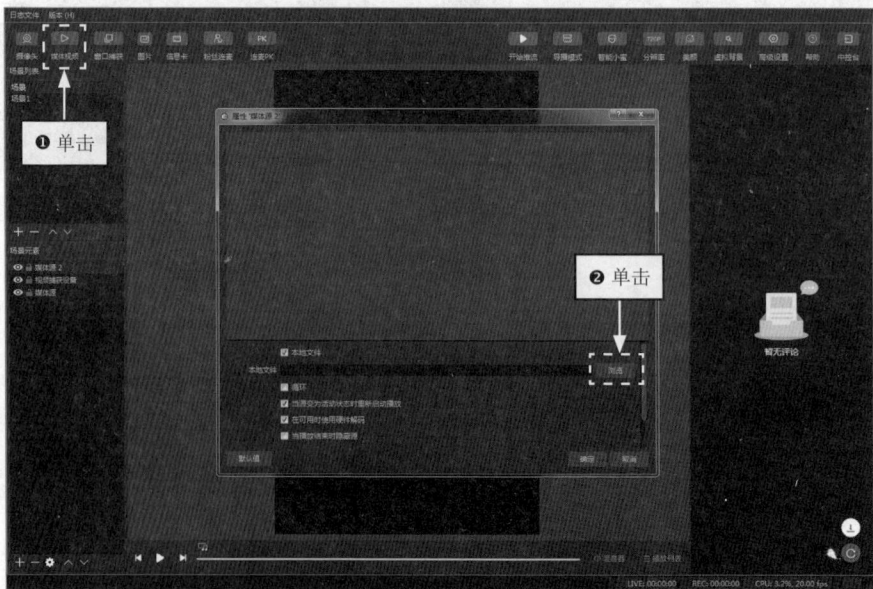

图 5-77　单击"浏览"按钮

步骤 02 进入"本地文件"界面，❶ 选择上传的视频（或动图）；❷ 单击"打开
（O）"按钮，如图 5-78 所示。

图 5-78　单击"打开（O）"按钮

步骤 03 回到"属性'媒体源 2'"界面，❶ 选择视频（动图）播放模式；❷ 单击
"确认"按钮，如图 5-79 所示，即可完成视频添加。

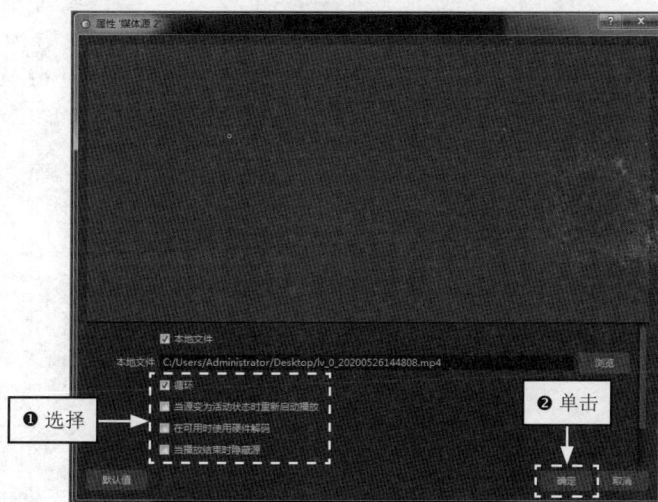

图 5-79　单击"确定"按钮

（3）捕捉窗口：打开窗口中的内容进行捕捉，投放到直播内。

步骤 01 首先，在电脑上将要投放的内容窗口先打开，如图 5-80 所示。

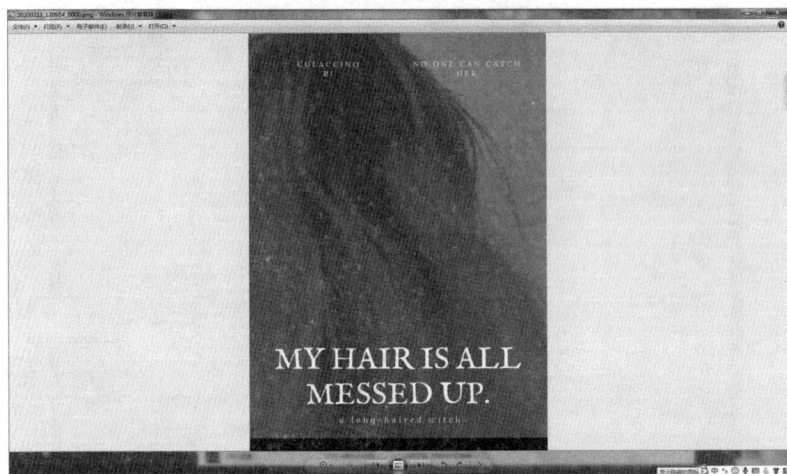

图 5-80　打开窗口

步骤 02 操作执行后，❶ 单击界面中的"窗口捕获"按钮；❷ 在弹出的"属性'窗口捕获 2'"界面中，单击"确认"按钮，如图 5-81 所示，即可完成窗口捕获。

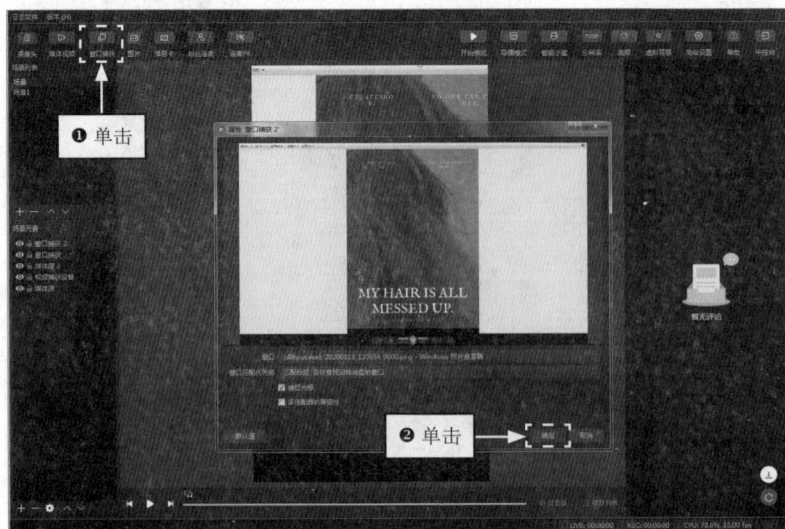

图 5-81　单击"确认"按钮

（4）音频设备：调节直播过程中的声音效果。

步骤 01 ❶ 单击界面下方区域的"混音器"按钮；❷ 在弹出的"混音器"界面中，单击"螺旋"按钮，如图 5-82 所示。

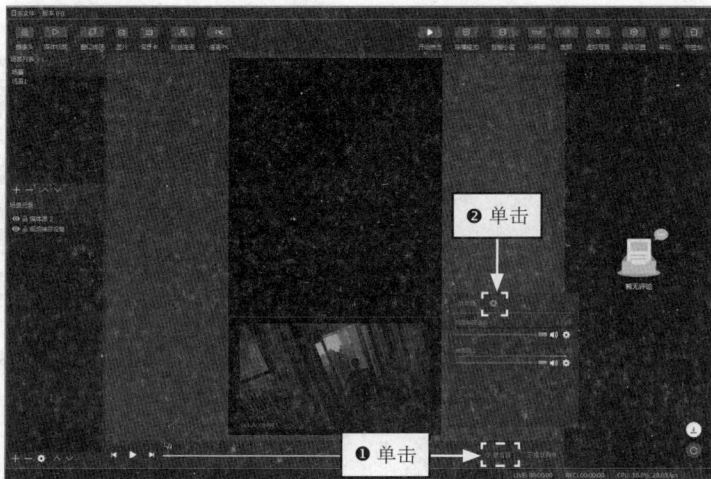

图 5-82　单击"螺旋"按钮

步骤 02 进入"高级音频属性"界面，❶ 设置素材声音效果；❷ 单击"关闭"按钮，如图 5-83 所示，即可完成声音编辑工作。

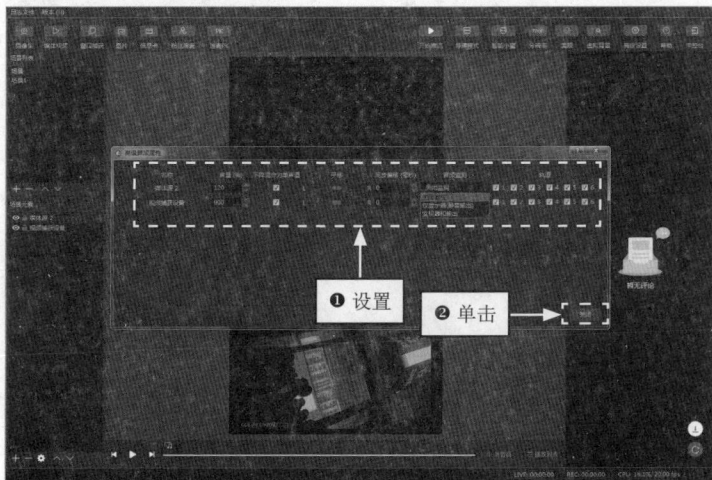

图 5-83　编辑声音效果

（5）调整直播画面的清晰度。

操作步骤很简单：❶ 单击界面中的"分辨率"按钮（在"智能小蜜"按钮右侧）；❷ 操作执行后，选择所需的分辨率选项，如图 5-84 所示，即可调整画面清晰度。

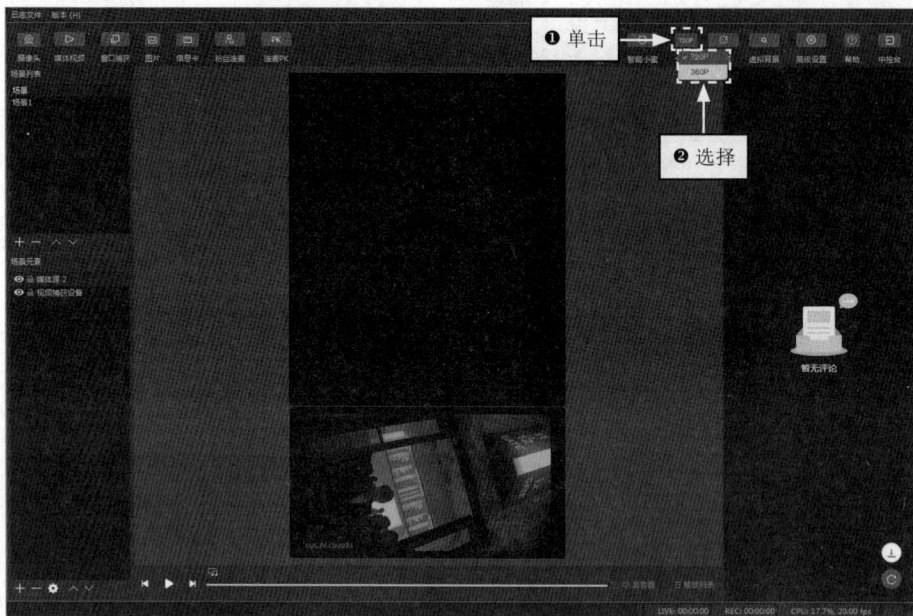

图 5-84　调整画面清晰度

5.2.4　吸粉关注：手机端制作直播短视频

直播短视频是直播平台新推出的一个吸粉引流渠道，相比于动辄几小时起步的直播内容，直播短视频更能获取到平台用户的碎片化时间，实现吸粉引流作用。下面就为读者介绍在手机端制作和发布直播短视频的操作步骤。

首先，读者需要打开淘宝主播 App，进入 App 账号后台界面后，点击右上方的"拍摄视频"按钮，进入拍摄模式中，如图 5-85 所示。

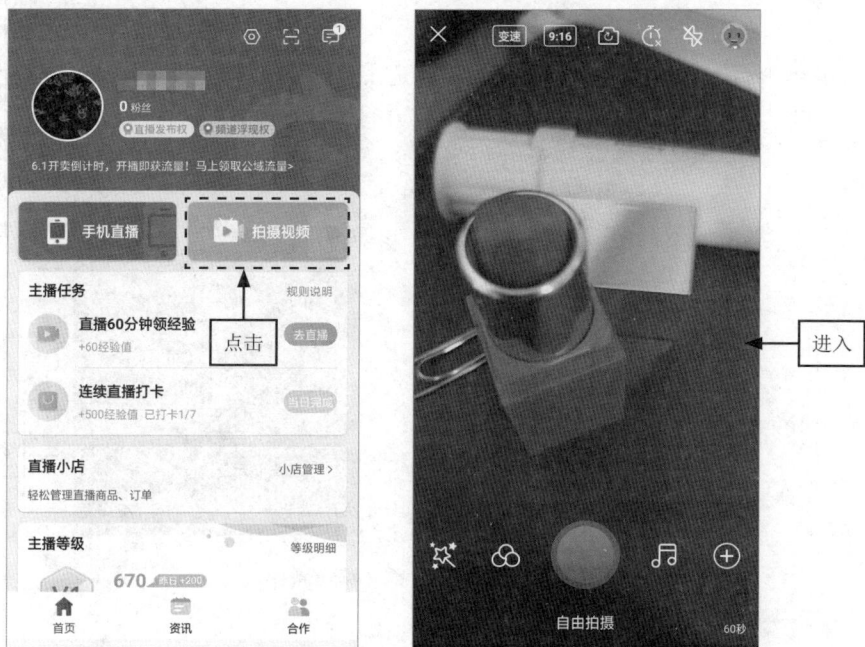

图 5-85　进入拍摄模式

进入拍摄界面后，读者可以对拍摄画面进行效果编辑，使视频更加具有吸引力，提高短视频的播放量。下面介绍 5 种短视频玩法类型和设置方法。

（1）画面特效：让画面活泼可爱起来。

在视频拍摄界面中，❶ 点击拍摄界面中的"星形魔术棒"按钮；❷ 选择视频特效类型，如图 5-86 所示，即可完成特效添加。

（2）画面美化：使画面视觉效果更加清新。

❶ 点击界面中的"3 圆圈"按钮；❷ 在弹出的界面中，选择画面美化类型，如图 5-87 所示，这里有"滤镜""美颜""脸型"3 种美化类型可供大家选择。

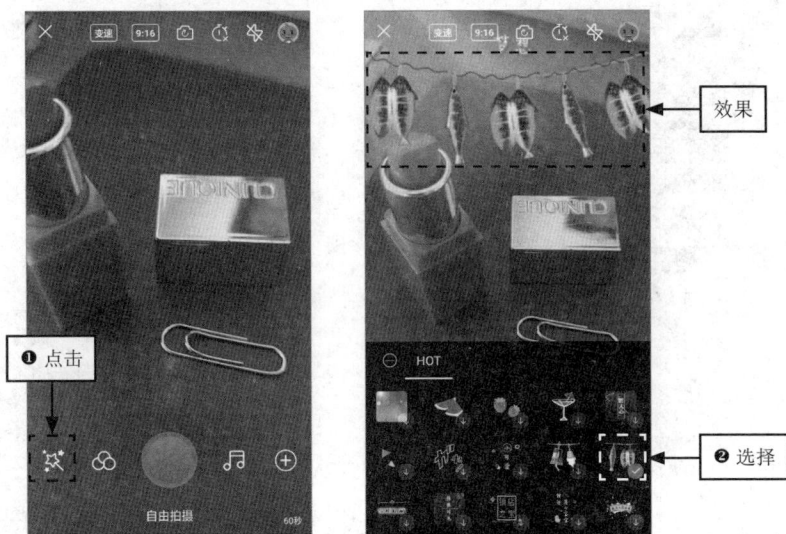

图 5-86　添加画面特效

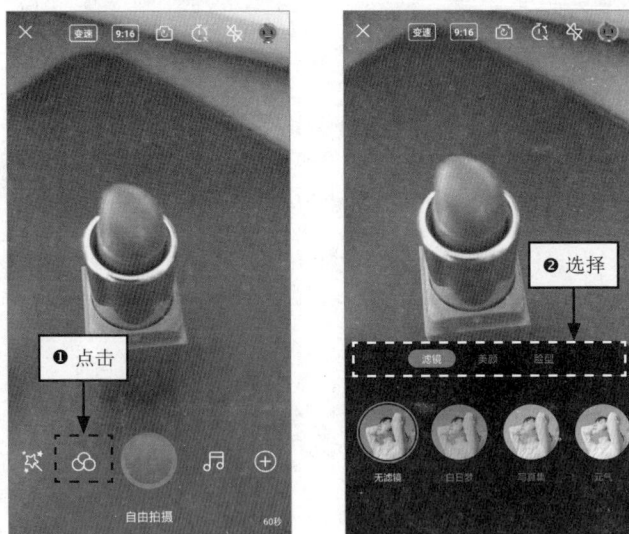

图 5-87　画面美化设置

（3）音乐效果：为视频增加趣味动感。

❶ 点击界面中的"音乐"按钮；❷ 在弹出的"音乐"界面中，点击"添加音乐"按钮，如图 5-88 所示，之后根据系统提示，添加视频音乐即可。

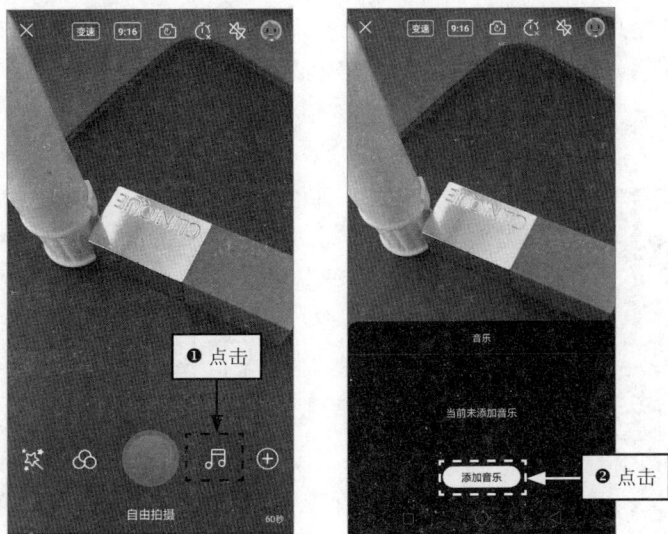

图 5-88　添加音乐效果

（4）添加视频：发布提前录制或编辑好的视频片段。

步骤 01 在拍摄界面中点击"+"按钮，如图 5-89 所示。

步骤 02 进入"新增视频"界面，选择需要上传的短视频，如图 5-90 所示。

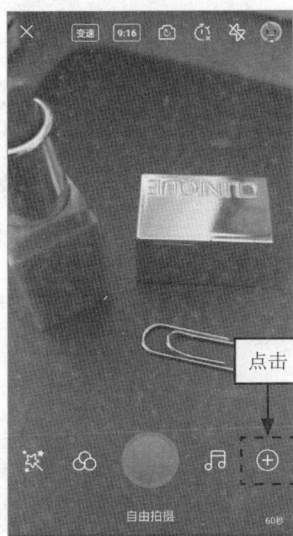

图 5-89　点击"+"按钮　　　　　图 5-90　选择视频

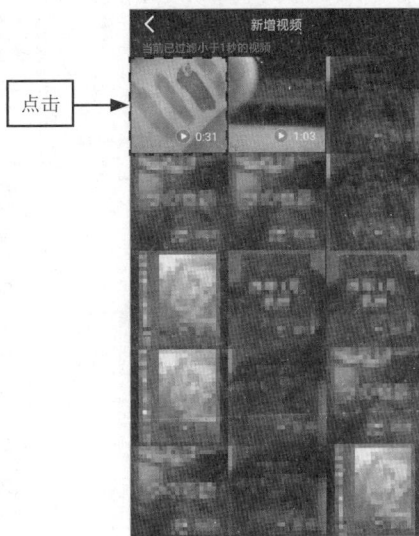

步骤 03 执行操作后，在显示的界面中，点击"√"按钮，如图 5-91 所示。

步骤 04 进入发布短视频界面，❶ 在界面中填写视频信息；❷ 点击"发布"按钮，如图 5-92 所示，即可完成直播短视频发布。

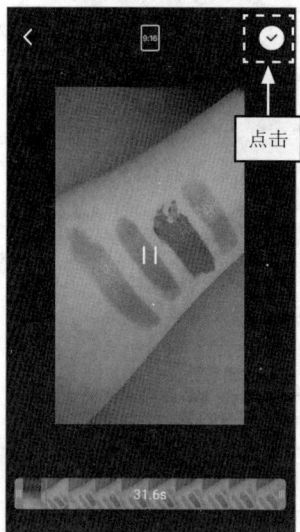

图 5-91　点击"√"按钮

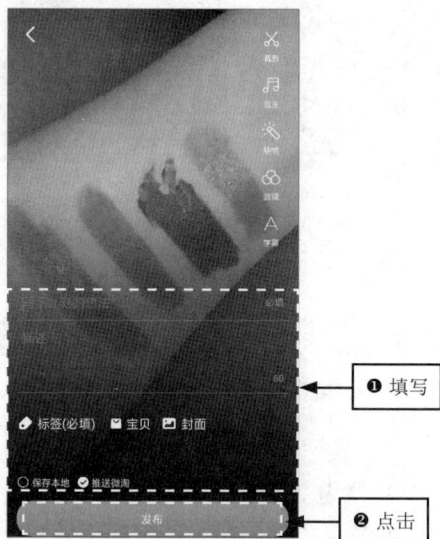

图 5-92　发布视频

第 6 章

平台运营：提高主播曝光率，
吸引平台用户

在直播销售的过程中，借助平台的运营和力量发展直播事业是一件非常明智的事情，它可以使主播站在一个资源丰富的背景下，去拓展自己的直播销售事业。本章主要向读者介绍如何提高主播的曝光率，帮助主播拥有自己的影响力，以获取更多的变现途径。

6.1　互动工具：丰富的直播互动形式

对于从事化妆品或服装销售的主播来说，整个直播过程围绕的就是怎么把产品推销给消费者，以此获得经济效益。而每一个新用户初次进入直播间后，直播间的互动情况会影响他是否愿意在直播间停留，观看你的直播。

粉丝和主播互动的频率和次数适宜、恰当的话，可以给直播间的观众、粉丝营造一种热闹的购物氛围。这样有利于促进用户对直播间的关注、提高商品的销售率。下面就为读者介绍直播过程中常见的一些互动工具，让直播间的互动形式多样化、丰富化，从而吸引、鼓励顾客产生下单行为。

6.1.1　权益投放：直播间优惠券 / 红包 / 金币

对于进入直播间的观众来说，适当的权益投放，可以激发观众、粉丝的购买欲望。对于部分消费者来说，即使当时并没有太大的购买需要，也可能会由于在直播间领取到了一定金额的优惠券、红包而去购买商品。

直播间优惠券的设置可以选择提前设置好优惠券，在开播后选择优惠券发放，也可以在直播过程中创建直播优惠券。

直播间采取固定的时间段发放优惠券等权益，不仅能增长观众、粉丝在直播间的停留时长，并且在开始权益投放的时间段里，可以营造直播间高峰流量注入的现象。下面就为读者讲解在直播过程中设置直播间优惠券权益投放的操作方法。

步骤 01 进入直播中控台，在开始直播后，单击互动面板下的"权益互动"按钮，如图 6-1 所示。

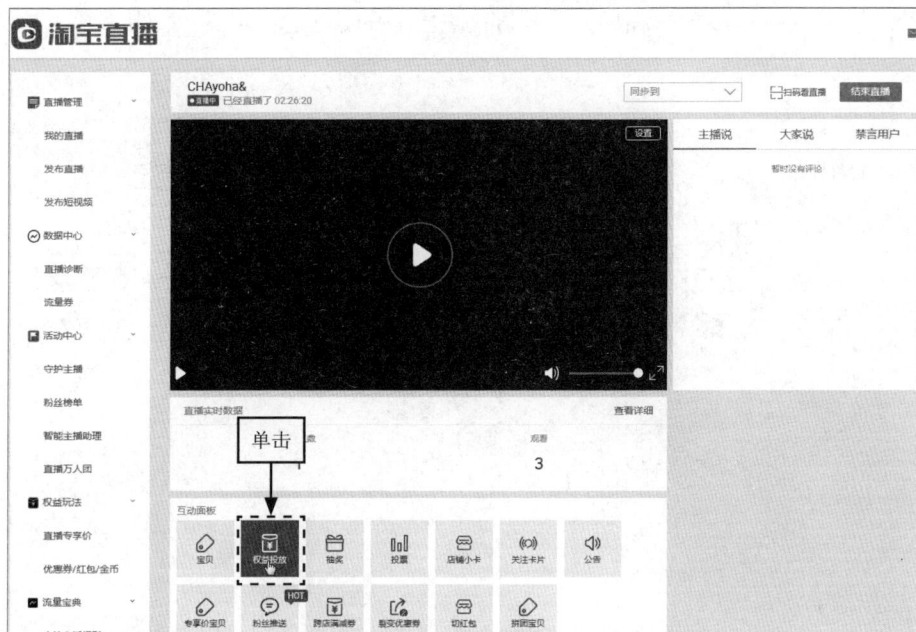

图 6-1 单击"权益互动"按钮

步骤 02 进入权益投放界面，单击"添加权益"下的"选择权益"按钮，如图 6-2 所示。

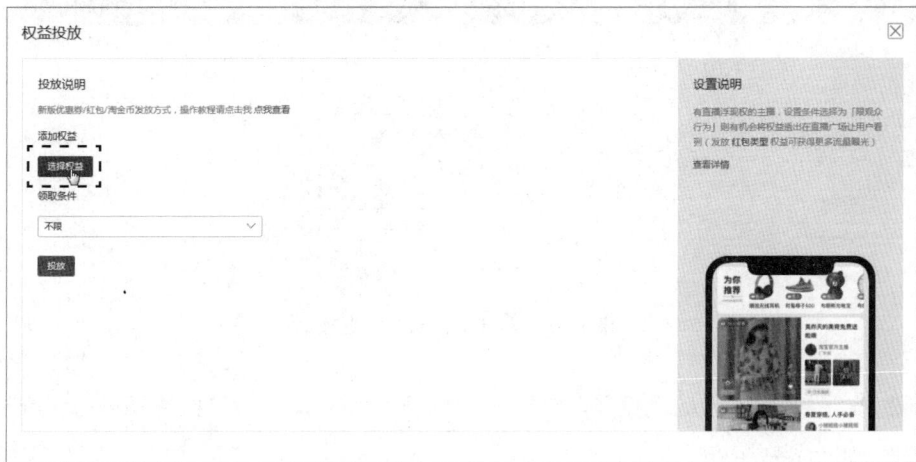

图 6-2 单击"选择权益"按钮

步骤 03 进入权益设置界面后，单击界面右上方的"创建优惠券"按钮，如图 6-3 所示。

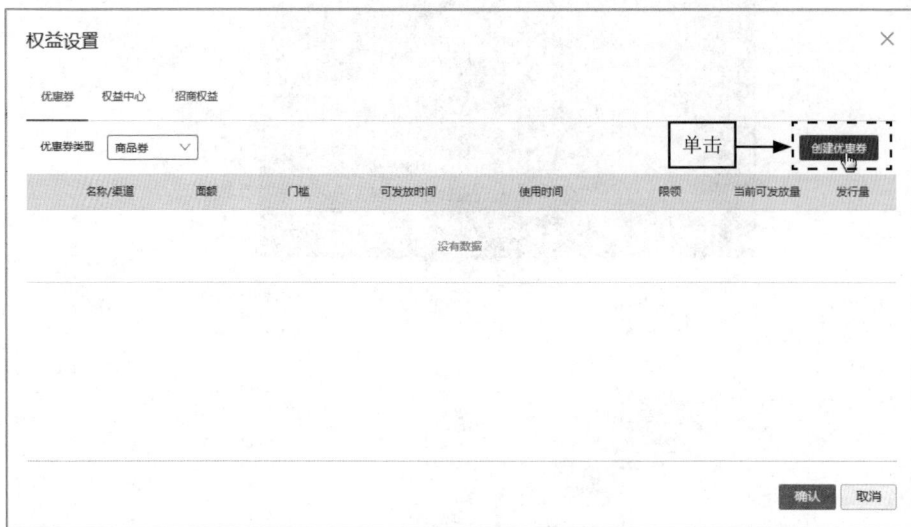

图 6-3　单击"创建优惠券"按钮

步骤 04 进入千牛卖家工作台，单击"去订阅"按钮，如图 6-4 所示。

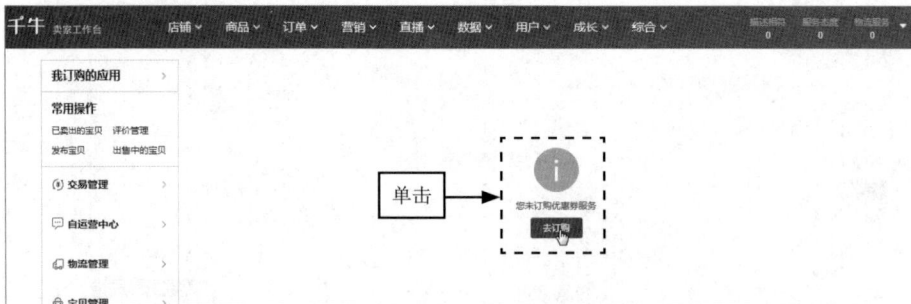

图 6-4　单击"去订阅"按钮

步骤 05 进入服务市场网页，可以选择"15 天免费试用"或者按周期进行优惠券购买，如图 6-5 所示。

步骤 06 购买优惠券后，再次单击权益设置界面的"创建优惠券"按钮，在跳转的网页页面内，选择"自定义新建"选项中的"商品优惠券"类型，如图 6-6 所示。

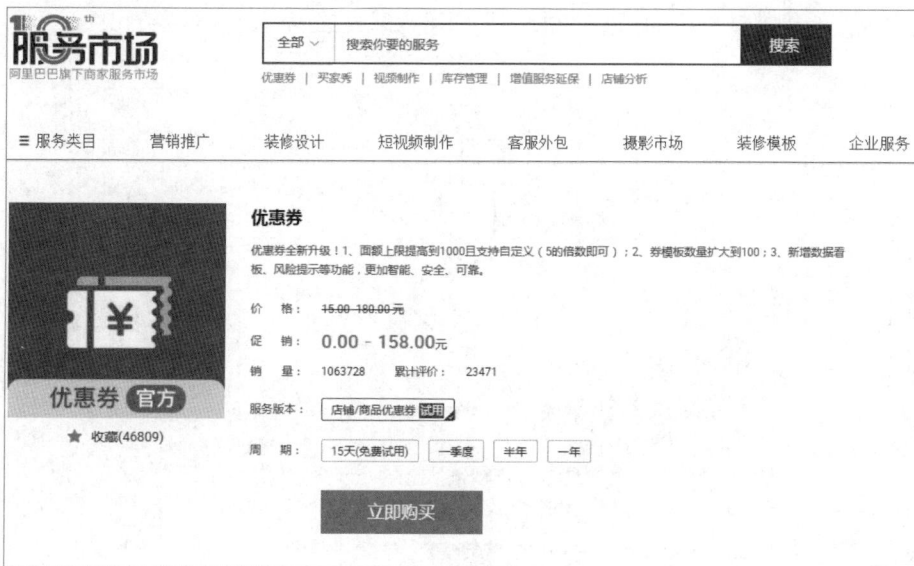

图 6-5　购买优惠券

图 6-6　选择优惠券创建方式

步骤 07　选择优惠券类型后，进入"创建商品优惠券"界面，根据界面提示，填写优惠券的相关信息，如图 6-7 所示。即可完成直播间商品优惠券的设置。

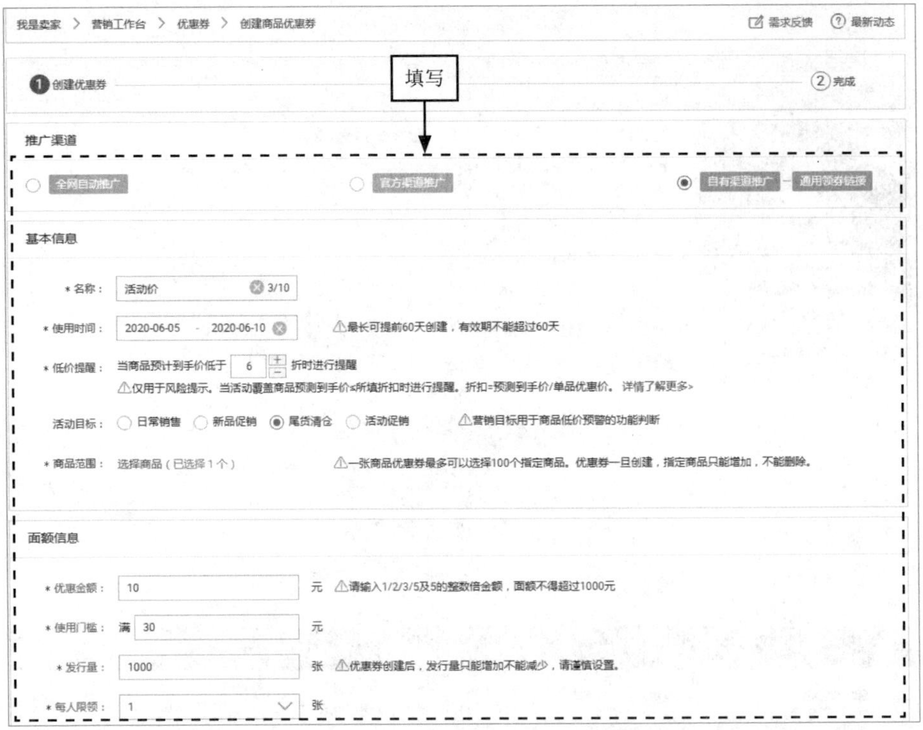

图 6-7　填写商品优惠券信息

6.1.2　直播专享价：把优惠留给直播间的粉丝

直播专享价类似于实体门店的会员优惠价，会员可以享受到比统一标价相对优惠的价位买入商品的待遇。直播专享价就是平台用户、消费者只有在直播间进行商品下单、购买，才能以低于标价的价格来购买到商品。

对于直播间的用户和粉丝来说，主播、商家设置直播专享价能够鼓励他们观看直播动态、关注直播间，这样也可以增加双方的亲密度。下面为读者介绍设置直播专享价的操作步骤。

步骤 01　进入直播中控台界面，在开始直播后，单击界面左端"权益玩法"主题下的"直播专享价"项目，如图 6-8 所示。

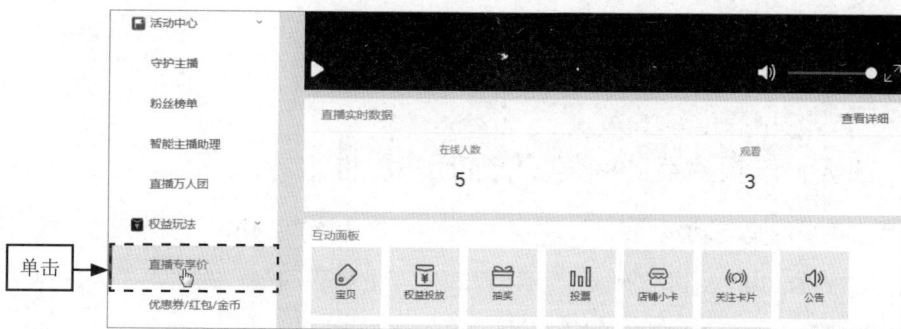

图 6-8　单击"直播专享价"项目

步骤 02　进入合作者平台，单击界面右上方的"发起招商"按钮，如图 6-9 所示。

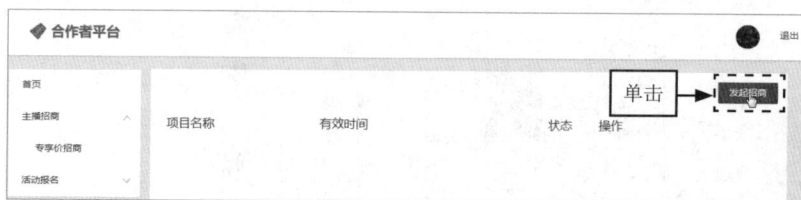

图 6-9　单击"发起招商"按钮

步骤 03　进入"发起招商"界面，❶ 填写招商信息；❷ 单击"完成"按钮，如图 6-10 所示。

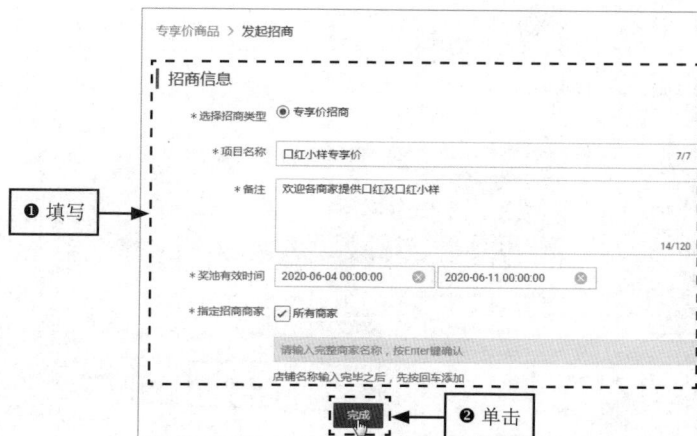

图 6-10　填写招商信息后单击"完成"按钮

主播发起招商后，需要等待商家报名。当商家参与此活动，发布商品信息给主播确认后，即可发布直播专享价活动。

6.1.3　抽奖：与买家互动抽奖，增加用户黏性

直播间采取抽奖互动方式，可以在短时间内活跃直播间气氛，这种互动方式相对来说比较激动人心、非常刺激，可以瞬间拉近主播和消费者的关系，也有利于增加直播间观众、粉丝对直播间的黏性。

下面为读者介绍在直播销售工作中设置抽奖活动玩法的操作步骤。

步骤01　进入直播中控台，正式开播后，单击互动面板下的"抽奖"按钮，如图 6-11 所示。

图 6-11　单击互动面板中的"抽奖"按钮

步骤02　进入"抽奖"界面，❶ 填写奖品信息、中奖人数；❷ 单击"开始抽奖"按钮，如图 6-12 所示。

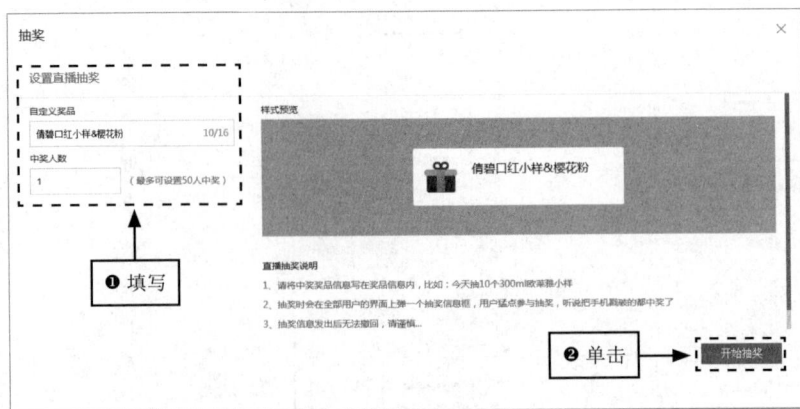

图 6-12　填写招商信息后单击"开始抽奖"按钮

注意：抽奖活动一旦发布，不可撤回；抽奖活动结束后，需要及时联系中奖者，以便进行领奖相关事宜

6.1.4 投票：拉票宣传，充分体现用户参与感

主播采取投票这种互动方式，不仅可以提升直播间观众、粉丝的参与感，甚至可以使他们产生一种使命感。适当地进行投票活动、制定不同的投票主题，让观众、粉丝们在参与过程中，分享自己的观点，一来能使整个直播间的粉丝彼此之间更加亲近，拉近彼此之间的距离；二来也能使观众、粉丝对直播间产生一种身份归属感。下面为读者介绍在直播间设置投票活动的操作方法。

步骤01 进入直播中控台，在开始直播后，单击互动面板下的"投票"按钮，如图 6-13 所示。

图 6-13　单击"投票"项目

步骤02 进入"投票"界面，❶ 设置直播投票，填写投票信息；❷ 单击"开始投票"按钮，如图 6-14 所示。

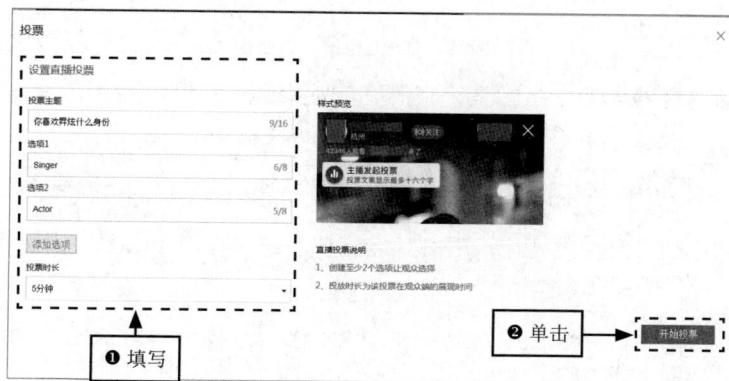

图 6-14　填写投票相关信息后单击"开始投票"按钮

步骤 03 进入"投票"界面，查看直播间粉丝投票状态，如图 6-15 所示。

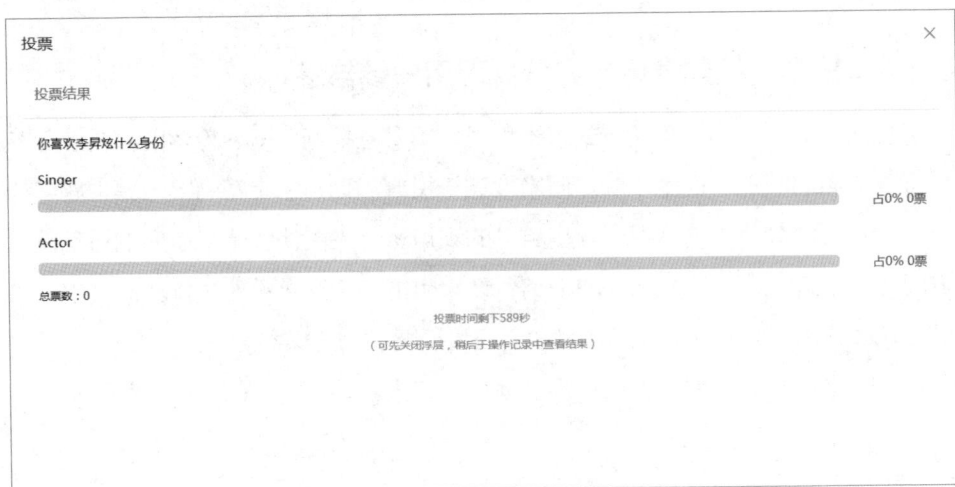

图 6-15　查看投票结果

6.1.5　天猫权益：红包雨、砸金蛋、点赞有礼

对于拥有天猫商家身份的主播来说，在直播间互动方式上，可以使用天猫权益中的红包雨、砸金蛋、点赞有礼等互动方式，提高粉丝的活跃程度，从而实现直播间吸粉引流工作。下面为读者介绍红包雨、砸金蛋和点赞有礼的具体玩法。

（1）红包雨。在直播过程中，商家主账号启动红包雨活动后，整个直播间会飘满红包图片，用户通过点击直播间飘下的红包，有机会抢到不同的奖品。

（2）砸金蛋。一种玩法是在直播过程中，主播直接给用户发送金蛋；另一种是用户点击屏幕上的金蛋图案，直播间的观众通过"砸"金蛋，就可以获取到红包。

（3）点赞有礼。在直播过程中，用户连续点击屏幕右下方的"赞"图标，点赞次数达标后，会弹出红包，用户开启红包后，就有机会获得主播提供的奖品。

> 注意：以上 3 项活动，均需要主播在开始直播前，提前设置好奖池，此外点赞有礼活动，主播还需要提前设置好激活红包所需要的点赞次数

6.1.6　淘宝直播连连看：提升整体用户的留存

淘宝直播连连看是平台为主播提供的一项直播间观众、粉丝互动工具。它通过显示在直播画面内，以此让直播间的粉丝和进入直播间的观众在直播间内进行互动。

粉丝在直播间提供的互动工具下，完成一定的任务项目，例如关注主播、点赞十次、点击店铺主页等。通过任务的完成情况（程度），就可以获取到平台所提供、发放的各类权益。通过这种互动方式，可以提升直播间整体用户的留存率，并且引入潜在的新粉丝。

6.1.7　淘宝直播招财猫：获得瓜分奖金的机会

淘宝直播招财猫作为直播间的一种互动方式，它和淘宝直播连连看一样，目的是为了留住直播间的粉丝，减少他们的流失比率。

淘宝直播招财猫通过给平台用户营造瓜分奖金的希望，鼓励他们参与活动。这样可以使得整个活动的热度呈现一种火爆状态，让更多的人了解这项活动，提高活动的参与程度、吸引更多的平台用户来参加活动。

通过这种方式，不仅能够为平台引入一批新粉丝，也能为参与活动的直播间引入一批新粉丝。

6.2　发布直播：更多直播的分享渠道

直播开启后，为了使直播间能够被更多的用户（网友）看到，吸引它们进入直播间观看直播，提高直播间在线观看人数，最终实现提高商品销售数据的目的，主播可以把自己的直播内容发布到不同的平台（渠道）上，这样可以最大限度地扩大直播的辐射范围、提高直播间的流量注入。

类似于网络作家一文多发模式，一篇文章，分别在公众号、知乎、微博等平台发布，以此被不同平台上的用户阅读、关注，获取不同平台上的流量。本节就为读者介绍直播分享的渠道，以及具体的分享方法，以此实现流量注入直播间的目的。

6.2.1 淘宝社交：将淘宝直播同步到微淘板块

微淘类似于现在的 QQ 和 QQ 空间，微信和微信朋友圈一样，主播、商家在微淘上面可以发布一些店铺活动或者直播活动动态，喜欢这条动态的人就可以选择点赞或者转发，以此推荐此条动态给更多的人看到。图 6-16 所示为微淘动态下的阅读、点赞情况。

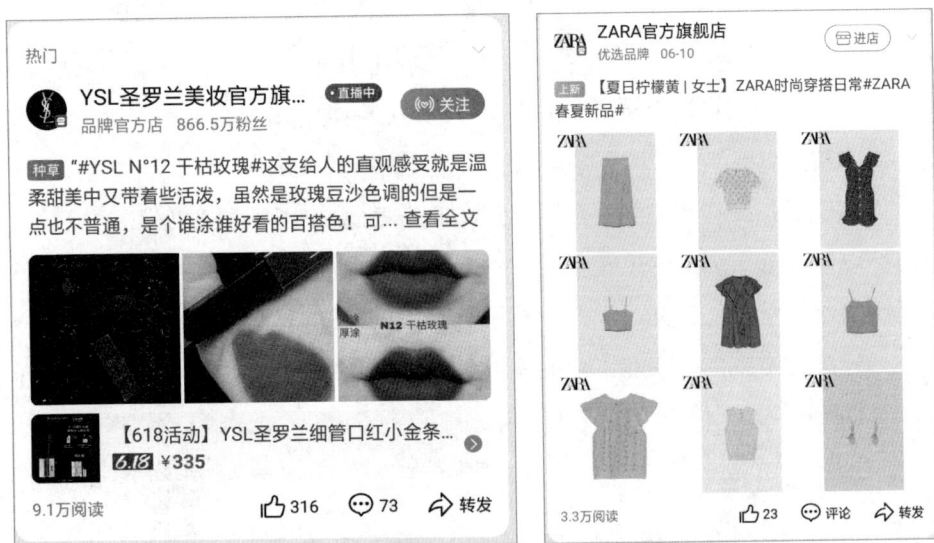

图 6-16　商家动态下的阅读、点赞情况

点赞数量高的动态就有机会被推上头条、打上"热门"标识，从而获取到更多的流量关注。当主播发布直播视频后，系统会自动推送到微淘界面，用户只需要点击手机淘宝里微淘主页内的直播板块，就可以看到有关直播的动态推送。

6.2.2 商家主页：直播同步店铺首页和详情页

将淘宝直播同步到店铺首页和详情页，会给每一个进行店铺首页浏览商品的消费者或潜在消费者释放一个："现在店家在进行直播，快进入直播间来了解你心仪的商品吧！"的信号。对于商家主播来说，将直播同步在店铺首页和商品详情页可以把店铺首页、商品详情页的流量引流到直播间内。

除此之外，在顾客浏览商品信息时，通过观看主播对商品的讲解视频，可以消除顾客在购买商品前的犹豫心理，在一定程度上也可以激发顾客的购买欲望，以此提高商品的下单率。图 6-17 所示为同步到商品详情页的直播消息提示。

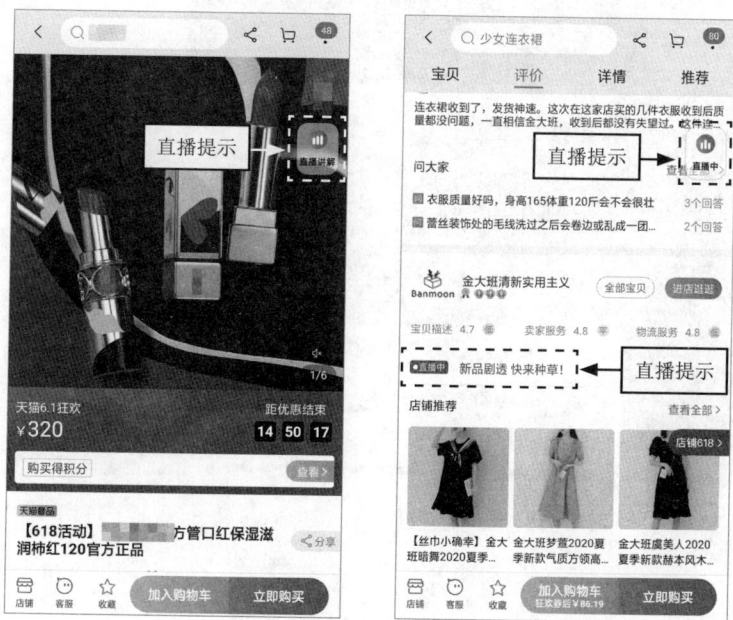

图 6-17　同步到商品详情页的直播消息提示

由于大部分顾客都会选择进入店铺主页和商品详情页来了解商品，因此将直播信息同步到店铺主页和商品详情页就非常重要，下面就为读者介绍将直播预告或直播同步到店铺主页和商品详情页的操作方法。

操作步骤：创建直播预告后（或正式开播后），❶ 在界面中单击"同步到"信息框；随即显示两个同步渠道选项，❷ 选择"同步到店铺 & 商品"选项；最后，在弹出的"设置店铺 & 商品详情展示"界面里，❸ 单击"确认"按钮，如图 6-18所示。

图 6-18　设置直播预告同步到店铺＆商品

6.2.3　社交平台：将淘宝直播同步到微博

　　微博是现在社交平台上拥有较高浏览量和下载人数的一个社交网络平台，微博的流量非常庞大，即使用户在粉丝人数极少的情况下，发布的微博动态也可以获得数百以上的浏览量。

　　因此，主播可以利用微博的浏览、传播效率，将直播同步到微博社交平台上，以此吸引更多的人来观看直播内容。下面分别为读者介绍在 PC 端、手机端将淘宝直播同步到微博的操作方法。

　　（1）PC 端（电脑端）：正式开播后（或发布直播预告后），❶ 在界面中单击"同步到"信息框；随即显示两个同步渠道的选项，❷ 选择"同步到微博"选项，如图 6-19 所示，即可同步到微博平台上（注：未绑定微博账号的主播，会跳转到绑定界面）。

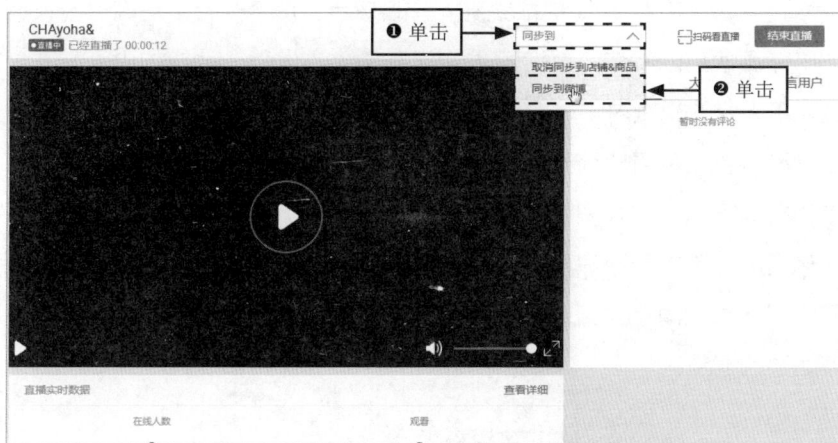

图 6-19　在 PC 端上将直播同步到微博平台

（2）手机端：❶ 在直播状态下，点击直播界面下方中的"更多"图案按钮；
❷ 在弹出的信息框内点击工具项目下的"同步微博"工具，如图 6-20 所示，即
可将直播同步到微博平台上。

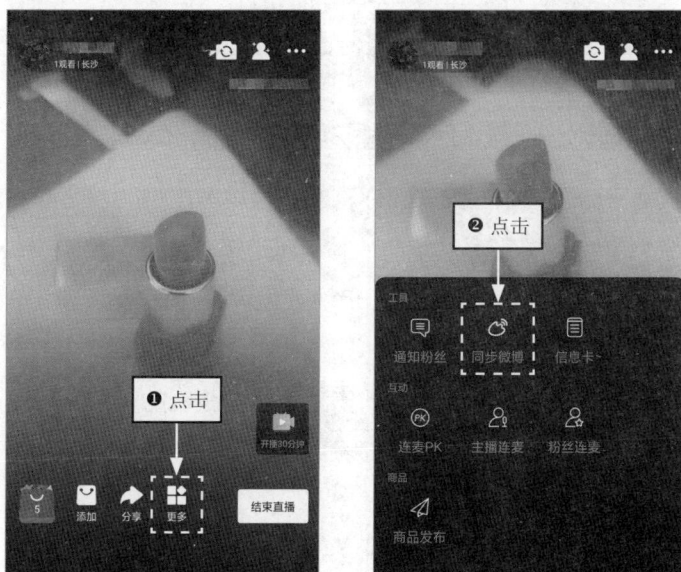

图 6-20　在手机端上将直播同步到微博平台

6.2.4　视频平台：将淘宝直播同步到优酷

优酷作为一个下载量极高的视频播放器平台，它不仅自带超高流量，而且平台上的用户黏性高。将淘宝直播同步到优酷平台，作为一种新的引流方式，正在慢慢进入了大众的视线内（注：目前该功能正在内测中）。

在优酷平台上观看电商直播，与在其他的平台上有一点不同，当用户在优酷平台上的直播画面内登录淘宝账号后，可以在该直播界面上直接下单购买主播正在讲解的商品，不需要用户再跳转到淘宝平台内去购买。这种购物方式把消费者的购买流程做到最简化，因此在一定程度上可以避免顾客在购买流程中出现阻碍或放弃购买的现象。

6.2.5　圈子团体：利用群聊告知淘宝直播

对于主播、商家来说，创建淘宝群可以把顾客、粉丝聚集在一个圈子里。在粉丝群内，主播或工作人员可以和群成员及时沟通、联系，这样可以拉近顾客和粉丝之间的距离，增加彼此之间的亲切感。

一般在群里，主播、商家可以通过发红包、优惠券等活动来维系、增强群聊成员们的黏性和活跃度。同时主播在发起直播前，可以将直播相关信息公告在粉丝群内，利用粉丝群将直播内容进行宣传，以此提醒群成员来观看直播。

6.2.6　用户群体：打通淘宝直播内容与"猜你喜欢"

在淘宝直播平台里，以往的"猜你喜欢"板块内出现的都是商品信息，而现在用户在浏览"猜你喜欢"板块内容时，就可以选择"直播"项目，进入直播界面，不需要用户一定要进入到"淘宝直播"板块才能观看到直播。

"淘宝直播"频道和"猜你喜欢"频道两者之前的打通，相当于为直播间多开拓了一个引流渠道。此外，在直播销售画面中被截取的直播片段画面也可以出现在"猜你喜欢"板块。图 6-21 所示为通过"猜你喜欢"板块来观看直播。

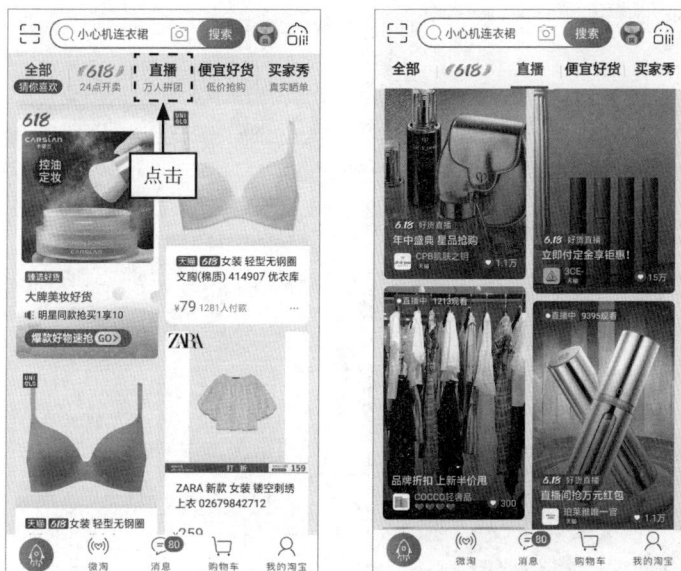

图 6-21　通过"猜你喜欢"板块来观看直播

6.3　变现方式：让直播带来更多价值

对于从事直播销售的主播来说，除了直播销售工作本身可以获得的经济效益之外，还可以通过其他途径来获取变现。主播要善于学会利用自己已有的资源，进行资源置换，以此获得更多的经济效益。本节主要介绍从事直播销售工作的一些其他变现方式。

6.3.1　完成 V 任务：获取更多的任务酬劳

阿里 V 任务是阿里公司推出的关于直播内容推广的平台机构，它属于"鹊桥"角色，通过连接主播和商家两方，以此来促成两者之间的商业合作，帮助他们获取各自的经济效益。

商家会在阿里 V 任务平台上，发布酬劳不一的任务项目，达人可以自由选择接单任务。达人主播能为商家提供的服务有：提供商品或品牌的内容创作、推广、推送服务。当主播根据商家制定的协议，在完成任务后，就可以获取到约定的任务酬劳。

达人也可以自己主动去寻找合作商家，扩大合作范围。此外，达人自身粉丝人数越多、粉丝购买力越强，自身的佣金就会越高。下面为读者介绍达人通过"淘宝主播"App 寻找合作商家的操作步骤。

步骤01 在手机上打开"淘宝主播"App，进入账号后台，点击屏幕底端的"合作"栏目，如图 6-22 所示。

步骤02 进入"合作"界面，点击"找商家"主题，如图 6-23 所示。

图 6-22　点击"合作"栏目　　　　图 6-23　选择"找商家"项目

步骤03 在"合作"界面中从下往上滑动屏幕，会出现"推荐商家合作"板块，如图 6-24 所示。

步骤04 在板块内选择想要合作的商家，点击商家信息栏右侧的"合作"按钮，如图 6-25 所示。

图 6-24 滑至"推荐商家合作"板块

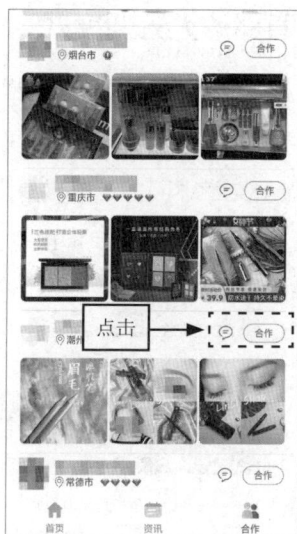

图 6-25 点击"合作"按钮

步骤 05 进入商家店铺，了解商品类型，确定合作后，点击界面中的"私聊"按钮，如图 6-26 所示。

步骤 06 进入私聊界面，如图 6-27 所示，主播可以询问商家关于合作的情况。

图 6-26 点击"私聊"按钮

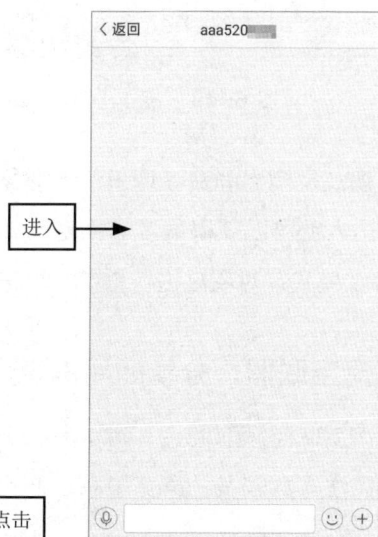

图 6-27 进入聊天沟通界面

6.3.2 直播达人分佣模式：CPC、CPS 选货

CPC 模式是当消费者阅读主播发布的纯文字商品介绍内容后，点击主页内的商品，达人就可以获得用户点击商品的点击佣金。当消费者在淘宝平台上阅读文章内容，点击文章界面显示的"商品"按钮，进入文中商品界面，再点击"购物车"图案后，达人即可获得商家提供的点击佣金，如图 6-28 所示。

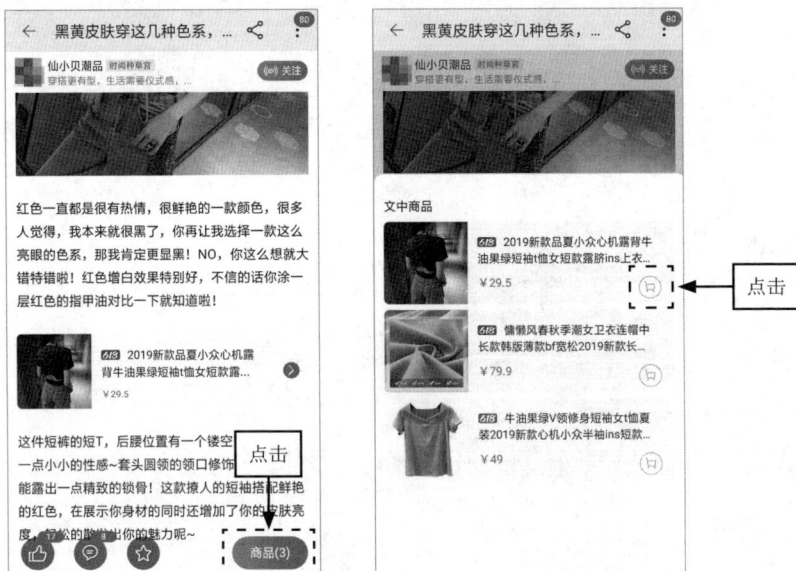

图 6-28　点击"商品"按钮，点击"购物车"图案

CPS 模式是指当消费者通过达人对某款商品的推荐，产生实际的购买行为，那么这个达人就可以获得推广这个商品的淘宝客佣金，此外，商家身份主播也可以通过 CPS 模式，对商品进行推广、种草，从而获得佣金。

6.3.3 淘宝联盟：分享商品信息赚取酬劳

使用淘宝联盟赚取佣金，对于主播来说，操作简单，容易上手，并且自身的社交平台关注人数较多，浏览量高，购买商品人数多的话，可以赚取的佣金就会非常多。

达人只需要在手机应用市场下载"淘宝联盟"App，使用淘宝账户登录，在

App 端查找商品，点击宝贝右侧"赚"进行分享推广，一旦有买家通过达人发布的推广链接下单，交易成功，那么达人主播就可以获得佣金。

6.3.4 智能数据助理：了解直播种草效果

对于各位主播来说，了解自己的直播种草效果、查询自己的种草成交金额，可以更好地帮助主播提升或改善自身的种草水平，以及正面客观地看待自己的种草效果。

现在，主播如果想快速了解自己的直播种草效果以及成交金额等其他相关数据，可以通过"智能数据助理"这一程序来实现自己的目的。下面为读者介绍如何使用智能数据助手来获取到自己的直播种草金额。

步骤 01 在手机上打开"淘宝主播"App，进入账号后台，滑动屏幕至下方，在"更多工具"板块下，选择"智能数据助理"选项，如图 6-29 所示。

图 6-29 选择"智能数据助理"选项

步骤 02 进入"智能数据助理"界面，选择"查看我的直播核心数据"选项，即可查看到主播的核心数据分析情况，如图 6-30 所示。

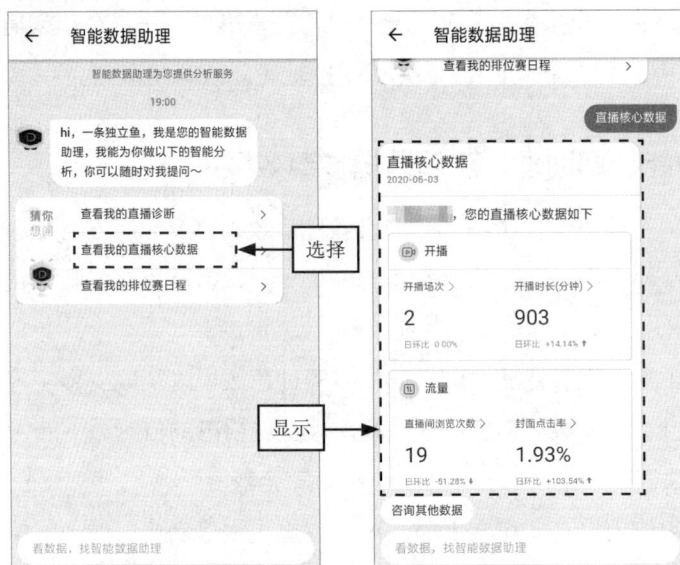

图 6-30   查看我的直播核心数据

步骤 03 滑动屏幕至下方，到直播核心数据分析的下端位置，点击"种草成交金额（元）"项目，即可得到自己的种草成交金额数据，如图 6-31 所示。

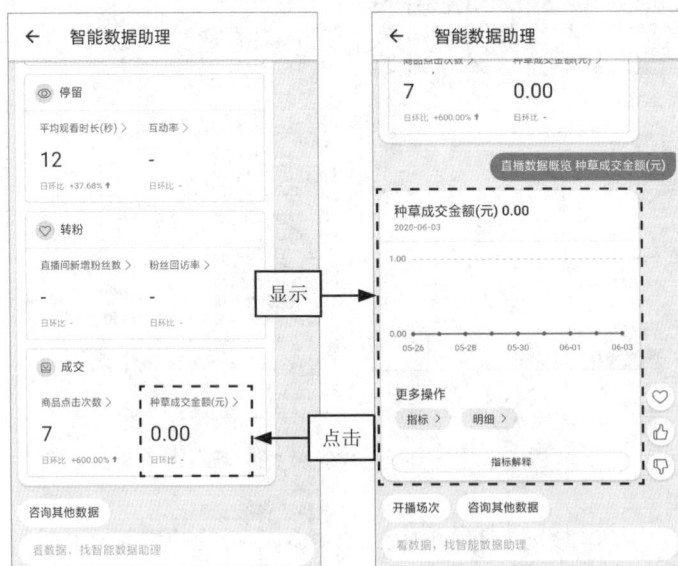

图 6-31   点击"种草成交金额（元）"项目，得到数据分析

第 7 章

粉丝运营：让粉丝拥护你，争抢你推荐的产品

主播进行直播带货工作时，要想使自己的直播间稳定地运营和发展，获得用户关注，其中一个关键之处就是学会粉丝运营，好的粉丝运营可以使直播间的流量充裕，更能够使粉丝主动争抢主播推荐的产品。本章为读者介绍直播间粉丝运营的相关知识，帮助主播学会粉丝运营，提高直播间的流量和销量。

7.1　私域流量：冷启动拉新，获取粉丝

主播在进行直播的过程中，需要不断地去吸引粉丝前来关注自己的直播间，面对这项吸粉引流任务，主播可以尝试在私域领域来获取流量，从而获取到更多粉丝的关注，为自己的直播间注入更多的流量。

这种通过私域途径获取流量的方式，可以真正提高转粉效益，用户成为粉丝的概率也非常大。本节为读者介绍在个人私域获取粉丝流量的途径和方法，从而帮助主播快速获取粉丝流量。

7.1.1　站外拉新：微博、微信、抖音

主播在进行直播间引流工作时，可以采取复制链接、二维码分享、跨平台分享 3 种方式，进行站外吸粉和引流工作。而微博、微信、抖音都是现在很流行、用户人数广泛的社交互动 App 平台。下面就以"淘宝直播"为例，为读者介绍淘宝主播进行站外吸粉引流的操作步骤。

第 1 种方法：跨平台快速分享，平台支持对主流平台进行快速分享。

步骤 01 进入主播主页界面，点击右上角的"…"图标，如图 7-1 所示。

步骤 02 在弹出的"功能直达"界面中，点击"分享账号"按钮，如图 7-2 所示。

步骤 03 在弹出的方框选项中，选择"微博"平台，如图 7-3 所示。

步骤 04 进入微博分享界面，点击"发送"按钮，如图 7-4 所示，即可完成跨平台发送主播信息。

图 7-1　点击"…"按钮

图 7-2　点击"分享账号"按钮

图 7-3　选择"微博"平台

图 7-4　点击"发送"按钮

第 2 种方法：直接通过复制链接的方式进行分享。用户点击链接就会跳转进入主页。操作方法：只需在图 7-3 弹出的界面中，点击"复制链接"按钮，即可通过复制主播账号链接在站外平台分享主播账号。

第 3 种方法：二维码分享。操作方法：在图 7-3 弹出的界面中，点击"当面扫码"按钮，即可生成二维码，用户使用手机淘宝扫一扫即可查看主播信息。

7.1.2　站内拉新：店铺私域、微淘

主播在私域进行拉新，除去在站外获取粉丝关注外，还可以在站内获取自己的粉丝流量，其中在平台内获取直播间新粉的一个重要途径就是通过店铺私域、微淘来获取粉丝。

例如，用户向店铺客服询问时，客服会自动回复直播间链接，从而使用户快速进入到直播间内；当用户关注店铺微淘后，会在微淘平台上接收到店铺有关直播的相关信息。这样可以引导原本就关注店铺的粉丝观看直播、关注直播间，不仅可以提高直播间的气氛、热度，还可以帮助直播间获得更多的浮现，被平台上其他用户点击观看。

7.2　公域流量：获得更多曝光，转化用户

主播学会在私域获取流量后，也要积极利用公域的资源来吸引粉丝注入。在公域进行吸粉引流，主播和直播间都有可能被成千上万的用户浏览、了解、关注。由于公域的受众用户广泛，在将用户转变成直播间粉丝的效率上，自然会具有一定的优势。本节就为读者介绍在公域领域获取流量的几种途径，以此来获取更多的粉丝流量。

7.2.1　直播看点：点击率最高的模块

在淘宝直播平台上，主播只需要正确地使用"直播看点"功能，"直播看点"内容就有机会被平台直接推荐到淘宝直播频道的精选模块主页中，位于界面前端位置。

一旦平台用户进入淘宝直播频道内，就会看到该区域位置，这就表示每一个点击进入淘宝直播界面的用户都能浏览到该主播的直播间，而该直播间就有机会获得丰富的流量。因为在此位置有机会得到成千上万的用户来点击观看，从而吸引用户关注。图 7-5 所示为淘宝频道首页点赞最高的模块位置和看点演示。

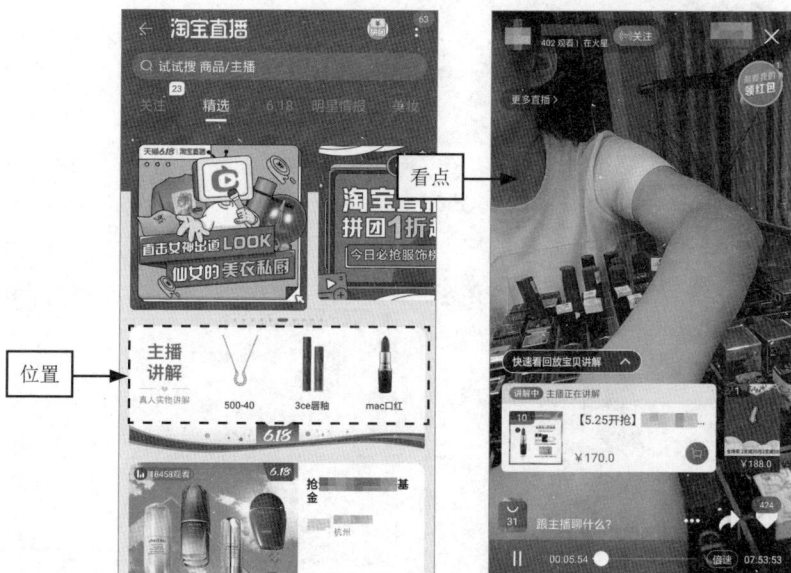

图 7-5　直播看点展现的位置和演示

7.2.2　直播权益：提高公域曝光转化率

直播权益就是主播进行直播销售工作前，适当地把直播间所涉及的一些权益、优惠信息展现在直播封面上，这样可以快速吸引用户进入直播间观看直播。

对淘宝直播的用户来说，在选择直播间观看上面，拥有太多的选择，部分用户也只是在浏览直播间封面时，随机选择、点击某直播间来观看直播。

主播可以积极抓住这部分用户群体，一旦用户点击进入直播间，不仅有机会提高商品销量，而且也可能把他变成自己直播间的粉丝，此外随着直播间点击的人数增多，平台也会给该直播间更多的曝光频率。图 7-6 所示为直播权益在直播封面上展示的两种类型。

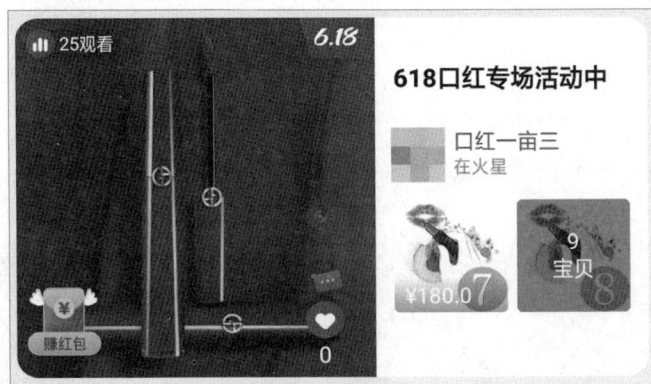

红包型

优惠券型

图 7-6　直播权益在直播封面上展示的类型

7.2.3　钻展引流：抢占更多优质手淘资源位

主播可以使用钻展平台来获取公域流量。钻展是一个广告位竞价投放的平台，凭借图片创意，吸引用户点击，属于淘宝网图片类，是为淘宝卖家提供的营销推广工具。

当卖家从竞价中获胜后，就可以在淘宝的首焦位置进行广告投放，以此实现直播间自主引流，提升直播账号私域运营能力。图 7-7 所示为钻展开放的资源位置。

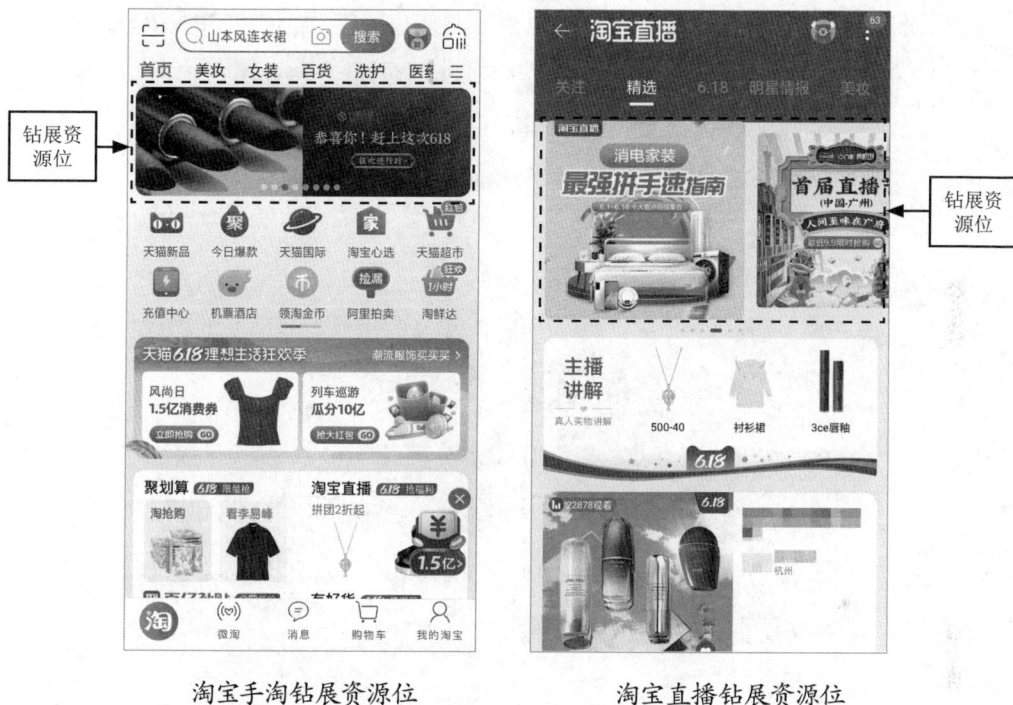

淘宝手淘钻展资源位　　　　　　淘宝直播钻展资源位

图 7-7　钻展资源位

7.3　粉丝转化：将用户转化为粉丝

直播间的观众在一定程度上可以看作潜在的粉丝群体。当主播、商家吸引用户点击直播封面，进入直播间内观看直播，这时就需要尽快将这些观众转化成直播间实实在在的粉丝。

本节就为读者介绍如何将直播间的观众转化成直播间粉丝的方法，从而帮助直播间快速获取到流量，改善直播间流量注入不佳的情况。

7.3.1　利益驱动：提供专属粉丝的福利

主播可以采取利益吸引方式，来驱动用户关注自己的直播间，如提供专属粉丝的福利、活动，这种身份的权限可以有效驱使直播间的用户来关注该直播间。在现在的直播间里，很多主播或直播团队都采取该方法来转化用户。

观众不仅可以在直播画面中看见只有直播间粉丝专享的活动或者福利，在直播过程中，主播也会多次向用户强调该身份权限的优势。

例如："只有关注主播直播间，才可以享受到该产品、该活动的专属福利，某款商品售价 39.9 元，粉丝通过联系客服，只需 29.9 元就可以购买到商品！"只要观众想参与、享受到相关活动或福利，便会选择成为直播间的粉丝。图 7-8 所示为直播间采取的利益驱动方式。

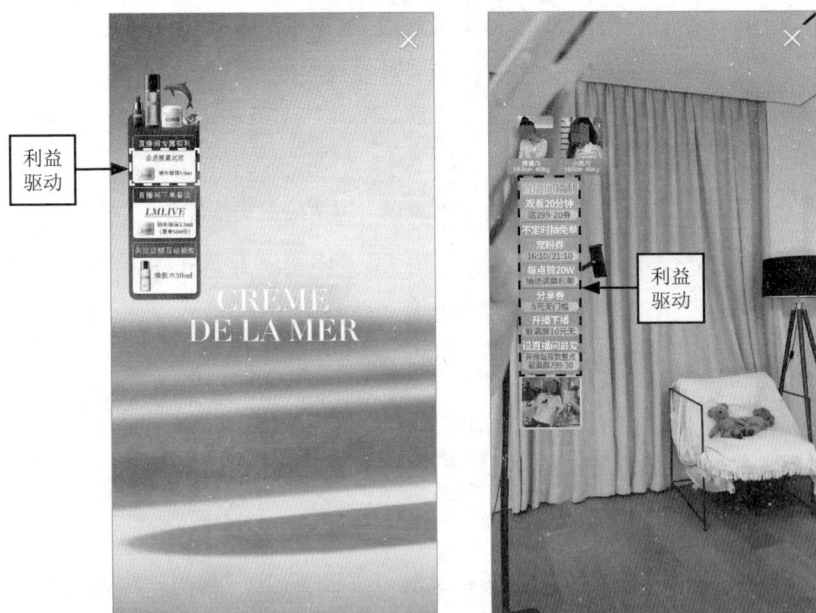

图 7-8　直播间利益驱动方式

7.3.2　关系驱动：吸引周边的强关系用户

关系驱动中的"关系"不仅仅是和用户建立起卖家和买家的商业关系，而是在此基础上再增加更深层次的社交关系，通过这种关系，来吸引更多的用户关注主播，成为该主播的粉丝。

这是因为关系驱动会激发用户的归属感，以及依赖感。平台用户为了成为某种关系圈里的一分子，会很乐意成为该主播的粉丝，而且这种方式有很强的影响力，当某一个人加入一个关系圈（群体）之后，他会在自己周边的家人、朋友圈内进行自发宣传，鼓励他们也加入其中。

在直播行业里，薇娅和"薇娅的女人"、李佳琦和"李佳琦的所有女生"，就是成功通过关系驱动来吸引更多用户关注的典范。

7.3.3 事件驱动："特点＋热点"完美融合

事件驱动简而言之就是通过某个事件来吸引用户，从而转化为粉丝，其中关键的就是要学会把"特点"和"热点"融合在一起，进一步吸引用户观看直播，对直播间产生更多的兴趣，从而关注直播间。

比如，淘宝平台举办的"618"活动，就是一个极具热点的事件，在这个热点下，直播间可以根据自己直播的情况，设置一些有特色的活动或奖励等，从而获取到更多的直播间粉丝。图 7-9 所示为直播间在淘宝平台的"618"活动下，结合自身直播间特色开展的活动。

图 7-9　事件驱动项目

7.3.4 地域驱动：寻找有相同地理背景的人

对于人来说，非常喜欢寻找群体组织，以此来增强自己的归属感，而在寻求群体组织的过程中，地域因素是一个重要的判断和筛查点。

通常，人处于一个陌生环境时，出于某种保护或礼仪的原因，会选择尽量隐藏自己，但当在人群中发现某人和自己是来自同一个省份或在同一个地方生活过，便会自动降低警戒线，主动去接近这个人，这就是地域因素的效果。

因此，主播可以积极利用地域因素来吸引用户的注意、关注。图 7-10 所示为直播间标注的地域位置信息。

图 7-10 直播间地理位置展现

此外，主播也可以利用用户的移情效应来提升自己直播间的形象。例如，杭州属于电商大城，那么主播在直播封面的位置上标注杭州，自然会让用户联想到杭州的电商专业氛围。这种城市印象效应会为直播间塑造出一种更加可靠、专业、规范的形象。

7.3.5 兴趣驱动：契合粉丝的兴趣爱好

主播采取兴趣驱动的方式来获取粉丝，往往容易获得直播间观众的好感，使她们产生一种："哦，原来主播也和我一样喜欢这个"的想法，这种想法会降低观众对主播的心理距离感，一瞬间抓住直播间观众的注意力。

同时，主播在使用兴趣驱动方式时，一定要注意去契合粉丝的兴趣爱好。这需要主播先识别、判断出自己直播间的粉丝群体类型。

如果直播间粉丝群体偏向年轻化、新潮化，那么主播就可以去了解一下最新的热门搜索话题榜，适当在直播过程中体现出来；如果粉丝群体主要是宝妈群体，那么主播在直播间就可以谈谈母婴、育儿这方面信息。

7.3.6　荣誉驱动：满足求胜心，增加荣誉感

荣誉驱动方式是把主播和粉丝联合成一体，使他们站在同一条战线上，为同一个目标奋斗。当主播向直播间的观众表达出自己的目标或者愿望时，粉丝一旦被主播所立下的目标或者心愿打动，就会心甘情愿地在主播实现目标的道路上贡献出自己最大的力量。

这种奋斗的氛围最能吸引观众的关注，同时直播间的观众也会主动地去帮助主播在更多平台上进行应援、支持，以此吸引到更多的粉丝。

荣誉驱动的方式可以增强直播间用户的荣誉感，满足用户的求胜心，陪着主播一起成长，一起见证主播目标实现的时刻。这也是为什么在选秀节目上，粉丝为了让自己的偶像出道，会有组织、有规模地花费大量人力和物力进行投票打榜。

7.4　粉丝沉淀：粉丝的可持续变现

当直播间获得越来越多的粉丝关注后，主播要学会把这种粉丝变成直播间的忠实粉丝，使他们沉淀在自己的直播间内。

一旦直播间留存了一批核心老粉，就可以实现粉丝的可持续变现，而这种现象对于直播间的整体发展绝对有一定的积极作用。本节就为读者介绍一些沉淀粉丝的方法、措施。

7.4.1　超级推荐：引入更多新粉丝

采取超级推荐的方式来引入更多的新粉丝。超级推荐是指阿里巴巴大数据推荐算法，它会把直播间或商品信息穿插在平台的各种引流、推荐场景中。通过此算法，可以帮助主播、商家在淘宝平台上找到精准的潜在目标人群。

超级推荐会从多种维度来寻找适合投放信息的目标人群。例如，在手淘的"猜你喜欢"推荐场景中出现直播短视频、商品长图等原生形式信息。采用平台的超级推荐，可以有效地引入用户，获取直播间粉丝。

7.4.2　关注有礼：让用户沉淀为粉丝

关注有礼，是一种促使用户沉淀为粉丝而采取的方法。关注有礼中的"礼（物）"，可以激发、满足直播间观众的兴趣或需求。当观众被打动后，就会主动地去关注主播，成为直播间的粉丝。图7-11所示为直播间"关注有礼"相关信息标识。

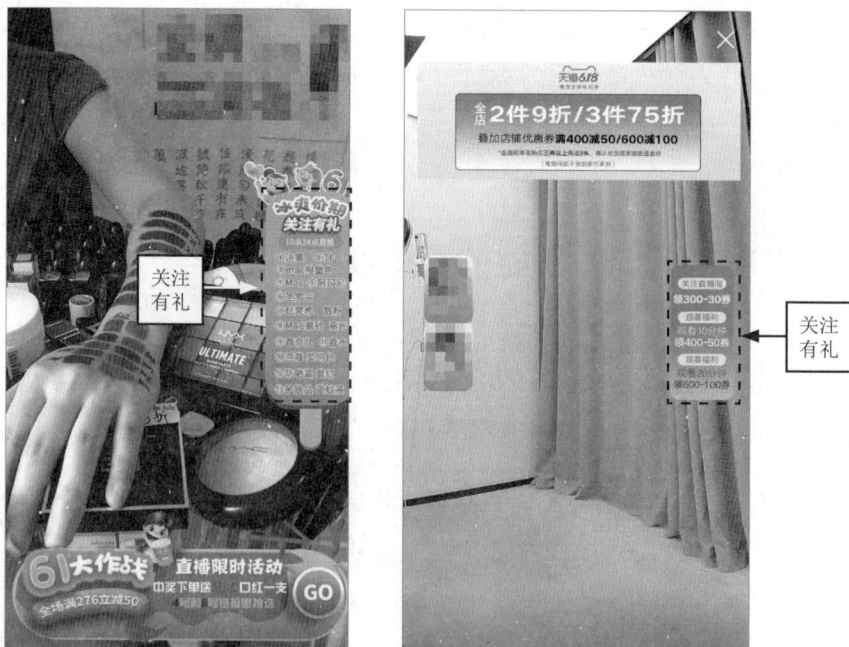

图7-11　关注有礼活动

7.4.3　粉丝分层：根据等级发送福利

粉丝分层是指根据粉丝不同等级来有针对性地发放福利。类似于在图书馆办理图书证，办理初级图书证一次只能借 5 本书，二级图书证可以一次借 10 本，而最高三级图书证可以一次性借 16 本书，当然图书证的等级不同，所缴纳的押金也不同。

主播采取分层发放福利的方式会激励低等级粉丝向更高等级粉丝发展，因此粉丝会积极配合主播发布的任务，主动完成相关晋级任务，以此实现粉丝等级晋升，获得更多的福利。图 7-12 所示为直播间开展的活动，根据粉丝等级不同，奖品也有区别。

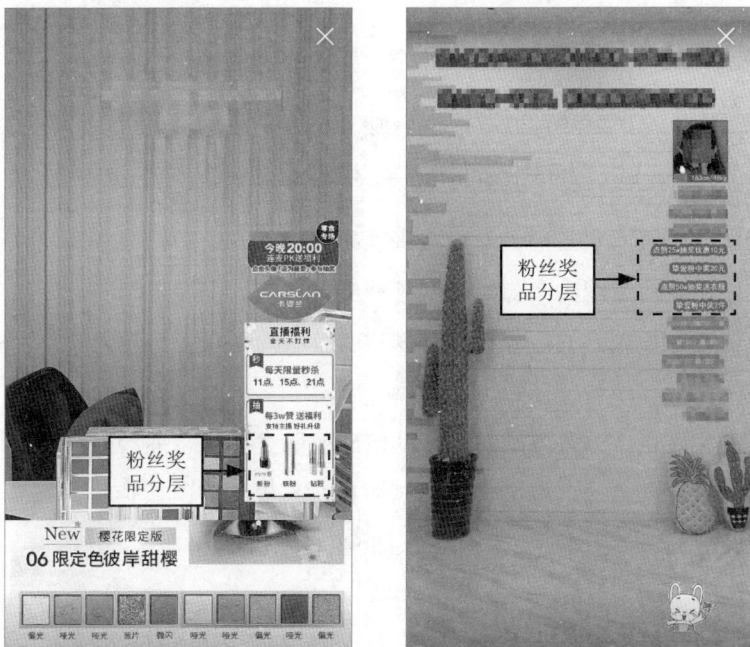

图 7-12　活动福利分层设置

7.4.4　亲密度玩法：提高互动的利器

粉丝亲密度是指粉丝和主播之间互动的频率指数，通过建立亲密度玩法，主播可以自行设置各种提升亲密度的任务，粉丝以打卡的形式来完成相应任务，在此过程中，粉丝会产生打卡习惯，对该直播间投入更多的感情。

粉丝随着任务完成可以获得相应的分值，分值累计到一定程度，到规定的亲密度分值后，就可以升级为不同等级的主播粉丝。图 7-13 所示为粉丝亲密度的等级数据。

对应等级	等级数量	分值区间
新粉	★★★	0~499
铁粉	★★★★	500~1 499
钻粉	★★★★★	1 500~14 999
挚爱粉	★★★★★★	15 000+

图 7-13　粉丝亲密度等级数据

7.4.5　店铺玩法：提高直播用户留存

店铺可以采用淘宝直播会员玩法来提高直播间的用户留存率。商家在开通店铺会员后，在直播过程中向粉丝展现店铺会员入口、权益，向粉丝许诺一定的利益优惠，告知粉丝入会的好处，就可以吸引直播间观众、粉丝入会，引导他们成为店铺会员。

对于商家来说，这种方式可以帮助自己获得更多的店铺会员，另外采取直播形式来运营、管理会员，以会员的形式来提高直播用户的留存率。图 7-14 所示为直播间展现的入会引导信息和入会权益说明。

图 7-14　入会入口展示和入会权益说明

7.4.6　粉丝维护：提升粉丝的活跃性

对于主播来说，在粉丝维护上主要是提高粉丝的活跃度，而想要提高粉丝活跃度，关键在于和直播间粉丝进行良好的互动，例如在直播过程中，主播要时刻关注直播间弹幕上观众、粉丝所发表的信息，并且有针对性地进行回复。

通过多种互动方式，可以让直播间的粉丝在整个直播过程中，产生被关注、被重视的感受，从而增加对主播或直播间的黏性。

粉丝在和主播互动往来的过程中，活跃度会得到大幅度地提高，更加有利于粉丝的沉淀。主播和直播间粉丝互动的方式越多样化、新颖化，就越能提升粉丝的活跃性。

7.5　粉丝召回：让粉丝养成固定回访模式

粉丝召回在直播销售行业中是指当直播间开播时，能够召回直播间的粉丝来及时观看直播。这样做的终极目的是使粉丝养成一个固定回到直播间内观看直播的习惯。

主播运用适当的粉丝召回手段，可以让粉丝和主播之间产生一种稳定的联系，这种联系可以维护直播间粉丝的稳定性，维持直播间粉丝群体的活跃性，进而增强粉丝对直播间的依赖感。本节就为读者介绍在直播平台中召回粉丝的方法和途径，以此帮助主播在直播销售工作中更好地召回粉丝前来观看直播。

7.5.1　直播消息提醒：向粉丝告知直播动态

直播消息提醒功能是指当粉丝所关注的主播发起直播后，系统会自动向粉丝发送直播动态消息进行提醒。这种方式可以快速告知粉丝有关主播、直播间的最新消息，以此提醒粉丝前去观看直播。

7.5.2　内容订阅号：调动粉丝活跃度

订阅号推送方式就像是微信公众号给用户发送的信息推送，提醒粉丝去观看相关内容动态一样，当粉丝关注有内容订阅号权限的达人主播账号后，同时会自动关注该达人主播的内容号。

直播内容订阅号是将直播中会涉及的一些活动内容或者直播商品等其他信息，采取图文介绍模式告知给关注直播间的粉丝，同时会在内容号文章中不定期设置留言抽奖活动。

因此，粉丝会主动点击内容号，观看内容号。通过这种方式，可以有效调动直播间粉丝的积极性，鼓励他们在内容号中进行留言、点赞、收藏。图 7-15 所示为内容号的主页、内容号中的盖楼有奖活动信息。

图 7-15　内容号中盖楼抽奖活动信息

7.5.3　微淘：粉丝召回的重要工具

微淘作为淘宝一款社交分享板块，是主播告知粉丝直播间最新动态情况的重要工具。主播、商家通过在微淘主页上发布各种动态消息，以此让粉丝们可以了解最新的商家店铺消息，引起粉丝的注意。

微淘作为淘宝平台的社交平台，其优势就是可以把有关直播销售内容中会涉及的商品以短视频或图文结合的形式进行宣传，展现在粉丝的视线中，这样可以让粉丝产生进一步了解欲望，从而吸引粉丝进入直播间内观看直播。图 7-16 所示为微淘主页内，主播、商家发布的商品短视频、商品图文宣传信息。

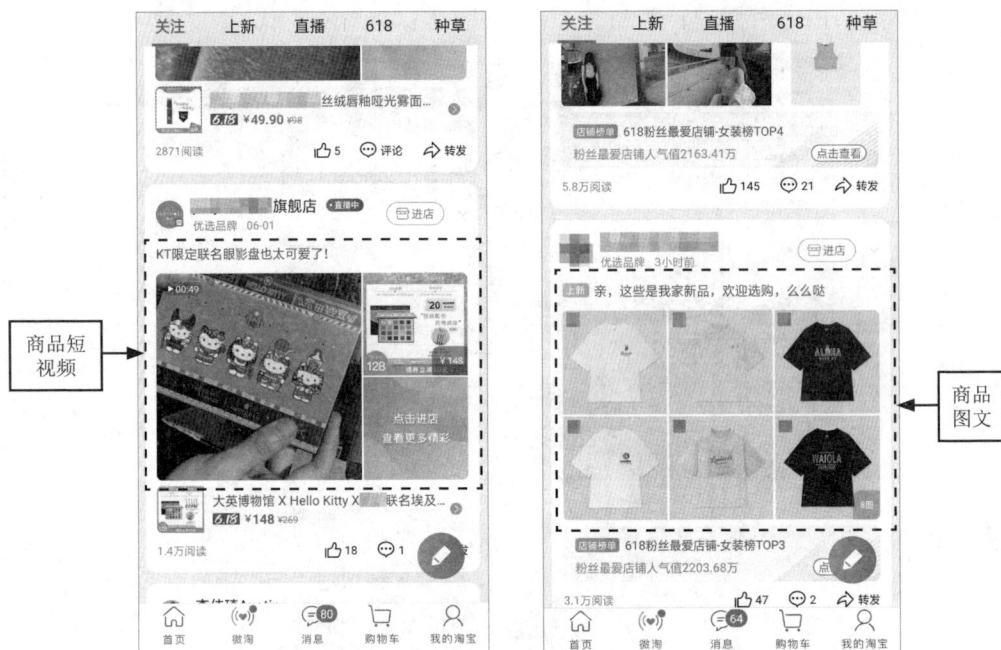

图 7-16　微淘主页中的商品短视频和商品图文信息

7.5.4　粉丝群：在群内做预热互动

主播在直播前，可以自行在建立好的粉丝群内进行直播预热互动工作，提前向粉丝群里的粉丝成员告知直播开播时间、商品信息、活动奖励、惊喜活动等信息。采取在粉丝群进行直播预热互动，能够让粉丝主动去点击观看直播，以此提高直播间的人气，实现粉丝召回。

第 8 章

直播间运营：收获百万粉丝，"带货"更轻松

直播间的运营，涉及营销方案、商品介绍以及相关注意事项，采取合适的直播间运营方式，在很大程度上可以影响观众的购买意向。本章将为读者讲述关于直播间运营的相关信息，以此帮助主播在直播间向观众介绍商品时更加游刃有余，带货更加轻松。

8.1 营销方案：直接连通流量，爆炸式传播

主播在进行直播活动时，选择适合的方式进行直播，可以帮助主播在直播销售工作中轻松带货，尤其是在现在越来越多的人加入直播销售行业的情况下，主播要学会选择走一条"快速带货"的捷径。本节就为读者介绍在从事直播销售时，如何使自己的带货工作达到事半功倍的效果。

8.1.1 直播时间：不同类型的主播直播时间有差异

主播在争夺流量注入时，一般都会选择在流量注入最强劲的时间段里开播。因为主播们认为，当平台直播间流量极其充沛的情况下，总会有部分流量注入自己的直播间内，怀着这样的想法，平台的大部分直播间总是在某些固定的时间段里，密集型开播。

在这些开播的时间段里，尤其是每天的 18 点左右到晚上 24 点这段时间，选择开播的直播间就更加密集。因为这个时间段是考虑到上班族大部分已经属于下班状态，拥有较为充沛的娱乐休闲时间，平台处于流量集中爆发的时间段，所以这时候观看直播的人数相对白天会呈现倍数增长的模式。

但是，主播都选择在晚上流量爆发的时间段开播，不一定是一种正确的选择方式，尤其对于新人主播来说，相对明智的方式应该是：根据自己直播间粉丝群体的时间段来考虑、选择开播时间。

比如，从事化妆品直播销售的主播如果粉丝群体是拥有一定经济实力的女性，那么开播时间应该偏向晚上下班时间后，晚上 22 点之前；如果粉丝年龄是18 ~ 22 岁，以大学生为主的群体，那么就应该根据大学生的学校作息表来制定开播时间。

此外，不同类型的主播开播时间段也会相对有偏差，例如做美食的主播，选择开播的时间段就应该是每天的饭点，从事化妆品直播的主播则偏向于晚上的时间段，而从事服装直播销售的主播则在时间上可以相对自由地选择。

8.1.2 直播内容：风趣幽默，吸引更多的粉丝关注

主播在进行直播过程中，表现出风趣幽默的形象可以吸引更多的用户前来关注。有时主播在直播过程中一个小小的举动就可以打动观众来关注自己，尤其当直播间的氛围非常轻松、愉悦时。

主播在营造风趣幽默氛围时，可以采取向粉丝分享有趣段子的方式来进行打造。段子具有使人开心、愉悦的功能，能够调节直播间的气氛，也能活跃整个直播间气氛，让粉丝更快地融入直播间的氛围里，避免粉丝在进入直播间没多久就退出直播间的现象出现。

其次，通过一些趣味段子放送，可以让新关注主播的粉丝，早点熟悉主播，通过主播讲段子给观众和粉丝听，也可以塑造出主播自身爽朗的性格和人设形象，帮助主播更好地吸粉、留粉。

8.1.3 人格魅力：人设定位，让粉丝能快速记住你

人设的力量是无穷的，人设的影响力也是无形的。读者需要明白，在成为化妆品或服装直播销售主播后，首先要树立好自己的人设，因为人设在主播后续的吸粉、引流中有着关键性的作用。

甚至品牌也会设置自己的人设形象，以此拓展自己的商业品牌形象，如江小白的"文艺青年江小白"标签，就使得品牌聚集了大批忠实消费者。图 8-1 所示为江小白的人设形象展示。

图 8-1　品牌的形象设定

　　总而言之，不管是人物的"人设"，还是品牌的"人设"，都是为了增加自己在观众心中的形象，对于主播来说，拥有鲜明的"人设"，就可以最大化地展示出个人形象。

　　人设定位的最终目的，就是希望用户可以对主播产生更具体的印象，让用户对主播产生更多有记忆点，以此获得更多的关注度。主播可以结合自身的真实形象，适当地创造出自己的人设形象，从而拥有自己的特色。在很多时候，人物可以塑造人设，而人设可以成就人物。

　　依靠设定好的人物性格、特征，可以迅速地吸粉，让更多潜在用户来关注自己。毕竟粉丝就是经济力，主播只需塑造出迎合大众喜欢的人设，把人设形象维持住，就能带来无形的经济效益。

8.1.4　氛围营造：限量抢购、秒杀，制造热播氛围

　　直播间的气氛在一定程度上会影响观众、粉丝的观看体验。观众、粉丝不管是单纯想看直播内容，还是怀着确切的购买目的来到直播间，一个愉悦、热闹的

直播氛围往往更加能感染他们。

在直播过程中，主播如果想在短时间内迅速活跃起直播间的气氛，可以发起限时秒杀、抢购活动，这种限时、抢购活动往往可以瞬间吸引直播间观众的注意力，继而活跃起整个直播间的气氛。

就像是在平静的湖泊里投入一块大石头，限时抢购、秒杀活动等就是给直播间扔下一个福利大礼包，不仅可以把直播间里潜水的粉丝都"炸"出来，而且能使新进入直播间的用户主动参与到活动中。而这也几乎是活跃直播间气氛、制造热播氛围的最佳利器。图 8-2 所示为直播间发布的限时秒杀活动公告。

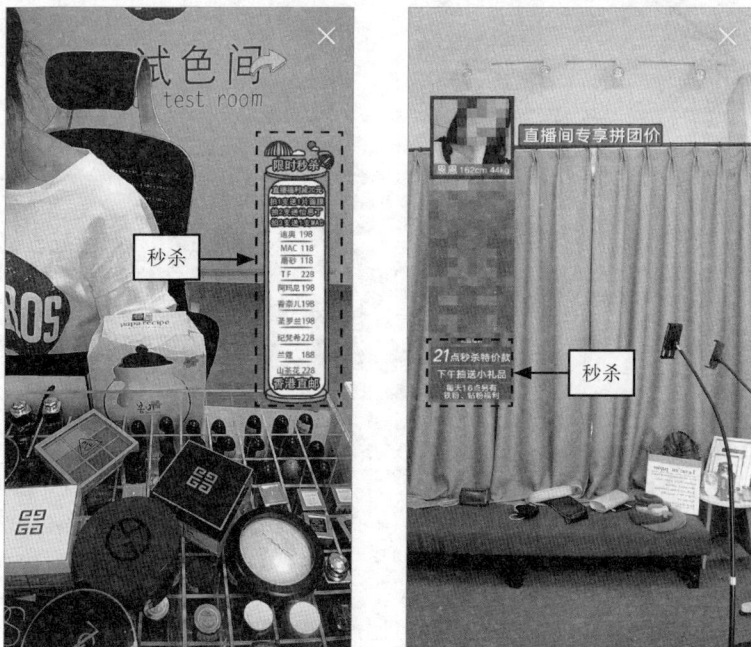

图 8-2 直播间限时秒杀活动

8.1.5 制作爆款：调整产品结构，设置可搭配款式

主播在直播间进行产品介绍时，往往会介绍多种商品，而其中大部分商品都可以采取捆绑销售的形式进行出售，甚至有机会成为爆销商品。同时，顾客购买搭配商品套装，也能进一步提高直播间商品的销量数据。

设置商品搭配出售，对于消费者来说，不是询问他"买完某件商品后还需不需要购买其他商品"，而是明确告知他可以再买1（几）件，凑成一套，这种出售设置很容易使消费者买下计划之外的商品。

主播、商家在对直播间商品进行结构调整时，也可以积极设置多样搭配款式，用来匹配不同消费者群体的购买需求。图 8-3 所示为化妆品直播间提供的商品套装搭配出售选项。

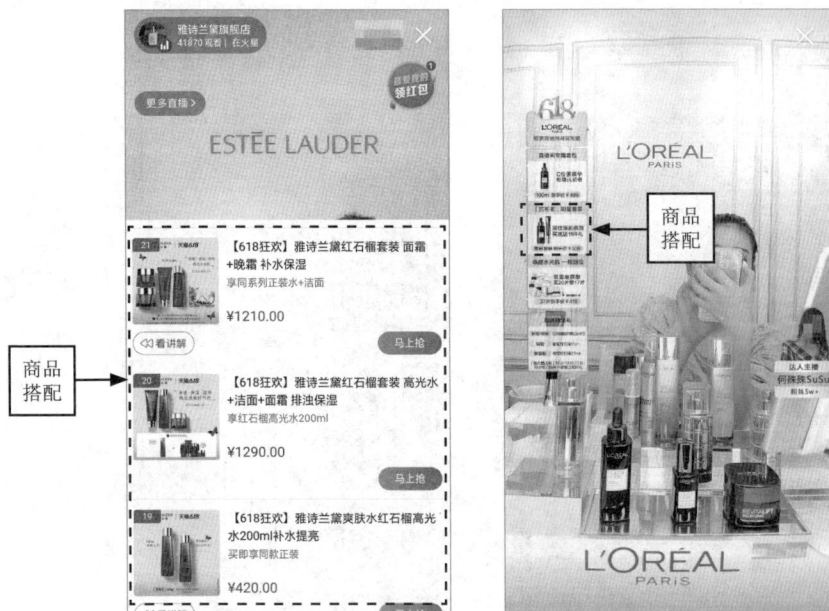

图 8-3　设置商品搭配出售形式

商品搭配出售的模式能让消费者自动产生更加强烈的购买欲望，这是因为大部分顾客在购买某一款品牌商品时，总是会不由自主地想了解、购买同品牌（系列）的其他商品。

8.2　介绍产品：有节奏的播出，更易圈粉和成交

商品介绍一直是整个直播过程中相对关键、核心的内容。主播有效率地进行

商品介绍工作，不仅可以使整场直播节奏维持在一个流畅的状态下，保障直播流程顺利进行，还可以最大限度地引起观众对商品的注意，提高商品成交比例。

本节将为读者介绍有关介绍商品的一些注意事项和技巧，帮助主播在进行直播带货工作时，进一步提高商品带货效率。

8.2.1　介绍时间：每款产品控制在 5 分钟内

主播在直播间向观众介绍商品时，要学会把控介绍时间，部分主播为了提高商品的销量，会在商品介绍时花费较长的时间，向观众详细地介绍商品，虽然这种介绍时长能够让观众对商品有一个全面的认识，但如果考虑到整个直播情况，其可取之处就会被极大地抵消掉。

对于销售主播来说，商品介绍时间过长会拉长整个直播的时间和节奏，并且主播一场直播需要高频率快速地介绍多样商品，商品介绍时间拉长对主播工作量是一种增加。但是，介绍商品时间太快，就不利于观众了解商品，自然商品下单数量也会降低。图 8-4 所示为超长直播时长的直播内容。

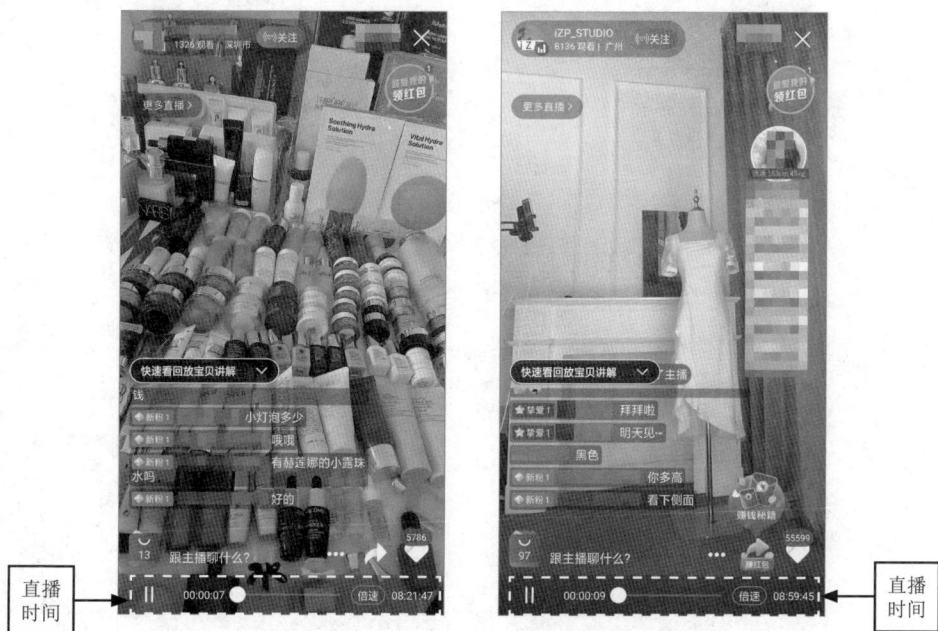

图 8-4　超长直播时长

　　为了维持直播间的带货节奏又满足消费者对商品的了解需求，因此建议主播在进行商品介绍时，将时长控制在 5 分钟左右，如此既不会拖长直播进度，也足够主播对商品进行重点介绍。

8.2.2　自我介绍：首先给粉丝关注你的理由

　　主播在直播间进行带货工作时，主动向进入直播间的观众介绍自己可以让观众更好地了解自己、关注自己。

　　主播在直播开播后，就可以用几分钟的时间来向直播间观众进行自我介绍以此加深观众对自己的印象，当用户在直播中途进入直播间后，主播也可以 @ 用户 ID 名称，进行自我介绍。当用户初次进入直播间，主播的自我介绍行为也可以在一定程度上影响用户在直播间的停留时长。

　　主播自我介绍所传递的个人信息能够在观众心中树立一个良好形象，它可以增加自身的专业性，获得用户的信任，让顾客放心下单购买主播推荐的商品，提高直播间商品成交比率。图 8-5 所示为用户进入直播间后收到主播的自我介绍。

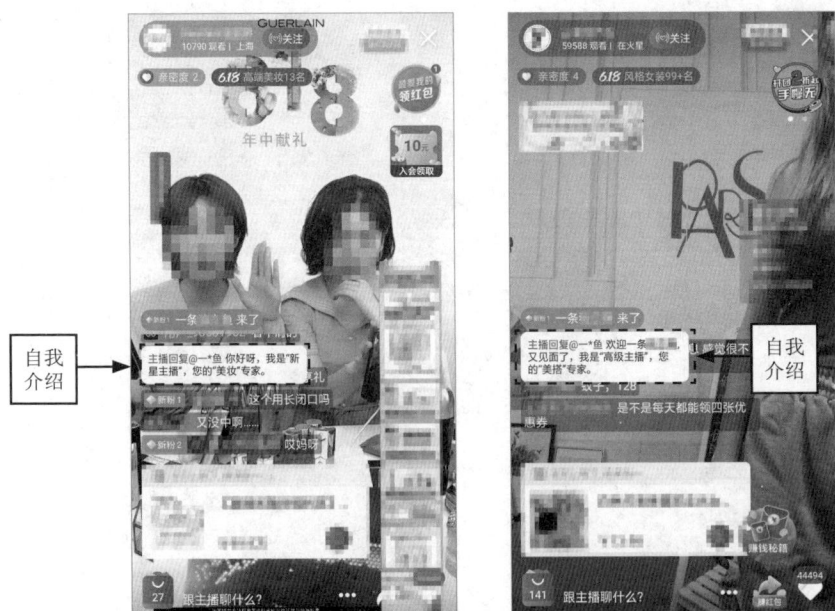

图 8-5　主播 @ 粉丝进行自我介绍

8.2.3　点出产品：介绍产品是几号链接的宝贝

主播在直播过程中向观众介绍、推销的商品件数非常得多。这种情况容易使顾客向客服询问、下单时，无法准确说出商品信息。为了更好地提高消费者的购物下单的消费体验，主播在介绍商品时，最好将商品链接号告知正在观看直播的观众。图 8-6 所示为直播间点明正在介绍商品的链接号码。

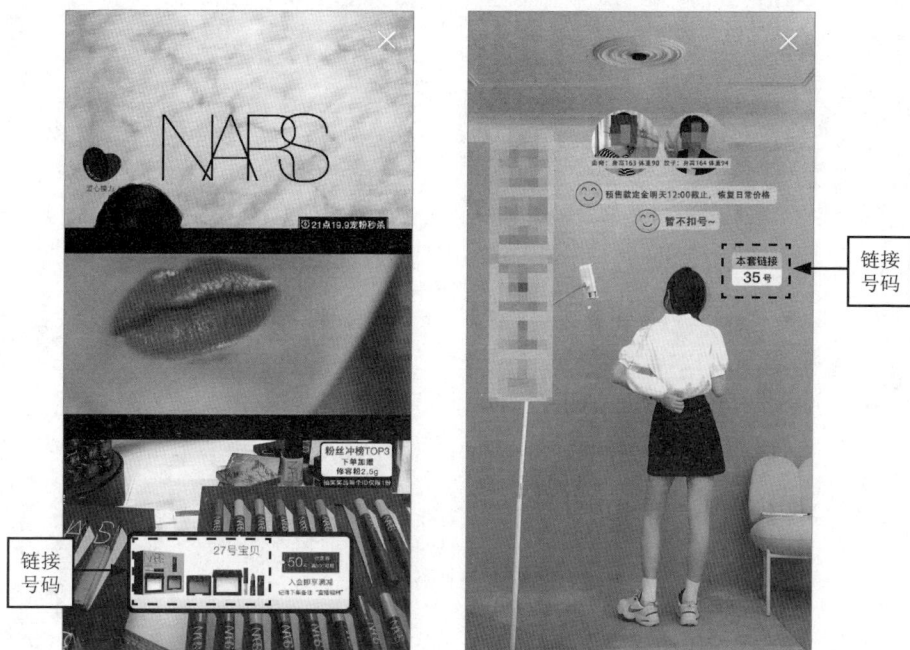

图 8-6　商品链接号码

此外，主播也可以向顾客进一步补充说明链接商品的特色或优势，以此来提高商品销量，例如该链接商品的品牌发展历史、获得的荣誉。

8.2.4　解析产品：介绍产品的详细功能和特色

主播在进行商品介绍流程时想提高商品的销售，就需要对商品的特色、功能等情况进行详细的介绍，这方面是大部分消费者希望了解知道的情况。它可以最大限度地让顾客了解商品情况，产生购买欲望。

主播可以通过语言或行动向镜头前的观众讲述、展示产品的功能、特色，使他们投入到直播间内，增强观众对商品的关注（兴趣）程度。图 8-7 所示为主播正在对商品的颜色和花色进行介绍。

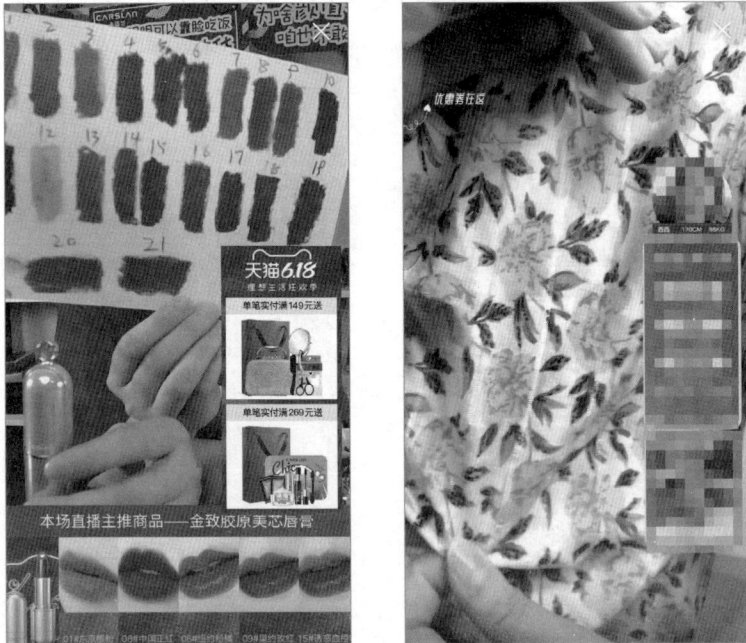

图 8-7　主播解析产品

8.2.5　试用产品：主播拿出产品试用、试穿

主播在进行直播销售工作时，为了使产品的功能（特色）进一步地呈现出来，就要试用、试穿产品。主播在试用产品的过程中，可以适当地采取夸张的语气或词汇来描述产品的试用效果、试用感受，这样可以激发观众对产品的好奇。同时主播试用产品也可以把商品的效果、功效呈现出来。

主播试用产品基本是每一个销售直播间的基础、必备工作任务，因为只有这样才可以消除顾客对产品的使用和效果的疑问。图 8-8 所示为化妆品主播进行口红色号试色、服装直播试穿的效果。

图 8-8　主播试用、试穿商品

8.2.6　优惠互动：产品的优惠信息和粉丝互动

直播间在进行商品销售工作时，要想让进入直播间的观众快速了解直播间商品信息，就要及时把产品的优惠信息展现出来，而且直播间的优惠越大，越能增长用户在直播间里的停留时长、提高直播间的商品销量。图 8-9 所示为直播间使用图文、轮播条形式突出直播间优惠信息。

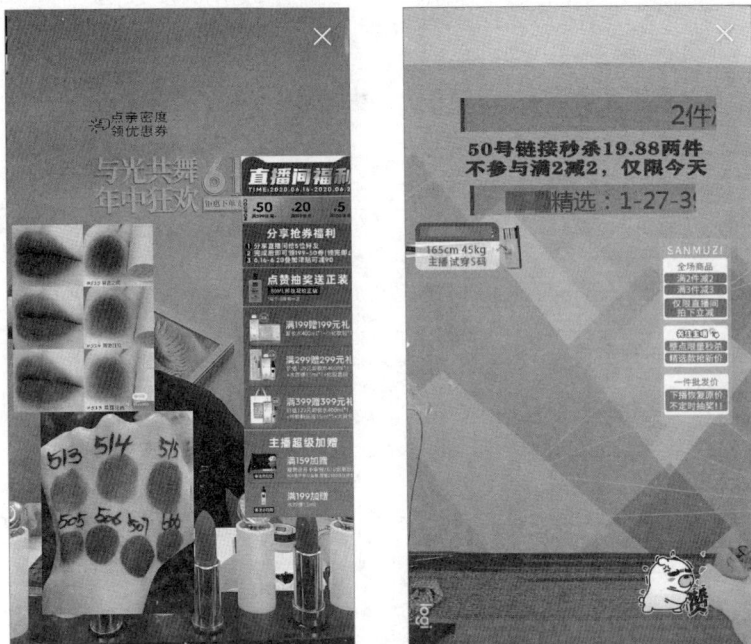

图 8-9　直播间优惠信息显示

此外，主播在整场直播过程中也可以间隔向观众、粉丝强调商品的优惠力度、优惠信息，通过和粉丝互动，可以不断激发观众、粉丝的购买欲望。

8.2.7　售后解答：给粉丝更多的产品保障承诺

主播在直播间进行商品推销工作时，要想提高带货效率，就要学会给粉丝更多的产品保障承诺。粉丝在主播的介绍下购买商品是对主播的信任，但实际商品发货等后续工作是由商家来处理负责的。

如果出现商家漏发、误发、错发等情况，很容易让粉丝对主播降低、丧失好感。面对这种情况，主播在直播间进行商品介绍时，就可以为购买产品的粉丝提供相应的保障承诺，以此减轻、消除粉丝对产品的售后疑问。例如，向粉丝提供"7 天无条件退换"制度、商品保障承诺等，如图 8-10 所示。

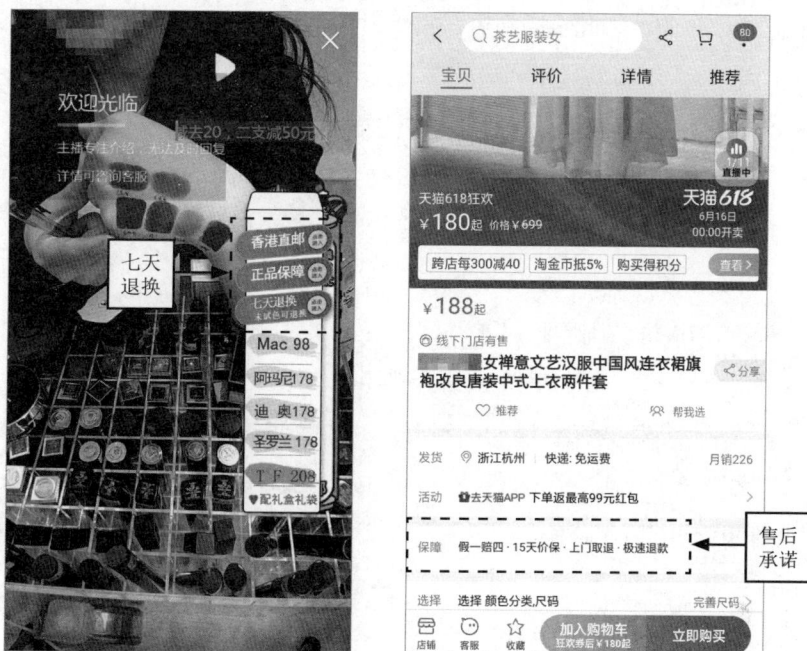

图 8-10　产品售后承诺

8.3　注意事项：小心直播雷区，以免误伤自己

　　主播在进行商品销售工作中，需要学习商品带货技巧来提高自己的"带货"水平，但同时需要格外注意一些产品销售工作的注意事项，对直播带货工作的一些雷区要避而远之，以免无意中误伤自己。

　　主播在直播销售工作中即使各方面都非常出色，但只要触犯到直播平台的雷区，主播的产品带货工作也很难得到理想的结果。本节主要为读者简单介绍一些直播销售工作中的注意事项，希望各位读者加以重视。

8.3.1　违规场景务必注意

　　直播间出现违规场景，经平台确认无误后，将直接影响主播账号的权重、直播间的浮现权分值，因此主播在进行直播过程中需要避免出现下列现象。

（1）出镜人员衣着过于"清凉"；

（2）直播画面是空镜头或处于挂机状态；

（3）商品展示不规范，例如采取真人试穿内衣；

（4）直播镜头内出现影视播放画面；

（5）在直播信息里，诱导顾客进行线下交易；

（6）主播推销、出售假冒或劣质产品。

以上6条属于直播间常见的违规场景现象，其他还包括拒绝提供商品退换程序等（淘宝平台规定，在直播间出售的产品，除部分特殊产品外，都需要向消费者提供"七天无责任退换"服务），读者可以登录淘宝论坛，了解其他违规场景以及详细的违规细节，以免在直播过程中无意出现违规场景。

8.3.2 平台禁止推广商品

主播在进行商品介绍推广时，需要格外注意平台禁止推广的商品，一旦违规进行相关商品的推广，将会按照平台的相关规章制度进行处理。

主播在进行化妆品或服装带货工作时，面对其他商家发来的带货邀请合作时，需要格外注意产品是否符合平台允许推广的范围。直播团队切不可为了眼前的合作邀约而在直播间内向粉丝介绍禁止推广的商品种类，例如游戏币等虚拟产品。平台具体禁止推广商品种类，读者可以通过淘宝论坛进行了解。

8.3.3 产品推广用语提醒

主播和直播团队在进行商品推广时，需要注意用语规范。直播推广用语不规范也会触犯到相关规章制度，主播和直播团队不可掉以轻心，下面为读者介绍直播推广用语的要求和注意事项。

（1）必须遵守直播用语描述信息，履行承诺，不可欺骗消费者；

（2）符合实际情况，禁止虚假宣传；

（3）禁止商品价格欺诈；

（4）直播间抽奖，最高奖品的价格不可以超过 5 万元人民币；

（5）严禁以比较、对比的方式贬低竞争对手；

（6）使用明星照片进行推广时，必须获得明星的肖像权和允许使用权。

为了确保直播销售的环境处于一个公平、公正的状态下，主播和直播团队在进行商品的用语推广上一定要慎重。读者可以登录淘宝论坛，了解更多推广用语的注意事项。

8.3.4 直播选品注意事项

主播在进行产品推广前，需要明白消费者的信任是自己最宝贵的财富，它关系到主播能否在直播销售行业里长久发展下去。

主播在为某款商品进行带货销售工作前，团队需要和商家对接好商品的相关信息，在拿到商家提供的商品后，也要仔细检查好产品质量情况，以免出现在直播销售过程中，因为商品质量问题，伤害购买商品的粉丝，也损害自己的形象。

为了避免主播出现非本意的产品涉假行为，影响到粉丝对主播或直播间的信任，引起不必要的粉丝投诉、平台处罚现象出现，主播在进行选品时，要格外注意核查以下几点情况。

（1）判断产品是否为正规品牌商品；

（2）商家店铺公示的商品数量是否和其实际库存数量相符合；

（3）商家提供的样品在品质上是否有明显瑕疵，或价格和市场上同款商品相比，是否过高、过低；

（4）是否实地了解过商品的来源（供货地），商家是否拥有足够的货品数量；

（5）店铺商品是否在商品界面有清楚、详细的介绍、描述。

8.3.5 违规行为处罚制度

主播在直播销售的工作中，一旦触犯平台的相关规章制度，构成实际的违规行为，平台都会根据相关规章制度进行处罚，并根据情节严重程度，对违规账号进行警告通知，或实行处罚制定，如删除出现违规行为的直播场次、冻结账号直播权限一个月等。

平台对违规行为严重者实施处罚后，违规者还可能会依据国家法律规定或相关协议承担一定的法律责任。因此，主播在进行直播销售过程中，一定要格外注意平台制定的规章制度。

第 9 章

活动运营：快速打造爆款产品，提高店铺权重

主播从事直播销售工作时，可以多参与平台发起的一些活动项目，快速打造出爆款产品，这样可以实现流量爆涨、流量裂变的效果。本章将为读者介绍提高直播间流量的一些活动及其玩法，帮助主播在活动运营过程中实现流量裂变，提高店铺、账号的权重。

9.1 流量暴涨——大促活动的直播玩法

在直播销售过程中，流量决定着直播间商品的销售情况，影响着主播自身的商业价值。此外，直播间流量注入的高低也会影响主播在产品销售上的选择权。

主播要想获得流量，通过流量变现，最有效率的方法就是积极参与官方举行的系列大型活动。大型活动能够汇集丰富的流量，在这种情况下很容易为主播的直播间带来巨大的流量。本节将以淘宝平台活动为例，向读者介绍实现流量暴增的官方活动玩法，实现流量暴涨。

9.1.1 淘宝直播"双 10"秋冬大赏活动玩法

淘宝直播"双 10"秋冬大赏活动玩法是针对淘宝直播平台上的服装类直播垂直化领域，由秋冬大赏主题可以看出是和秋冬季节所穿的服饰类型紧密关联。图 9-1 所示为参与"双 10"秋冬活动大赏的主播。

图 9-1　主播参与"双 10"秋冬活动大赏

活动入选的主播、商家可以获得淘宝各流量渠道的头版广告宣传，推送在头条主页上。下面为读者介绍"双 10"秋冬大赏活动的要求和玩法。

1. 活动要求

（1）商品范围：秋冬服饰，重点包括棉服、羊绒、毛呢、皮草、羽绒以及保暖内衣配饰等。

（2）主打产业带：海宁、常熟、平湖、清河、濮院、洪合。

（3）主打品类：皮衣皮草、羽绒毛呢、羊毛羊绒。

（4）参与账号类型：天猫、集市服饰商家、达人主播、服饰供应链基地。

（5）活动目的：直播引导成交金额。

2. 活动玩法

（1）在活动期间的排位赛中，所有参加排位赛的账号，其直播间的带货商品必须满足 9 成以上是秋冬服饰品类。

（2）活动期间，优质的主播或商家可以当天获取平台授予的资源。

9.1.2 淘宝直播"双 11"活动玩法

每年的 11 月 11 日，会有大批的消费者在各网站上进行购物消费，淘宝直播平台也会借助这个势头，开展系列的狂欢活动，直播间会在"双 11"期间，开启整点发"现金红包"活动。

成功报名参与"现金红包"活动的主播、商家，将会在双 11 当天的 12 点，在淘宝平台各资源渠道上进行浮现透出，如淘宝直播频道、淘宝头条服务号等，以此为直播间增加点击观看人数，成功进行一波吸粉引流，以此实现提高直播间产品销售额的目的。下面为读者介绍"现金红包"活动的参与要求和玩法。

1. 活动要求

（1）主播：满足进入双 11 天团主播名单条件。

（2）商家：符合双 11 天猫商家、双 11 集市嘉年华商家的条件。

（3）账号有直播发布权和直播浮现权；直播间买家退款率不超过平均水平；无严重违规行为。

2. 活动玩法

参与本次活动的主播、商家，必须从 11 月 11 日中午 12 点开始（含 12 点），逢整点发现金红包（如 16 点、17 点、18 点……直至 11 月 11 日 24 点）。

9.1.3 淘宝直播"双 12"活动玩法

淘宝平台举办的"双 12"活动为百万掌柜大献宝货，它涉及平台全行业品类，参与账号类型为商家主播和达人主播。

这项活动的核心方向分别为产地直播、主题日、爆发日。核心玩法包括直播间连麦 PK、短视频 + 直播结合预热，以及产地优选直播间打标。

参与活动的主播、商家可以获得官方提供的各项流量扶持，大面积曝光直播间，为直播间实现引流。下面为读者介绍淘宝直播"双 12"活动的参与要求和玩法。

图 9-2 所示为官方提供的流量扶持类型。

图 9-2 平台流量扶持浮现类型

1. 活动要求

（1）账号有直播发布及浮现权限，并且符合双 12 直播会场及频道准入要求。

（2）限"双12"集市嘉年华商家、"双12"天团主播、产业带主播，以及"双12"天猫商家。

（3）在11月开播天数≥20天，且每日直播时长≥2小时；在12.1—12.10每天开播，且每日直播时长≥2小时。

（4）超级推荐参与商家和主播优先。

（5）每个账号当天最多3次资源机会。

主播、商家要想获得平台提供的重点资源项目需要满足以上基本准入门槛。

2．活动玩法

（1）产地直播：通过各行业产地直播内容的爆发，包括产地商家自播为平台用户提供更多原产地好货和极致特色内容。

（2）主题日：通过预热加购，预热加购排位赛PK争夺双12当天的流量资源。

（3）爆发日：实时成交PK获得更多流量资源。

9.1.4 淘宝直播圣诞活动玩法

淘宝直播圣诞活动是淘宝直播平台在圣诞节来临前，为了迎合节日气氛、吸引用户注意力，从而推出的活动项目。

平台会设置活动主题向粉丝推荐礼品以及和节日相关的内容，并且设置活动互动玩法来促使粉丝互动，营造节日氛围。图9-3所示为圣诞活动的玩法。

图 9-3 圣诞活动玩法

9.1.5 淘宝直播"年货节"活动玩法

淘宝"年货节"是淘宝平台每年发起的最后一个购物直播活动。这是因为在过年前，大家都需要添置年货，由此产生的消费需求非常庞大。为进一步刺激消费，商家会选择将商品进行降价或优惠出售，用户在这个时候购买商品可以享受到优惠的价格。

平台所有的商家都可以参与"年货节"活动，活动节奏包括年货节预热期、年货节爆发期、后年货节3个时间段，参与活动的商家和直播间，有机会被平台曝光在各大流量入口上，从而获取大量流量的注入。

9.2 流量裂变——日常活动的直播玩法

在直播销售工作中，主播不仅可以参与官方筹备的大型直播活动，来实现直播间流量暴涨外，也可以适当参与一些活动来将直播间流量进行裂变，为直播间带来更多的流量粉丝。因此，本节就以淘宝平台为例，向读者介绍几个能让直播间流量裂变的活动和玩法。

9.2.1 淘宝直播"夜市"活动玩法

淘宝直播"夜市"是淘宝直播 App 平台发起的一项玩法。活动在圣诞节开启，时间为 12 月 20 日到 25 日的 19:00—24:00 点。在活动期间，淘宝直播 App 平台每天都可以引入千万级别的流量。

淘宝直播 App 会生成专属直播间的分享立减活动，用户领券就可以产生社交裂变，从而帮助直播间被更多的用户点击，以及在直播间内购买商品。下面为读者介绍相关活动要求和玩法。

1. 活动要求

（1）商家：店铺里有圣诞商品，以及可以参与"低价"活动的品牌直播间等。

（2）主播：明星、大咖、红人、买手等。

2. 活动玩法

（1）直播内容中有圣诞氛围，与圣诞节日选题相关，例如圣诞妆容教程、圣诞穿搭、圣诞大餐等。

（2）直播间有圣诞氛围，如圣诞树、雪花特效、麋鹿妆容或穿着红绿色系服装。

（3）商品相关：直播间可以出售圣诞相关的商品。

参与活动的主播、商家如果满足前两条活动玩法项目，则可以在活动中获得"加分"表扬，得到活动规定之外的资源扶持。

9.2.2　淘宝直播秋实行动活动玩法

淘宝直播 App 是淘宝官方出品的电商直播平台，秋实计划就是在 8 月 28 日起至 11 月期间，主播和商家在直播间内引导观众和粉丝来下载淘宝直播 App，并使用这款 App 来观看直播。图 9-4 所示为淘宝直播 App 的"美妆护肤控"界面和"穿搭时髦精"界面。

图 9-4　淘宝直播 App 界面

1. 活动要求

无须报名，平台中所有有直播浮现权限的主播 & 商家均可参与。

2. 活动玩法

粉丝在主播的引导下，使用淘宝直播 App，进入该主播的直播间观看直播，就可以为主播进行直播助力，平台会根据粉丝助力数据为主播提供对应的流量包奖励，从而获得在各大流量板块浮现的资格。

9.2.3 淘宝直播王者挑战赛活动玩法

淘宝直播王者挑战赛是原来淘宝直播平台召开的"超级排位赛"升级版本，它主要是根据当天直播间的数据表现来竞争上榜，让更多不同赛道、不同领域的王者胜出。图 9-5 所示为获得王者称号的主播名单。

图 9-5　王者主播

得到王者称号的主播可以获得由淘宝平台提供的淘宝直播"王者"的无上荣誉和奖励。下面为读者介绍活动的要求和玩法。

1. 活动要求

主播要想成为王者，必须符合活动制定的两项要求：首先，需要挑战者连续参加 3 次挑战赛，并且 3 次都在同一个赛道中获得第一名；其次，需要在行业内、社会上有一定影响力，例如主播薇娅、李佳琦就在行业中拥有"顶级主播"地位，以及在公众心中拥有广泛的知名度。

2．活动玩法

（1）达人主播和商家主播将在同一个赛道内进行 PK。

（2）商家和主播均根据参与活动后，平台会根据直播间近 30 天里所挂的商品主营类目，来划分参赛领域，近 30 天直播间内引导用户的成交金额来划分能力。

9.2.4　淘宝直播超级福利日活动玩法

淘宝直播超级福利日是淘宝平台开展的一次粉丝回馈活动，平台会在每月开启一次主播排位赛，只有排位赛活动胜出者，才可以获得平台提供的各项流量资源和平台大面积曝光。

所以，为了在活动中获胜，当排位赛活动开启时，主播、商家为提高胜算，会将直播间商品价格一降再降，并且设置直播间的专属福利，实现粉丝大回馈，让粉丝以更低的价格购买到直播间的商品，这一天也就成为淘宝直播的"超级福利日"。

1．活动要求

排位赛 PK 活动面向平台内所有类型的主播，包括达人主播、天猫品牌主播等。

2．活动玩法

（1）排位赛以成交销售为第一目标。

（2）排位维度包括商品成交、直播间观看、分享主播账号和关注直播间，其中直播间内商品成交占较大比重。

9.3　流量扶持——活动工具的直播玩法

为了让直播间获得更多的流量，主播可以积极参与平台举办的流量扶持活动，通过参与这些活动来获得流量，吸引更多的新粉丝关注直播间。下面就以淘宝和蘑菇街平台为例，向读者介绍直播行业中的流量扶持活动。

9.3.1　分享立减：转粉促成交

淘宝平台会在首页发布性价比高的商品，主播只需要在直播间推荐参与分享立减的商品，即可通过优惠、性价比高的商品来吸引用户点击观看直播，将用户转化成直播间的粉丝，带动直播间的成交率。

平台中所有有直播浮现权限的主播 & 商家均可参与此项活动，商家也可以在直播间内设置店铺专属的分享立减券，让直播间粉丝点击分享抢券，从而为直播间和商家店铺带来更多的流量注入。

观众、粉丝点击分享，产生实际的分享行为后，就可以获得活动商品的无门槛优惠券，用优惠价格来购买商品。图 9-6 所示为点击直播间的"分享抢券"按钮，即可出现"分享好友"界面，进行分享立减活动。

图 9-6　点击"分享抢券"按钮后出现分享界面

9.3.2　启明星计划：专属营销活动

明星直播带货模式，它产生的多重效益，被越来越多的直播平台意识到，淘宝、蘑菇街都已经投入了资源放到这一块，明星加入直播也成为网友们期待看到的一种现象，未来有机会出现更多的电商模式就是"明星 + 主播"。图 9-7 所示为蘑菇街的 MOGU 星买手计划。

图 9-7　蘑菇街的 MOGU 星买手计划

启明星计划，就是邀请明星加入到电商直播中。通过这种模式，从而利用明星的影响力，为电商直播引入更多的消费群体。同时，由于明星是身份、地位的象征，也可以为直播间带来更多新颖的直播内容，接触到更多领域。

品牌、商家和主播则可以通过这一途径，有机会和明星一起合作进行直播，利用明星的影响力，吸引更多的消费者，同时也能大大提升自身品牌的影响力。

9.3.3　守护主播计划：吸引更多新粉丝

守护主播计划是鼓励粉丝对所关注的主播，在粉丝自己的其他社交媒体上进行主播账号分享，从而使主播被更多的人关注和了解，达到吸粉和固粉的目的，这是一种新的创新方式，也可以带动主播直播间商品的成交率。

守护计划里的主播，可得到直播频道和直播 App 首页活动的入口形象曝光和展示的机会，这样就可以获得更多的新粉数量，以及直播店铺商品成交率。图9-8 所示为守护主播计划活动玩法。

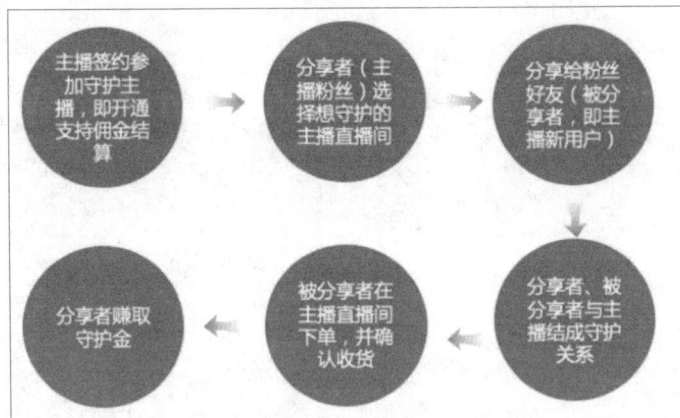

图 9-8　守护主播计划活动玩法

第 10 章

达人案例：引流与盈利
完美结合的直播高手

在从事直播行业时，部分主播可能是怀着忐忑不安、激动雀跃的心情加入直播销售工作的，其中也不乏担心或担忧。本章将着重为读者讲述在直播销售行业里一些相对成功的达人案例，在这些完美结合引流和盈利的直播高手案例中，读者可以从他们的身上学到有关直播销售的一些经验和技巧。

10.1 化妆品类直播销售达人案例

化妆品作为打造"颜值"的一项修饰、美化利器，它的市场需求量是非常庞大的。在直播销售行业里，"美妆"永远给人一种生气勃勃、光鲜亮丽的感官，它也吸引着无数想加入直播行业的新人主播。

而从事美妆直播销售，要想吸引、抓住粉丝的目光和视线，并从中获得盈利，不仅考验着主播的销售技巧、销售知识，还考验着在直播镜头前的上妆、试色、对美妆知识的了解，更考验着主播背后付出的努力程度。下面为读者介绍几位在化妆品销售直播中，成功实现引流和盈利的达人案例。

10.1.1 "口红一哥"李佳琦 5 分钟成交 15 000 支口红

不管你是否了解主播李佳琦，有没有进入过他的直播间观看，大部分人在日常生活中都会听到或者看到有关李佳琦的直播信息。尤其是他创造的经典口头禅："OMG！""买它！买它！买它！"几乎成为了他的个人身份标签。

大众之所以如此了解李佳琦主播，其中最具有刺激点、最具有兴奋点、最让人津津乐道的就是他的口红带货纪录。毕竟"口红一哥"的称呼不是随随便便安上的人设形象。

而在李佳琦的口红带货纪录中，最出圈、最引起话题的一次记录，就是在某双十一活动中，同马云老师一起进行口红带货，李佳琦在比赛中获得胜利。由此，也被大家称为"战胜马云的口红一哥"。图 10-1 所示为李佳琦和马云的口红 PK 比赛。

图 10-1　李佳琦和马云的口红 PK 比赛

在这场 PK 活动中，李佳琦在短短 5 分钟时间里，实现了 15 000 支口红的成交记录。带货能力之强，简直震惊了对直播销售一无所知或一知半解的大众。

李佳琦在这场 PK 活动后，其超强的带货能力、超高的带货销售额逐渐被公众所了解。他的社交账号粉丝多达数千万，几乎每场直播都能有百万级别的观看记录。而李佳琦也创造出了口红销售神话，成功实现了引流和盈利双收的结果。

10.1.2　淘宝第一女主播薇娅：最高销售额超 2.67 亿

只要稍微了解一下直播销售行业，就没有人不认识主播薇娅，作为拥有"淘宝第一女主播"称号的主播薇娅，她的带货能力可见一斑。搜索薇娅相关销售记录，会看到一个个刺激人眼球的标题新闻，每一个标题都在告知着观众，有关薇娅的超强带货能力。图 10-2 所示为主播薇娅销售额相关的新闻报道。

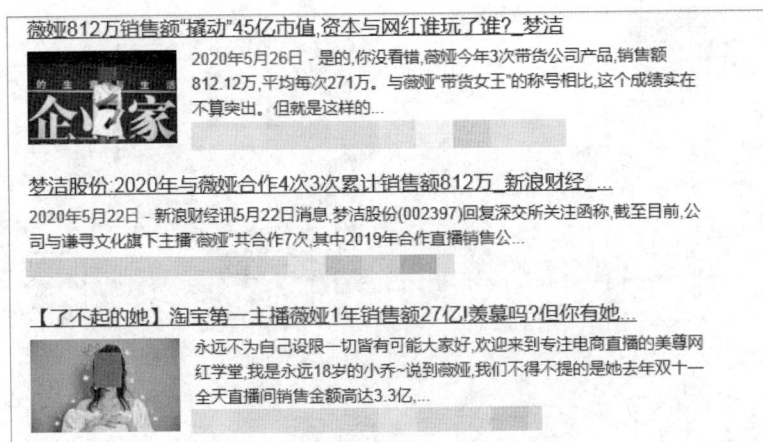

薇娅812万销售额"撬动"45亿市值,资本与网红谁玩了谁?_梦洁

2020年5月26日 - 是的,你没看错,薇娅今年3次带货公司产品,销售额812.12万,平均每次271万。与薇娅"带货女王"的称号相比,这个成绩实在不算突出。但就是这样的...

梦洁股份:2020年与薇娅合作4次3次累计销售额812万_新浪财经...

2020年5月22日 - 新浪财经讯5月22日消息,梦洁股份(002397)回复深交所关注函称,截至目前,公司与谦寻文化旗下主播"薇娅"共合作7次,其中2019年合作直播销售公...

【了不起的她】淘宝第一主播薇娅1年销售额27亿!羡慕吗?但你有她...

永远不为自己设限一切皆有可能大家好,欢迎来到专注电商直播的美尊网红学堂,我是永远18岁的小乔~说到薇娅,我们不得不提的是她去年双十一全天直播间销售金额高达3.3亿,...

图 10-2　主播薇娅销售额的新闻报道

薇娅直播的销售成交额创下一次又一次的纪录，不断刷新大众的心理承受能力，所以被人称作是"最牛"主播。而在这个称号下，是由让人佩服的销售数据来支撑的。在淘宝盛典上，薇娅的销售数据遥遥领先其他主播，占据榜首位置，如图 10-3 所示。

图 10-3　薇娅带货数据

在薇娅的销售记录中，包括单件商品最高引导销售额超 2 700 万元，以及最高引导消费者下单购买销售额超 2.67 亿元等众多令人咋舌的记录。在这些数据的

支撑下，薇娅受到各商家、品牌商的青睐，纷纷上门联系，请她带货。可以说，薇娅将吸粉引流和带货盈利结合的出神入化。

10.1.3 "90"后创业女孩张沫凡直播 10 分钟破百万销售额

作为一个"90 后"的年轻女孩，张沫凡和其他女生一样，爱美妆、爱说笑、爱唠嗑。但和其他同龄人不同的是，年纪轻轻的张沫凡已经拥有了一家公司，她以美沫爱莫尔的创始人身份被广大网友所了解、熟知。

在 2019 年 3 月左右，张沫凡开始转战淘宝直播。最开始，大众对于贴有网络红人标签的张沫凡进行直播带货这一决定并不太看好，甚至出现了冷嘲热讽的情况。

但张沫凡在短时间内，就在淘宝直播中迅速的成长起来，在随后的淘宝美妆日活动中，张沫凡一人斩获了美妆榜、红人榜双榜榜首。在这场直播中，总销量高达 280 万元，其中某单品销售量超 1 万件。

张沫凡一举跻身于淘宝 TOP 级别的主播名单里，其攀升速度打破了淘宝直播成立以来的记录。此外，在随后双十一期间举办的活动中，又一次刷新了销售记录，1 分钟成交额超 1 000 万元，6 分钟成交额破 2 000 万元，震惊了广大网友。图 10-4 所示为张沫凡在微博平台上发布的双十一"剁手"指南。

图 10-4　张沫凡的双十一"剁手"指南

10.1.4 "Shirly_ 李欣瑜"每场直播平均观看量达到 10W+

对于追求时尚的达人们来说，主播 Shirly_ 李欣瑜是大家比较了解、认识的美妆主播。她是淘宝平台首批连麦、切片主播，拥有着强大的直播带货、变现能力，在淘宝举办的官方活动中，都可以看到她的身影，并且屡屡获奖。

Shirly_ 李欣瑜的淘宝粉丝超百万。由于她对美妆知识的了解、掌握，使得她的每场直播点击、观看量平均都在 10 万以上，再加上自身超强的带货能力，使得其深受国内外众多品牌商的青睐。图 10-5 所示为 Shirly_ 李欣瑜参与"11.6 欧舒丹盛典"活动。

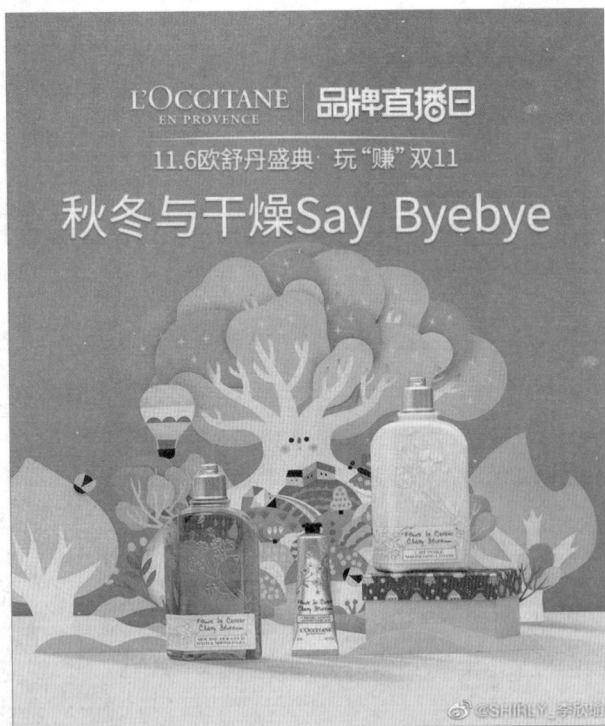

图 10-5　主播 Shirly_ 李欣瑜参与"11.6 欧舒丹盛典"活动

10.1.5 明星"平民化"，《花千骨》"上仙"曾虹畅变主播

在现在的直播行业里，明星做客直播间，和主播一起联手进行带货的方式越

来越常见。明星由于自带流量和粉丝群体，在直播引流环节中具有一定的优势。

除了明星以空降的形式进入直播间参与直播外，也开始出现明星直接转型成为主播的情况。例如，曾经在电视剧《花千骨》中扮演"上仙"角色的演员曾虹畅，现在就俨然化身为一位经验丰富的淘宝美妆主播。图 10-6 所示为主播曾虹畅单场直播的播放量。

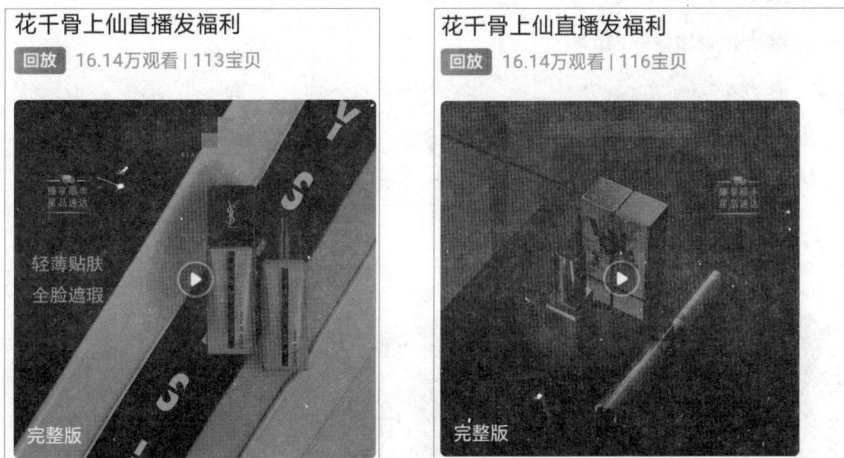

图 10-6 "上仙"曾虹畅的单场直播播放量

主播曾虹畅一方面借助自己的演员角色，帮助直播间吸粉引流；另一方面，又打破角色所塑造的形象框架，在直播间变成了一名极具形象特色的主播，为各品牌进行带货。

10.2 服装类直播销售达人案例

服装直播销售，作为在直播领域里另一个和"美"息息相关的板块，服装所带来、产生的经济效益是巨大的。作为一种人类的刚需产品，想为服装找到买家并不难，难的在于怎样把服装卖出去。

作为服装销售主播大多会面对一个问题，那就是服装直播的市场很大，但是服装直播的竞争也很激烈，想要在其中闯出一片天，没有想象中的那么容易。

但是，读者们也不用气馁，机会永远只留给有准备的人。本节主要为读者介绍从事服装直播销售的达人案例，读者可以在这些达人主播案例中，更进一步地了解服装直播销售。

10.2.1　烈儿宝贝一场 4 个小时的直播卖出 3 000 多万元大衣

烈儿宝贝，在淘宝直播排行榜上仅次于薇娅、李佳琦，从这里我们可以看出烈儿宝贝在直播领域中的地位。

作为排行榜前三的烈儿宝贝，在直播行业之外的平台上，虽然在公众知名度上稍逊李佳琦、薇娅，但是只要稍微了解一下她的带货数据，便会不由自主地倒吸一口气，感叹道：果然是直播排行榜上的前三主播。图 10-7 所示为烈儿宝贝举办的"烈儿粉丝节"活动。

图 10-7　烈儿粉丝节活动

烈儿宝贝全年的销售额突破 20 亿元，拥有粉丝人数 415 万，而在烈儿宝贝直播带货的记录里，最令人津津乐道的便是她在一场 4 小时的直播中，卖出了 3 000 多万元的大衣商品。这次直播带货，也成为烈儿宝贝打响自身知名度的关键事件。

10.2.2　BJHG ORIGINA：C 类店铺直播引导成交额的第一名

BJHG ORIGINA 是一家男装淘宝店，采取直播的形式销售商品是从 2018 年 6 月才开始，在直播销售过程中，大约经过半年的分析、探索后，他们采取了让外形偏酷的女主播穿上男装在直播间进行直播带货工作。

而这一举动，为直播间吸引了大批的粉丝关注和流量注入。此外，该主播间的主播不断改善、巩固自己的主播形象和特色，最终形成了自己独一无二的直播风格。

在几位主播的努力下，2018 年更是拿下了男装行业所有 C 类店铺直播引导成交额的第一名，彰显了其超强的带货能力。截至 2020 年 6 月，该直播间关注粉丝数量高达 440 万。图 10-8 所示为 BJHG ORIGINA 直播间的粉丝人数和直播画面。

图 10-8　BJHG ORIGINA 直播间的粉丝人数和直播画面

10.2.3　公益路上的"带货女王"陈洁 KiKi 坐拥 239 万 + 粉丝

主播陈洁 KiKi 在直播行业中有一个称号："淘宝女装第一主播"，从这个称号中，读者可以了解到陈洁 KiKi 的直播带货实力。

在 2019 年的双十一活动期间，陈洁直播间的销售额成功突破了 3 亿元。这个巨额数字的背后，大部分都是来自她自己的女装店铺。这次服装穿搭类目的爆发式销售额，使她成功取得该年度的淘宝美搭主播排行榜上的第一名，一举拿下"美搭带货女王"的称号。

此外，提起陈洁 KiKi，就会提到她是和马云一起进行公益扶贫的主播。陈洁 KiKi 一直关心公益活动，积极为贫困区推广特色农产品，以此助力解决农产品滞销的问题。这也使她的主播形象更加正面、向上。图 10-9 所示为陈洁 KiKi 向观众进行新品介绍的活动画面。

然后外面的话还有一个小西装

图 10-9　陈洁 KiKi 进行新品介绍

10.2.4　"斜杠辣妈"祖艾妈第一场直播一天卖出了 45 万元

在母婴垂直领域中，无人不认识主播祖艾妈。祖艾妈开始是一个主打原创亲子装的淘宝店家，在店铺出售亲子服装。

在经营店铺的前期，祖艾妈是采取在市场拿货出售商品的模式，到后面出于对商品质量和品质的考虑，祖艾妈开始自行改良设计服装，祖艾妈也摇身一变，成为一位原创服饰设计师。图 10-10 所示为祖艾妈的"五五大促"活动宣传视频。

图 10-10　祖艾妈的"五五大促"活动宣传视频

　　祖艾妈通过自己的学习和努力，使得她的原创设计师身份被越来越多的人认可，店铺的销售情况也较为火爆。随着淘宝开启直播销售商品模式，祖艾妈也加入了直播销售的大军中，令她非常惊讶的是，自己在开播的第一天就创下了 45 万元的销售额。

　　在这之后，祖艾妈更是以不可思议的速度不断地刷新自己所创造的纪录，而在这一次次的刷新纪录中，起关键作用的因素的就是主播和粉丝形成了信任和默契，使得她可以快速判断出一款商品是否符合粉丝的购买需求。

10.2.5　淘女郎到主播，"小侨 Jofay"直播一年年薪近千万

　　小侨 Jofay 是一位 1994 年的淘宝主播，她最开始的身份是淘女郎，拥有出色的外貌，在从事将近 5 年的淘女郎工作后，她开始思考自己未来的发展方向，由于受当时周边人的影响，她和朋友一起合伙开了一家网店。

　　当时，在淘宝上开网店是一个非常赚钱的职业，但是小侨 Jofay 和朋友开的网店并没有太大的起色，后续在各种情况下，不得不关掉了店铺。

　　这时，小侨 Jofay 迎来了她人生的契机：在淘宝直播官方小二的邀请下，开通了直播账号，开始进行直播。开始，她并没有进行带货直播，只是单纯地在直播间和粉丝分享自己的生活。

当小侨 Jofay 开始尝试推荐产品时，也并不顺利，但是在之后两年的直播工作里，小侨 Jofay 借助自己做模特的经验，从服装搭配技巧入手，加上小侨 Jofay 自己和团队的不断努力，在 2017 年年末的淘宝达人主播榜单上，年纪最小的小侨 Jofay 排在了榜单第 4 位，年薪近千万。图 10-11 所示为小侨 Jofay 在64 期淘宝直播达人综合榜上排名第五。

排名		达人昵称	粉丝号召指数	内容消费指数	商业转化指数	淘指数
1	↑1	李佳琦Austin	1000	990	1000	997
2	↓1	薇娅viya	1000	987	1000	996
3	—	烈儿宝贝	977	962	1000	984
4	↑1	祖艾妈	935	931	968	950
5	↑1	小侨Jofay	943	926	966	949
6	↑10	可乐daydayup	898	884	924	907

图 10-11　淘宝直播达人综合榜上排名第五的小侨 Jofay

读 者 意 见 反 馈 表

亲爱的读者：

感谢您对中国铁道出版社有限公司的支持，您的建议是我们不断改进工作的信息来源，您的需求是我们不断开拓创新的基础。为了更好地服务读者，出版更多的精品图书，希望您能在百忙之中抽出时间填写这份意见反馈表发给我们。随书纸制表格请在填好后剪下寄到：北京市西城区右安门西街8号中国铁道出版社有限公司大众出版中心 张亚慧 收（邮编：100054）。或者采用传真（010-63549458）方式发送。此外，读者也可以直接通过电子邮件把意见反馈给我们，E-mail地址是：lampard@vip.163.com。我们将选出意见中肯的热心读者，赠送本社的其他图书作为奖励。同时，我们将充分考虑您的意见和建议，并尽可能地给您满意的答复。谢谢！

所购书名：_____

个人资料：

姓名：_____ 性别：_____ 年龄：_____ 文化程度：_____

职业：_____ 电话：_____ E-mail：_____

通信地址：_____ 邮编：_____

您是如何得知本书的：

□书店宣传 □网络宣传 □展会促销 □出版社图书目录 □老师指定 □杂志、报纸等的介绍 □别人推荐
□其他（请指明）

您从何处得到本书的：

□书店 □邮购 □商场、超市等卖场 □图书销售的网站 □培训学校 □其他

影响您购买本书的因素（可多选）：

□内容实用 □价格合理 □装帧设计精美 □带多媒体教学光盘 □优惠促销 □书评广告 □出版社知名度
□作者名气 □工作、生活和学习的需要 □其他

您对本书封面设计的满意程度：

□很满意 □比较满意 □一般 □不满意 □改进建议

您对本书的总体满意程度：

从文字的角度 □很满意 □比较满意 □一般 □不满意
从技术的角度 □很满意 □比较满意 □一般 □不满意

您希望书中图的比例是多少：

□少量的图片辅以大量的文字 □图文比例相当 □大量的图片辅以少量的文字

您希望本书的定价是多少：

本书最令您满意的是：

1.

2.

您在使用本书时遇到哪些困难：

1.

2.

您希望本书在哪些方面进行改进：

1.

2.

您需要购买哪些方面的图书？对我社现有图书有什么好的建议？

您更喜欢阅读哪些类型和层次的理财类书籍（可多选）？

□入门类 □精通类 □综合类 □问答类 □图解类 □查询手册类

您在学习计算机的过程中有什么困难？

您的其他要求：